减税降费政策与实务指南

（2023年版）

马泽方　编著

中国税务出版社

图书在版编目（CIP）数据

减税降费政策与实务指南：2023年版／马泽方编著．－－北京：中国税务出版社，2023.8
ISBN 978－7－5678－1369－4

Ⅰ．①减… Ⅱ．①马… Ⅲ．①减税－税收政策－中国－指南 Ⅳ．①F812.422－62

中国国家版本馆 CIP 数据核字(2023)第 078534 号

版权所有·侵权必究

书　　名：	减税降费政策与实务指南（2023 年版）
	JIANSHUI JIANGFEI ZHENGCE YU SHIWU ZHINAN
	（2023 NIAN BAN）
作　　者：	马泽方　编著
责任编辑：	王振波　马学刚
责任校对：	姚浩晴
技术设计：	林立志
出版发行：	中国税务出版社
	北京市丰台区广安路 9 号国投财富广场 1 号楼 11 层
	邮政编码：100055
	网址：https://www.taxation.cn
	投稿：https://www.taxation.cn/qt/zztg
	发行中心电话：(010)83362083/85/86
	传真：(010)83362047/49
经　　销：	各地新华书店
印　　刷：	天津嘉恒印务有限公司
规　　格：	787 毫米×1092 毫米　1/16
印　　张：	21
字　　数：	319000 字
版　　次：	2023 年 8 月第 1 版　2023 年 8 月第 1 次印刷
书　　号：	ISBN 978－7－5678－1369－4
定　　价：	52.00 元

如有印装错误　本社负责调换

前 言

党的十八大以来，我国持续实施减税降费政策，"减税降费"已成为政府工作报告、新闻报道中的高频词，企业家、"两会"代表委员口中的热词。习近平总书记在2023年新年贺词中特别提到了"减税降费"。2023年《政府工作报告》指出："五年累计减税5.4万亿元、降费2.8万亿元"。

从2019年的增值税改革，到2020年应对新冠肺炎疫情的诸多扶持政策，再到2022年新的组合式税费支持政策，政策支持力度持续加大，体现出党和政府始终坚持以人民为中心的根本立场，始终把服务纳税人缴费人作为税收工作的根本出发点和落脚点。

如果说前几年减税降费政策的特点是深化，那么，2023年的特点就是优化。2023年《政府工作报告》指出："对现行减税降费、退税缓税等措施，该延续的延续，该优化的优化。"如增值税小规模纳税人优惠政策、增值税加计抵减政策、小型微利企业优惠政策等，并没有完全延续原政策，而是在原政策的基础上予以优化，体现了减税降费政策的可持续性。

上述政策安排具有以下特点：一是坚持稳字当头，保证税费政策的连续性和稳定性，支持保市场主体、保居民就业。二是着力加力提效，深入实施科教兴国战略和创新驱动发展战略，加大科技创新支持力度，助力我国科技自立自强。三是做到固本强基，统筹国内国际两个市场、两种资源,支持降低物流成本,建设高效顺畅的物流体系。

2023年7月24日中共中央政治局会议要求,延续、优化、完善并落实好减税降费政策。2023年7月31日国务院常务会议指出,对今明两年到期的阶段性政策作出后续安排,对于企业稳定预期、提振信心、安排好投资经营具有重要意义。随即,一系列税费优惠政策延续执行至2027年12月31日,有利于稳定企业预期,增强市场信心,持续助力中小微企业发展,为推动经济回升向好提供助力。

2023年实施减税降费政策涉及税(费)种多、政策变化大、操作实施要求高、市场主体期待高,时间紧、任务重。怎样才能让纳税人缴费人了解、熟悉、掌握减税降费政策,并充分享受到政策红利的"真金白银",是当前各方的一项迫切任务。因此,急需一本全面介绍减税降费政策和操作实务的书。

本书力求解新政、重实务、接地气,注重实操,简单明了,不求大而全,但求简而精,以税(费)种为主线,配以案例,详细解析近年来国家出台的重要减税降费政策。全书共分为6章:

第1章增值税优惠政策。本章着重讲解重要减税政策,如降低增值税税率、留抵退税、加计抵减、缓缴税费、小规模纳税人优惠政策等,延期的重要减税政策,近年出台的其他减税政策,以及其他重要优惠政策。包括政策要点、注意事项、例题、申报表填报等。

第2章企业所得税优惠政策。本章着重讲解小型微利企业、研发费用加计扣除政策等,延期的重要减税政策,近年出台的其他减税政策,以及其他重要优惠政策。

第3章个人所得税优惠政策。本章着重讲解专项附加扣除政策、优化预扣预缴方法、汇算清缴等,以及延期的重要减税政策和其他重要优惠政策。

第4章财产行为税和其他费用优惠政策。本章主要介绍"六税两费"的减征,以及契税、土地增值税等的优惠政策。

第5章社会保险费调减政策。本章简要介绍降低社保费率的相关政策。

第6章优化税收征管措施。本章简要介绍优化税收征管的诸多措施。

在减税降费过程中,国家税务总局不间断地推出政策解答,统一政策口径,方便基层执行。因此,本书在编写过程中除了引用财政部、国家税务总局文件,还参考、引用了大量政策解答,国家税务总局在线访谈和视频培训内容,以及各省级税务机关的政策解读等,力求全面、准确解析税费优惠政策。

本书相关政策截至2023年8月初。由于近期减税降费政策发布节奏快,笔者往往是连夜补充,反复修改,以期为读者呈现最新的政策内容。上述税费优惠政策多有执行期限,在附录中,特别列示了部分税费优惠政策的执行起止日期,方便纳税人缴费人和税务人员查阅。书中所涉及的大量税收政策文件,全部标明文号、引用原文,便于读者查找。本书可以作为减税降费工具书使用。

从2019年首次出版《减税降费实务与操作》,到如今推出《减税降费政策与实务指南(2023年版)》,本书已持续更新至第四版。谨以此书献给奋战在减税降费战线上的纳税人缴费人和税务工作者们,希望本书能对大家有所帮助,同时也为落实减税降费政策贡献笔者的一份微薄之力!

由于时间仓促,加之作者水平和经验有限,书中不足之处,敬请读者指正。

作 者

2023年8月

目 录

1 增值税优惠政策 …………………………………………… （1）
  1.1 降低增值税税率 ……………………………………… （1）
    1.1.1 增值税税率调整历程 ………………………… （1）
    1.1.2 开具发票 ……………………………………… （2）
    1.1.3 农产品抵扣 …………………………………… （3）
    1.1.4 注意事项 ……………………………………… （6）
  1.2 留抵退税 ……………………………………………… （6）
    1.2.1 政策沿革 ……………………………………… （6）
    1.2.2 小微企业和制造业、批发零售业等行业企业
          留抵退税 ……………………………………… （8）
    1.2.3 其他企业留抵退税 …………………………… （16）
    1.2.4 税务机关的后续管理 ………………………… （24）
    1.2.5 "一税两费" …………………………………… （24）
    1.2.6 会计处理 ……………………………………… （25）
    1.2.7 风险提示 ……………………………………… （26）
  1.3 加计抵减 ……………………………………………… （29）
    1.3.1 政策规定 ……………………………………… （29）
    1.3.2 适用范围 ……………………………………… （30）
    1.3.3 计提时间 ……………………………………… （32）
    1.3.4 提交声明 ……………………………………… （34）
    1.3.5 加计抵减的计算 ……………………………… （34）

1.3.6　申报表填报 …………………………………………（38）
　　　1.3.7　注意事项 ……………………………………………（40）
　1.4　延缓缴纳税费 ………………………………………………（41）
　　　1.4.1　政策规定 ……………………………………………（41）
　　　1.4.2　缓缴条件 ……………………………………………（42）
　　　1.4.3　缓缴期限 ……………………………………………（43）
　　　1.4.4　与《税收征收管理法》延期缴纳税款规定的衔接 ……（47）
　1.5　小规模纳税人优惠政策 ……………………………………（47）
　　　1.5.1　月销售额未超过10万元免征增值税 ………………（47）
　　　1.5.2　1%征收率 ……………………………………………（59）
　1.6　整合申报表 …………………………………………………（70）
　　　1.6.1　一般纳税人申报表 …………………………………（70）
　　　1.6.2　小规模纳税人申报表 ………………………………（71）
　1.7　发票电子化 …………………………………………………（71）
　　　1.7.1　开具电子专票 ………………………………………（71）
　　　1.7.2　取得电子专票 ………………………………………（72）
　　　1.7.3　开具红字电子专票 …………………………………（72）
　　　1.7.4　电子专票入账归档 …………………………………（73）
　　　1.7.5　法律效力 ……………………………………………（73）
　1.8　延期执行的增值税优惠政策 ………………………………（74）
　　　1.8.1　支持精准扶贫 ………………………………………（74）
　　　1.8.2　扶持就业 ……………………………………………（75）
　　　1.8.3　公共租赁住房租金 …………………………………（78）
　　　1.8.4　农村饮水安全工程 …………………………………（78）
　　　1.8.5　居民供热采暖 ………………………………………（79）
　　　1.8.6　抗艾滋病病毒药品 …………………………………（79）
　　　1.8.7　宣传文化事业 ………………………………………（80）
　　　1.8.8　科技企业孵化器、大学科技园和众创空间 ………（82）
　　　1.8.9　动漫产业 ……………………………………………（82）

1.8.10　研发机构采购设备 …………………………（83）
　　　1.8.11　集团内无偿借贷 …………………………（84）
　　　1.8.12　金融机构扶持小微企业发展 ……………（85）
　　　1.8.13　为小微企业融资担保收入免征增值税 …（87）
　　　1.8.14　小额贷款公司 ……………………………（88）
　　　1.8.15　边销茶 ……………………………………（88）
　　　1.8.16　境外机构投资境内债券市场取得的
　　　　　　　债券利息收入 …………………………（88）
　1.9　**近年出台的其他增值税优惠政策** ……………………（89）
　　　1.9.1　扩大抵扣范围 ……………………………（89）
　　　1.9.2　住房租赁 …………………………………（91）
　　　1.9.3　资源综合利用 ……………………………（93）
　　　1.9.4　促进二手车经销 …………………………（96）
　　　1.9.5　支持文化产业发展 ………………………（96）
　　　1.9.6　支持养老、托育、家政等社区家庭服务业发展 …（97）
　　　1.9.7　赞助2022年亚运会 ………………………（98）
　　　1.9.8　抗癌药品和罕见病药品 …………………（99）
　　　1.9.9　其他免征增值税的优惠政策 ……………（99）
　　　1.9.10　增值税减免税注意事项 …………………（101）
　1.10　**其他重要增值税优惠政策** ……………………………（102）
　　　1.10.1　减免税 ……………………………………（102）
　　　1.10.2　适用简易计税方法 ………………………（104）
　　　1.10.3　即征即退 …………………………………（107）

2　企业所得税优惠政策 ……………………………………（108）

　2.1　**小型微利企业企业所得税优惠政策** …………………（108）
　　　2.1.1　政策规定 …………………………………（108）
　　　2.1.2　认定条件 …………………………………（109）
　　　2.1.3　纳税申报 …………………………………（112）

2.1.4 注意事项 …… (116)
2.2 研发费用加计扣除 …… (118)
 2.2.1 税收优惠方式 …… (118)
 2.2.2 2023年政策变化 …… (119)
 2.2.3 会计处理 …… (120)
 2.2.4 可加计扣除的研发费用范围 …… (122)
 2.2.5 三种研发费用归集口径的区分 …… (125)
 2.2.6 其他相关费用限额计算 …… (127)
 2.2.7 委托研发 …… (131)
 2.2.8 其他规定 …… (132)
 2.2.9 管理要求 …… (133)
 2.2.10 简化报表 …… (134)
2.3 企业投入基础研究税收优惠 …… (135)
 2.3.1 优惠方式 …… (135)
 2.3.2 优惠条件 …… (135)
 2.3.3 管理措施 …… (136)
2.4 延期执行的企业所得税优惠政策 …… (137)
 2.4.1 支持创投企业发展 …… (137)
 2.4.2 扶贫捐赠政策 …… (138)
 2.4.3 扶持就业 …… (139)
 2.4.4 支持从事污染防治的第三方企业发展 …… (139)
 2.4.5 生产和装配伤残人员专门用品企业 …… (140)
 2.4.6 境外机构投资境内债券市场取得的债券利息收入 …… (141)
 2.4.7 支持农村饮水安全工程建设 …… (141)
 2.4.8 小额贷款公司 …… (141)
2.5 近年出台的其他企业所得税减免税政策 …… (142)
 2.5.1 设备、器具一次性税前扣除 …… (142)
 2.5.2 支持软件和集成电路企业发展 …… (143)
 2.5.3 支持企业加快技术升级和设备更新 …… (150)

2.5.4　支持社区家庭服务业发展 …………………………（150）
　　　2.5.5　支持保险企业发展 ……………………………………（151）
　　　2.5.6　支持文化转制企业发展 ………………………………（151）
　　　2.5.7　支持国家铁路建设 ……………………………………（152）
　　　2.5.8　房地产开发企业预缴 …………………………………（153）
　　　2.5.9　叠加享受优惠 …………………………………………（155）
　2.6　**其他重要企业所得税优惠政策** ……………………………（158）
　　　2.6.1　高新技术企业 …………………………………………（158）
　　　2.6.2　技术先进型服务企业 …………………………………（166）
　　　2.6.3　创投企业 ………………………………………………（167）
　　　2.6.4　免税收入 ………………………………………………（173）
　　　2.6.5　所得减免 ………………………………………………（174）
　　　2.6.6　残疾人员工资加计扣除 ………………………………（178）
　　　2.6.7　专用设备投资额的税额抵免 …………………………（179）
　　　2.6.8　加速折旧 ………………………………………………（180）
　　　2.6.9　资源综合利用 …………………………………………（181）
　　　2.6.10　高新技术企业和科技型中小企业十年弥补亏损 ……（182）

3　个人所得税优惠政策 …………………………………………（185）
　3.1　专项附加扣除 …………………………………………………（185）
　　　3.1.1　子女教育 ………………………………………………（185）
　　　3.1.2　继续教育 ………………………………………………（187）
　　　3.1.3　大病医疗 ………………………………………………（190）
　　　3.1.4　住房贷款利息 …………………………………………（192）
　　　3.1.5　住房租金 ………………………………………………（194）
　　　3.1.6　赡养老人 ………………………………………………（196）
　　　3.1.7　3岁以下婴幼儿照护 ……………………………………（198）
　　　3.1.8　申报征收 ………………………………………………（200）

3.2 优化预扣预缴方法 …… （201）
3.2.1 首次取得工资、薪金所得 …… （201）
3.2.2 学生实习取得劳务报酬所得 …… （202）
3.2.3 全年工资、薪金收入不超过6万元的居民个人 …… （203）

3.3 公益捐赠税收政策 …… （206）
3.3.1 扣除方法 …… （206）
3.3.2 非货币捐赠 …… （210）
3.3.3 管理规定 …… （210）
3.3.4 注意事项 …… （211）

3.4 汇算清缴 …… （212）
3.4.1 汇算清缴时间 …… （212）
3.4.2 汇算的内容 …… （212）
3.4.3 无需办理年度汇算的纳税人 …… （212）
3.4.4 需要办理年度汇算的纳税人 …… （213）
3.4.5 可享受的税前扣除 …… （216）
3.4.6 办理时间 …… （217）
3.4.7 办理方式 …… （217）
3.4.8 办理渠道 …… （218）
3.4.9 申报信息及资料留存 …… （218）
3.4.10 受理申报的税务机关 …… （218）
3.4.11 年度汇算的退税、补税 …… （219）
3.4.12 汇算服务 …… （220）

3.5 个人养老金 …… （221）
3.5.1 递延纳税优惠政策 …… （221）
3.5.2 申报要求 …… （221）
3.5.3 先行城市 …… （221）
3.5.4 汇算清缴 …… （223）

目录

- 3.6 个体工商户 ……………………………………………… (223)
- 3.7 延长执行期限的所得税优惠政策 ……………………… (224)
  - 3.7.1 全年一次性奖金 ………………………………… (224)
  - 3.7.2 上市公司股权激励 ……………………………… (227)
  - 3.7.3 中央企业负责人任期激励 ……………………… (228)
  - 3.7.4 外籍个人有关津补贴优惠 ……………………… (228)
  - 3.7.5 沪港通、深港通投资所得 ……………………… (228)
  - 3.7.6 参加新冠肺炎疫情防控的医务人员和防疫工作者 …… (229)
- 3.8 其他重要个人所得税优惠政策 ………………………… (230)
  - 3.8.1 法律援助补贴 …………………………………… (230)
  - 3.8.2 保险营销员、证券经纪人佣金收入 …………… (231)
  - 3.8.3 个人领取企业年金、职业年金 ………………… (231)
  - 3.8.4 解除劳动关系、提前退休、内部退养的一次性补偿收入 ……………………………… (232)
  - 3.8.5 单位低价向职工售房 …………………………… (232)
  - 3.8.6 社会保障类减免 ………………………………… (233)
  - 3.8.7 住房类减免 ……………………………………… (236)
  - 3.8.8 资本类减免 ……………………………………… (238)
  - 3.8.9 奖金类减免 ……………………………………… (242)
  - 3.8.10 外籍个人 ………………………………………… (243)
  - 3.8.11 远洋船员 ………………………………………… (244)
  - 3.8.12 其他 ……………………………………………… (244)

4 财产行为税和其他费用优惠政策 …………………………… (245)
- 4.1 "六税两费"减征优惠政策 ……………………………… (245)
  - 4.1.1 政策规定 ………………………………………… (245)
  - 4.1.2 小型微利企业的适用 …………………………… (246)
  - 4.1.3 叠加享受其他优惠 ……………………………… (250)
  - 4.1.4 增值税小规模纳税人转增值税一般纳税人的衔接 …… (250)

4.1.5　办理方式 ……………………………………………… (251)
4.2　**房产税和城镇土地使用税主要税收优惠政策** ……………… (251)
　　4.2.1　延期执行的税收优惠政策 ………………………………… (251)
　　4.2.2　其他重要的房产税和城镇土地使用税优惠政策 ………… (256)
4.3　**契税主要税收优惠政策** ……………………………………… (258)
　　4.3.1　延期执行的契税优惠政策 ………………………………… (258)
　　4.3.2　其他重要的契税优惠政策 ………………………………… (260)
4.4　**土地增值税主要税收优惠政策** ……………………………… (262)
　　4.4.1　延期执行的土地增值税优惠政策 ………………………… (262)
　　4.4.2　其他重要的土地增值税优惠政策 ………………………… (263)
　　4.4.3　优化土地增值税优惠事项办理方式 ……………………… (263)
4.5　**印花税主要税收优惠政策** …………………………………… (264)
　　4.5.1　延期执行的印花税优惠政策 ……………………………… (264)
　　4.5.2　其他重要的印花税优惠政策 ……………………………… (266)
4.6　**简并申报表** …………………………………………………… (267)
4.7　**其他费用** ……………………………………………………… (268)
　　4.7.1　教育费附加和地方教育附加 ……………………………… (268)
　　4.7.2　文化事业建设费 …………………………………………… (268)
　　4.7.3　残疾人就业保障金 ………………………………………… (269)

5　社会保险费调减政策 …………………………………………… (270)
5.1　**降低养老保险单位缴费比例** ………………………………… (270)
5.2　**降低失业保险、工伤保险费率** ……………………………… (270)
5.3　**缓缴养老保险费、失业保险费、工伤保险费** ……………… (271)
5.4　**调整社会保险缴费基数** ……………………………………… (272)
　　5.4.1　调整就业人员平均工资计算口径 ………………………… (272)
　　5.4.2　完善个体工商户和灵活就业人员缴费基数 ……………… (274)
5.5　**稳步推进社会保险费征收体制改革** ………………………… (274)

6 优化税收征管措施 (275)

6.1 深化税收征管改革 (275)
6.2 简化税务行政许可事项 (276)
6.2.1 减少税务行政许可事项 (276)
6.2.2 优化纳税人延期缴纳税款等税务事项管理方式 (277)
6.2.3 企业印制发票审批调整 (278)
6.3 优化税收征管服务 (278)
6.3.1 简化变更登记操作流程 (278)
6.3.2 优化跨省迁移税费服务流程 (279)
6.4 税务事项容缺办理 (280)
6.4.1 容缺办理事项 (280)
6.4.2 容缺办理资料补正 (281)
6.4.3 不适用容缺办理的情形 (281)
6.5 精简涉税费资料 (282)
6.5.1 取消报送的涉税费资料 (282)
6.5.2 改为留存备查的涉税费资料 (283)
6.6 首违不罚 (284)
6.7 部分税务证明事项告知承诺制 (286)
6.8 纳税信用评价与修复 (288)

附录 (290)
附录1 最新增值税税率及征收率 (290)
附录2 部分税费优惠政策执行期限 (293)
附录3 减税降费政策目录 (301)
附录4 企业类型划分标准 (311)

1　增值税优惠政策

1.1　降低增值税税率

1.1.1　增值税税率调整历程

《财政部　税务总局　海关总署关于深化增值税改革有关政策的公告》（财政部　税务总局　海关总署公告2019年第39号）第一条规定，自2019年4月1日起，"增值税一般纳税人（以下称纳税人）发生增值税应税销售行为或者进口货物，原适用16%税率的，税率调整为13%；原适用10%税率的，税率调整为9%"。

2016年5月1日全面营改增后，对增值税一般纳税人实行四档税率[①]：17%、13%、11%和6%。

2017年7月1日，取消13%税率，四档税率简并至三档。

2018年5月1日，17%和11%两档税率各下调1个百分点，三档税率为16%、10%和6%。

2019年4月1日，16%税率下调3个百分点，10%税率下调1个百分点，三档税率为13%、9%和6%。

目前，增值税一般纳税人适用13%税率的应税行为有：销售货物、劳务、有形动产租赁服务或者进口货物。

---

①　增值税还有零税率，为与政策表述一致，零税率不列为一档税率。

增值税一般纳税人适用9%税率的应税行为有：销售交通运输、邮政、基础电信、建筑、不动产租赁服务；销售不动产；转让土地使用权；销售或者进口粮食等农产品、食用植物油、食用盐，自来水、暖气、冷气、热水、煤气、石油液化气、天然气、二甲醚、沼气、居民用煤炭制品，图书、报纸、杂志、音像制品、电子出版物，饲料、化肥、农药、农机、农膜，国务院规定的其他货物。

除此之外，增值税一般纳税人皆适用6%税率，主要包括：销售增值电信服务、金融服务、现代服务（租赁服务除外）、生活服务、无形资产（不含土地使用权）。

1.1.2 开具发票

1.1.2.1 销售折让、中止或者退回

《国家税务总局关于深化增值税改革有关事项的公告》（国家税务总局公告2019年第14号）第一条规定："增值税一般纳税人（以下称纳税人）在增值税税率调整前已按原16%、10%适用税率开具的增值税发票，发生销售折让、中止或者退回等情形需要开具红字发票的，按照原适用税率开具红字发票；开票有误需要重新开具的，先按照原适用税率开具红字发票后，再重新开具正确的蓝字发票。"

1. 销售方开具了增值税专用发票，购买方未用于申报抵扣并将发票联及抵扣联退回的，销售方按如下流程开具增值税红字专用发票：

（1）销售方在增值税发票管理系统中填开并上传《开具红字增值税专用发票信息表》（以下简称《信息表》）。销售方填开《信息表》时应填写相对应的蓝字专用发票信息。

（2）主管税务机关通过网络接收纳税人上传的《信息表》，系统自动校验通过后，生成带有"红字发票信息表编号"的《信息表》，并将信息同步至纳税人端系统中。

（3）销售方凭税务机关系统校验通过的《信息表》开具红字专用发票，在系统中以销项负数开具。红字专用发票应与《信息表》一一对应。

（4）纳税人也可凭《信息表》电子信息或纸质资料到税务机关对《信息

表》内容进行系统校验。

2. 购买方取得增值税专用发票已用于申报抵扣，或者购买方取得增值税专用发票尚未申报抵扣但发票联或抵扣联无法退回的，由购买方按规定在增值税发票管理系统中填开并上传《信息表》，销售方根据购买方开具的《信息表》按照调整前税率开具红字发票。

1.1.2.2 补开发票

国家税务总局公告2019年第14号第二条规定，增值税一般纳税人在增值税税率调整前未开具增值税发票的增值税应税销售行为，需要补开增值税发票的，应当按照原适用税率补开。如果增值税一般纳税人还存在2018年税率调整前未开具增值税发票的应税销售行为，需要补开增值税发票的，仍可按照原17%、11%适用税率补开。

同理，购买方在2019年4月1日后取得原16%、10%税率的增值税专用发票，可以按现行规定抵扣进项税额。

《国家税务总局关于国内旅客运输服务进项税抵扣等增值税征管问题的公告》（国家税务总局公告2019年第31号）第十三条规定，自2019年9月20日起，增值税一般纳税人需要通过增值税发票管理系统开具17%、16%、11%、10%税率蓝字发票的，应向主管税务机关提交《开具原适用税率发票承诺书》，办理临时开票权限。临时开票权限有效期限为24小时，增值税一般纳税人应在获取临时开票权限的规定期限内开具原适用税率发票。

增值税一般纳税人办理临时开票权限，应保留交易合同、红字发票、收讫款项证明等相关材料，以备查验。

纳税人未按规定开具原适用税率发票的，主管税务机关应按照现行有关规定进行处理。

1.1.3 农产品抵扣

1.1.3.1 加计扣除政策规定

财政部、税务总局、海关总署公告2019年第39号第二条规定："纳税人购进农产品，原适用10%扣除率的，扣除率调整为9%。纳税人购进用于生产或者委托加工13%税率货物的农产品，按照10%的扣除率计算进项税额。"

纳税人购进农产品适用的扣除率分为两种情况：一是按照9%的扣除率计算进项税额；二是购进用于生产或者委托加工13%税率货物的农产品，加计扣除1个百分点按照10%的扣除率计算进项税额。

增值税一般纳税人购进农产品，可凭增值税专用发票、海关进口增值税专用缴款书、农产品收购发票或销售发票抵扣进项税额。

增值税一般纳税人（农产品深加工企业除外）购进农产品，从按照简易计税方法依照3%征收率计算缴纳增值税的小规模纳税人处取得增值税专用发票的，以增值税专用发票上注明的金额和9%的扣除率计算进项税额；取得（开具）农产品销售发票或收购发票的，以农产品销售发票或收购发票上注明的农产品买价和9%的扣除率计算进项税额。

自2020年3月1日起，小规模纳税人暂减按1%征收率征收增值税。那么，一般纳税人取得小规模纳税人开具的征收率为1%的增值税专用发票，能否按照9%或10%的扣除率计算进项税额，存在争议。

2021年8月31日，国家税务总局网站在回答"我公司是一家餐饮企业，属于一般纳税人，本月取得了小规模纳税人开具的征收率为1%的农产品增值税专用发票，能否按9%计算抵扣进项税额？"时明确："纳税人购进农产品，从依照3%征收率计算缴纳增值税的小规模纳税人取得增值税专用发票的，以增值税专用发票上注明的金额和9%的扣除率计算进项税额；纳税人购进农产品用于生产或者委托加工13%税率货物的，按照10%的扣除率计算进项税额。因此，你公司购进农产品，如销售农产品的小规模纳税人选择放弃享受减征增值税政策，开具3%征收率的增值税专用发票，你公司取得了小规模纳税人开具的3%征收率的增值税专用发票，即可按上述规定计算抵扣进项税额。"

因此，增值税一般纳税人从小规模纳税人处购进农产品，取得1%征收率增值税专用发票，不得按票面金额的9%或10%计算抵扣进项税额，只有取得3%征收率增值税专用发票才可以。

增值税一般纳税人购进农产品，取得批发零售环节纳税人销售免税农产品开具的免税发票，以及小规模纳税人开具的增值税普通发票，均不得计算抵扣进项税额。

如果是适用农产品增值税进项税额核定扣除的纳税人,按照《农产品增值税进项税额核定扣除试点实施办法》(财税〔2012〕38号附件1)的规定,农产品核定扣除办法规定的扣除率为销售货物的适用税率。如果纳税人生产的货物适用税率由16%调整为13%,则其扣除率也应由16%调整为13%;如果纳税人生产的货物适用税率由10%调整为9%,则其扣除率也应由10%调整为9%。

需要注意的是,若增值税一般纳税人购进农产品既用于生产销售或委托受托加工13%税率货物又用于生产销售其他货物服务的,需要分别核算,未分别核算的,统一以增值税专用发票或海关进口增值税专用缴款书上注明的增值税额为进项税额,或以农产品收购发票或销售发票上注明的农产品买价和9%的扣除率计算进项税额。

1.1.3.2 加计扣除时间

增值税一般纳税人购进用于生产或者委托加工13%税率货物的农产品,按照10%的扣除率计算进项税额,不是在购进环节直接抵扣10%的进项税额,而是在购进环节抵扣9%的进项税额,在生产领用环节,再加计抵扣1个百分点。例如,2019年4月纳税人购进一批农产品,购进时按照9%计算抵扣进项税额;5月领用时,确定用于生产13%税率货物,则在5月再加计1%进项税额。

1.1.3.3 加计扣除的衔接

《财政部 税务总局关于调整增值税税率的通知》(财税〔2018〕32号)规定,纳税人购进农产品,原适用11%扣除率的,扣除率调整为10%,纳税人购进用于生产销售或委托加工16%税率货物的农产品,按照12%的扣除率计算进项税额。也就是说,加计扣除2个百分点。那么,2019年4月1日前购进的农产品,2019年4月1日后是否仍然按照12%加计扣除?

答案是否定的,2019年4月1日后,纳税人领用农产品用于生产或委托加工13%税率的货物,统一按照1%加计抵扣,不区分所购进农产品是在2019年4月1日前还是2019年4月1日后。

1.1.4 注意事项

降低增值税税率注意事项的关键是准确判断纳税义务发生时间。按照税法规定的纳税义务发生时间确定开具发票的适用税率，不能提前或延后。若纳税义务发生时间在 2019 年 4 月 1 日前，未进行申报而开具发票的，纳税人应进行补充申报或者更正申报，涉及缴纳滞纳金的，按规定缴纳；若纳税义务发生时间在 2019 年 4 月 1 日后，不得开具原适用税率发票，已经开具的，按规定作废，不符合作废条件的，按规定开具红字发票后，按照新适用税率开具正确的蓝字发票。

1.2 留抵退税

1.2.1 政策沿革

1.2.1.1 2019 年之前

增值税留抵退税，即只要纳税人允许抵扣的进项税额超过其销项税额，在符合一定条件的情况下，税务机关在规定的时间内对差额部分予以退还。

《中华人民共和国增值税暂行条例》（以下简称《增值税暂行条例》）第四条第三款规定："当期销项税额小于当期进项税额不足抵扣时，其不足部分可以结转下期继续抵扣。"销项税额小于当期进项税额形成的留抵税额只能留待以后期间抵扣，没有时间限制。只能留抵，不能退税，甚至直到企业注销也不予退税。《财政部 国家税务总局关于增值税若干政策的通知》（财税〔2005〕165 号）第六条规定："一般纳税人注销或被取消辅导期一般纳税人资格，转为小规模纳税人时，其存货不作进项税额转出处理，其留抵税额也不予以退税。"

2019 年之前，我国只在部分行业或企业实行了增值税留抵退税，具体如下：

（1）《财政部 国家税务总局关于退还集成电路企业采购设备增值税期末留抵税额的通知》（财税〔2011〕107 号）规定，集成电路企业采购设备形成的留抵税额准予退还。

（2）《财政部　国家税务总局关于利用石脑油和燃料油生产乙烯芳烃类产品有关增值税政策的通知》（财税〔2014〕17号）规定，企业外购用于生产特定化工产品的石脑油、燃料油2014年2月28日前形成的留抵税额准予退还。

（3）《财政部　国家税务总局关于大型客机和新支线飞机增值税政策的通知》（财税〔2016〕141号）规定，企业从事大型客机和新支线飞机的研发和销售形成的留抵税额准予退还。《财政部　税务总局关于民用航空发动机、新支线飞机和大型客机税收政策的公告》（财政部　税务总局公告2019年第88号）规定，纳税人从事大型客机研制等形成的增值税期末留抵税额予以退还。

（4）《财政部　税务总局关于2018年退还部分行业增值税留抵税额有关税收政策的通知》（财税〔2018〕70号）规定，装备制造等先进制造业、研发等现代服务业符合条件的企业和电网企业在一定时期内未抵扣完的进项税额予以一次性退还。

1.2.1.2　2019年之后

财政部、税务总局、海关总署公告2019年第39号第八条规定，自2019年4月1日起，试行增值税期末留抵税额退税制度，不再区分行业。企业符合自2019年4月税款所属期起，连续6个月（按季纳税的，连续2个季度）增量留抵税额均大于零，且第6个月增量留抵税额不低于50万元等相关条件，其增量留抵税额乘以进项构成比例的60%可以申请退还。

《财政部　税务总局关于明确部分先进制造业增值税期末留抵退税政策的公告》（财政部　税务总局公告2019年第84号）规定，自2019年6月1日起，生产并销售"非金属矿物制品""通用设备""专用设备""计算机、通信和其他电子设备"的部分先进制造业纳税人，可以自2019年7月及以后纳税申报期向主管税务机关申请退还增量留抵税额。

《财政部　税务总局关于明确先进制造业增值税期末留抵退税政策的公告》（财政部　税务总局公告2021年第15号）规定，自2021年4月1日起，增加生产并销售"医药""化学纤维""铁路、船舶、航空航天和其他运输设备""电气机械和器材""仪器仪表"的先进制造业纳税人，可以自2021年5月及以后纳税申报期向主管税务机关申请退还增量留抵税额。

《财政部 税务总局关于进一步加大增值税期末留抵退税政策实施力度的公告》（财政部 税务总局公告2022年第14号）规定，自2022年4月1日起，将先进制造业按月全额退还增值税增量留抵税额政策范围扩大至符合条件的"制造业""科学研究和技术服务业""电力、热力、燃气及水生产和供应业""软件和信息技术服务业""生态保护和环境治理业"和"交通运输、仓储和邮政业"（以下称制造业等行业）。同时，加大小微企业留抵退税力度，将先进制造业按月全额退还增值税增量留抵税额政策范围扩大至符合条件的小微企业（含个体工商户，下同），并一次性退还小微企业存量留抵税额。《国家税务总局关于进一步加大增值税期末留抵退税政策实施力度有关征管事项的公告》（国家税务总局公告2022年第4号）进一步完善征管措施。该公告首次提出退还存量留抵税额。

《财政部 税务总局关于扩大全额退还增值税留抵税额政策行业范围的公告》（财政部 税务总局公告2022年第21号）规定，自2022年7月纳税申报期起，将制造业等行业按月全额退还增值税增量留抵税额、一次性退还存量留抵税额的政策范围，扩大至"批发和零售业""农、林、牧、渔业""住宿和餐饮业""居民服务、修理和其他服务业""教育""卫生和社会工作"和"文化、体育和娱乐业"（以下称批发零售业等行业）。

1.2.2 小微企业和制造业、批发零售业等行业企业留抵退税

1.2.2.1 留抵退税条件

小微企业和制造业等行业企业留抵退税需同时符合以下条件：

（1）纳税信用等级为A级或者B级；

（2）申请退税前36个月未发生骗取留抵退税、骗取出口退税或虚开增值税专用发票情形；

（3）申请退税前36个月未因偷税被税务机关处罚两次及以上；

（4）2019年4月1日起未享受即征即退、先征后返（退）政策。

1.2.2.2 存量留抵税额与增量留抵税额

1. 存量留抵税额

纳税人获得一次性存量留抵退税前，当期期末留抵税额大于或等于2019

年 3 月 31 日期末留抵税额的,存量留抵税额为 2019 年 3 月 31 日期末留抵税额;当期期末留抵税额小于 2019 年 3 月 31 日期末留抵税额的,存量留抵税额为当期期末留抵税额。

纳税人获得一次性存量留抵退税后,存量留抵税额为零,再形成的税额留抵退税均为增量留抵税额。

【例 1-1】 某微型企业 2019 年 3 月 31 日的期末留抵税额为 100 万元,申请一次性存量留抵退税时,如果当期期末留抵税额为 120 万元,该纳税人的存量留抵税额为 100 万元;如果当期期末留抵税额为 80 万元,该纳税人的存量留抵税额为 80 万元。该纳税人获得存量留抵退税后,将再无存量留抵税额。

2. 增量留抵税额

纳税人获得一次性存量留抵退税前,增量留抵税额为当期期末留抵税额与 2019 年 3 月 31 日相比新增加的留抵税额。

纳税人获得一次性存量留抵退税后,增量留抵税额为当期期末留抵税额,无须再与 2019 年 3 月 31 日相比。

【例 1-2】 某纳税人 2019 年 3 月 31 日的期末留抵税额为 100 万元,某月的期末留抵税额为 120 万元,在次月纳税申报期申请增量留抵退税时,如果此前未获得一次性存量留抵退税,该纳税人的增量留抵税额为 20 万元 (120-100);如果此前已获得一次性存量留抵退税,该纳税人的增量留抵税额为 120 万元。

3. 计算公式

允许退还的存量留抵税额 = 存量留抵税额 × 进项构成比例 × 100%

允许退还的增量留抵税额 = 增量留抵税额 × 进项构成比例 × 100%

进项构成比例,为 2019 年 4 月至申请退税前一税款所属期已抵扣的增值税专用发票(含带有"增值税专用发票"字样全面数字化的电子发票、税控机动车销售统一发票)、收费公路通行费增值税电子普通发票、海关进口增值税专用缴款书、解缴税款完税凭证注明的增值税额占同期全部已抵扣进项税额的比重。

与财政部、税务总局、海关总署公告2019年第39号的进项构成相比，增加了含带有"增值税专用发票"字样全面数字化的电子发票、收费公路通行费增值税电子普通发票两类，并且也适用于财政部、税务总局、海关总署公告2019年第39号规定的留抵退税政策。

在计算允许退还的留抵税额的进项构成比例时，纳税人在2019年4月至申请退税前一税款所属期内按规定转出的进项税额，无须从已抵扣的增值税专用发票（含带有"增值税专用发票"字样全面数字化的电子发票、税控机动车销售统一发票)、收费公路通行费增值税电子普通发票、海关进口增值税专用缴款书、解缴税款完税凭证注明的增值税额中扣减。

【例1-3】 某制造业纳税人2019年4月至申请退税前一税款所属期内取得的进项税额中，增值税专用发票500万元，道路通行费电子普通发票100万元，海关进口增值税专用缴款书200万元，农产品收购发票抵扣进项税额300万元。之前某年某月，该纳税人因发生非正常损失，此前已抵扣的增值税专用发票中，有50万元进项税额按规定作进项税转出。该纳税人2022年4月申请留抵退税时，进项构成比例=（500+100+200）÷（500+100+200+300）×100%=73%。进项转出的50万元，在上述计算公式的分子、分母中均无需扣减。

加计抵减额不能申请留抵退税。加计抵减政策属于税收优惠，按照纳税人可抵扣的进项税额的10%或15%计算，用于抵减纳税人的应纳税额。加计抵减额并不是纳税人的进项税额，从加计抵减额的形成机制来看，加计抵减不会形成留抵税额，因而也不能申请留抵退税。

1.2.2.3 小微企业条件

中型企业、小型企业和微型企业，按照《中小企业划型标准规定》（工信部联企业〔2011〕300号）和《金融业企业划型标准规定》（银发〔2015〕

309号)① 中的营业收入指标、资产总额指标确定。其中，资产总额指标按照纳税人上一会计年度年末值确定。营业收入指标按照纳税人上一会计年度增值税销售额确定；不满一个会计年度的，按照以下公式计算：

增值税销售额（年）＝上一会计年度企业实际存续期间增值税销售额÷企业实际存续月数×12

增值税销售额，包括纳税申报销售额、稽查查补销售额、纳税评估调整销售额。适用增值税差额征税政策的，以差额后的销售额确定。

对于工信部联企业〔2011〕300号文件和银发〔2015〕309号文件所列行业以外的纳税人，以及工信部联企业〔2011〕300号文件所列行业但未采用营业收入指标或资产总额指标划型确定的纳税人，微型企业标准为增值税销售额（年）100万元以下（不含100万元）；小型企业标准为增值税销售额（年）2000万元以下（不含2000万元）；中型企业标准为增值税销售额（年）1亿元以下（不含1亿元）。

大型企业，是指除上述中型企业、小型企业和微型企业外的其他企业。

留抵退税的企业划型与工信部企业划型区别如下：

（1）划型标准不同。

《中小企业划型标准规定》是工业和信息化部等四部委联合制定的中小企业划型标准，划分了16个行业，包括营业收入、资产总额和从业人员三个指标，除农、林、牧、渔业和其他未列明行业只涉及一个指标外，其他行业都是以其中两个指标为划型标准。如有的行业是营业收入和资产总额（如建筑业），有的行业是营业收入和从业人员（如工业），有的行业是资产总额和从业人员（如租赁和商务服务业）。

按照国家统计局《统计上大中小微型企业划分办法（2017）》注释："大型、中型和小型企业须同时满足所列指标的下限，否则下划一档；微型企业只须满足所列指标中的一项即可。"因此，大型、中型和小型企业两个指标是"且"的关系，必须同时满足两个指标的下限，才能被划定为本类型，否则下划一档；微型企业两个指标是"或"的关系，满足其一即为微型企业。

---

① 具体划型标准详见附录4。

财政部、税务总局公告2022年第14号要求按照"营业收入指标、资产总额指标确定",不考虑从业人员,只要营业收入或资产总额满足其一即可。

(2) 取值口径不同。

《中小企业划型标准规定》中的营业收入指标,《统计上大中小微型企业划分办法(2017)》解释为:"营业收入,工业、建筑业、限额以上批发和零售业、限额以上住宿和餐饮业以及其他设置主营业务收入指标的行业,采用主营业务收入;限额以下批发与零售业企业采用商品销售额代替;限额以下住宿与餐饮业企业采用营业额代替;农、林、牧、渔业企业采用营业总收入代替;其他未设置主营业务收入的行业,采用营业收入指标。"因此,《中小企业划型标准规定》中的营业收入是会计上的收入。

财政部、税务总局公告2022年第14号第六条规定:"资产总额指标按照纳税人上一会计年度年末值确定。营业收入指标按照纳税人上一会计年度增值税销售额确定"。因此,该营业收入是增值税销售额。会计上的收入不一定等于增值税销售额,二者有时是有差异的。

综上所述,由于划型标准的不同,很可能出现按照财政部、税务总局公告2022年第14号是一种企业类型,按照《中小企业划型标准规定》是另一种企业类型,企业应当依据财政部、税务总局公告2022年第14号规定的划型标准判断自己能否享受留抵退税。

1.2.2.4 制造业、批发零售业等行业

制造业等行业企业,是指从事《国民经济行业分类》中"制造业""科学研究和技术服务业""电力、热力、燃气及水生产和供应业""软件和信息技术服务业""生态保护和环境治理业"和"交通运输、仓储和邮政业"业务相应发生的增值税销售额占全部增值税销售额的比重超过50%的纳税人。

批发零售业等行业企业,是指从事《国民经济行业分类》中"批发和零售业""农、林、牧、渔业""住宿和餐饮业""居民服务、修理和其他服务业""教育""卫生和社会工作""文化、体育和娱乐业"业务相应发生的增值税销售额占全部增值税销售额的比重超过50%的纳税人。

上述销售额比重根据纳税人申请退税前连续12个月的销售额计算确定;

申请退税前经营期不满12个月但满3个月的,按照实际经营期的销售额计算确定。

【例1-4】 某纳税人申请退税前连续12个月内共取得增值税销售额1000万元,其中:生产销售设备销售额300万元,提供交通运输服务销售额300万元,提供建筑服务销售额400万元。该纳税人在此期间发生的制造业等行业销售额占比为60%〔(300+300)÷(300+300+400)〕。因此,该纳税人当期属于制造业等行业纳税人。

1.2.2.5 退税期限

1. 存量留抵退税

符合条件的小微企业和制造业等行业企业,申请存量留抵退税的起始时间如下:

(1)微型企业,可以自2022年4月纳税申报期起向主管税务机关申请一次性退还存量留抵税额;

(2)小型企业,可以自2022年5月纳税申报期起向主管税务机关申请一次性退还存量留抵税额;

(3)制造业等行业中的中型企业,可以自2022年5月纳税申报期起向主管税务机关申请一次性退还存量留抵税额;

(4)制造业等行业中的大型企业,可以自2022年6月纳税申报期起向主管税务机关申请一次性退还存量留抵税额。

(5)批发零售等行业企业,可以自2022年7月纳税申报期起向主管税务机关申请一次性退还存量留抵税额。

需要说明的是,上述时间为申请一次性存量留抵退税的起始时间,当期未申请的,以后纳税申报期也可以按规定申请。

2. 增量留抵退税

符合条件的小微企业和制造业等行业企业,可以自2022年4月纳税申报期起向主管税务机关申请退还增量留抵税额;批发零售等行业企业,可以自2022年7月纳税申报期起向主管税务机关申请退还增量留抵税额。

需要注意的是，对于小微企业来说，这是一个阶段性政策，只执行至 2022 年 12 月 31 日，之后仍然按照财政部、税务总局、海关总署公告 2019 年第 39 号规定执行。

1.2.2.6 留抵退税与即征即退、先征后返（退）缴回

留抵退税与增值税即征即退、先征后返（退）是互斥的关系，享受了一个就不能享受另一个。但此次留抵退税规定，纳税人可以选择，缴回一个，再享受另一个。

1. 留抵退税缴回

纳税人自 2019 年 4 月 1 日起已取得留抵退税款的，不得再申请享受增值税即征即退、先征后返（退）政策。纳税人可以在 2022 年 10 月 31 日前一次性将已取得的留抵退税款全部缴回后，按规定申请享受增值税即征即退、先征后返（退）政策。

纳税人申请缴回已退还的全部留抵退税款的，可通过电子税务局或办税服务厅提交《缴回留抵退税申请表》。税务机关应自受理之日起 5 个工作日内，依申请向纳税人出具留抵退税款缴回的《税务事项通知书》。纳税人在缴回已退还的全部留抵退税款后，办理增值税纳税申报时，将缴回的全部退税款在《增值税及附加税费申报表附列资料（二）》（本期进项税额明细）第 22 栏"上期留抵税额退税"填写负数，并可继续按规定抵扣进项税额。

【例 1 - 5】 某纳税人在 2019 年 4 月 1 日后，陆续获得留抵退税 100 万元。因纳税人想要选择适用增值税即征即退政策，于 2022 年 4 月 3 日向税务机关申请缴回留抵退税款，4 月 5 日，留抵退税款 100 万元已全部缴回入库。该纳税人在 4 月 10 日办理 2022 年 3 月（税款所属期）的增值税纳税申报时，可在《增值税及附加税费申报表附列资料（二）》（本期进项税额明细）第 22 栏"上期留抵税额退税"填写"- 100 万元"，将已缴回的 100 万元留抵退税款调增期末留抵税额，并用于当期或以后期间继续抵扣。

纳税人在 2022 年 10 月 31 日前将已退还的增值税留抵退税款一次性全部缴回后，即可在缴回后的增值税纳税申报期内按规定申请适用即征即退、先征后返（退）政策。

2. 即征即退、先征后返（退）缴回

纳税人自 2019 年 4 月 1 日起已享受增值税即征即退、先征后返（退）政策的，在 2022 年 10 月 31 日前一次性将已退还的增值税即征即退、先征后返（退）税款全部缴回后，即可在规定的留抵退税申请期内申请办理留抵退税。

上述规定中的一次性全部缴回，是指纳税人在 2022 年 10 月 31 日前缴回相关退税款的次数为一次。

1.2.2.7 留抵退税申报

纳税人申请留抵退税，应在规定的留抵退税申请期间，完成本期增值税纳税申报后，通过电子税务局或办税服务厅提交《退（抵）税申请表》。

纳税人可以选择向主管税务机关申请留抵退税，也可以选择结转下期继续抵扣。纳税人应在纳税申报期内，完成当期增值税纳税申报后申请留抵退税。2022 年 4—6 月的留抵退税申请时间，延长至每月最后一个工作日。自 2022 年 7 月起，留抵退税时间仍为增值税纳税申报期内。

纳税人可以在规定期限内同时申请增量留抵退税和存量留抵退税。同时符合小微企业和制造业等行业企业留抵退税政策的纳税人，可任意选择申请适用相应的留抵退税政策。

纳税人取得退还的留抵税额后，应相应调减当期留抵税额。

如果发现纳税人存在留抵退税政策适用有误的情形，纳税人应在下个纳税申报期结束前缴回相关留抵退税款。

1.2.2.8 纳税信用等级

1. 纳税信用等级动态管理

纳税人申请增值税留抵退税，以纳税人向主管税务机关提交《退（抵）税申请表》时点的纳税信用级别确定是否符合申请留抵退税条件。已完成退税的纳税信用 A 级或 B 级纳税人，因纳税信用年度评价、动态调整等原因，纳税信用级别不再是 A 级或 B 级的，其已取得的留抵退税款不需要退回。

【例1-6】 某企业2021年度纳税信用评价结果为A/B级，2022年度评价结果于2023年4月30日正式发布，为M/C/D级。若该企业在2023年4月10日提交《退（抵）税申请表》，则该企业符合纳税信用为A级或B级的办理留抵退税政策条件；若该企业在2023年5月10日提交《退（抵）税申请表》，则不符合纳税信用为A级或B级的办理留抵退税政策条件。

【例1-7】 某企业2021年度纳税信用评价结果为M/C/D级，2022年度评价结果于2023年4月30日正式发布，为A/B级。若该企业在2023年4月10日提交《退（抵）税申请表》，则该企业不符合纳税信用为A级或B级的办理留抵退税政策条件；若该企业在2023年5月10日提交《退（抵）税申请表》，则符合纳税信用为A级或B级的办理留抵退税政策条件。

2. 个体工商户的纳税信用等级

《国家税务总局关于发布〈纳税信用管理办法（试行）〉的公告》（国家税务总局公告2014年第40号）规定，纳税信用管理适用于已办理税务登记，从事生产、经营并适用查账征收的企业纳税人，个体工商户和其他类型纳税人的纳税信用管理办法由省税务机关制定。此次留抵退税同样适用于个体工商户中的增值税一般纳税人，但这部分个体工商户可能没有纳税信用等级。

国家税务总局公告2022年第4号政策解读第二十一条规定，适用增值税一般计税方法的个体工商户，已按照省税务机关公布的纳税信用管理办法参加评价的，可自愿向主管税务机关申请参照企业纳税信用评价指标和评价方式参加评价。自愿申请参加纳税信用评价的，自新的评价结果发布后，按照新的评价结果确定是否符合申请留抵退税条件。

1.2.3 其他企业留抵退税

除上述小微企业和制造业等行业企业，其他企业留抵退税仍然按照财政部、税务总局、海关总署公告 2019 年第 39 号第八条执行，只退还增量留抵税额。

1.2.3.1 留抵退税条件

同时符合以下条件的纳税人，可以向主管税务机关申请退还增量留抵税额：

（1）自 2019 年 4 月税款所属期起，连续 6 个月（按季纳税的，连续 2 个季度）增量留抵税额均大于零，且第 6 个月增量留抵税额不低于 50 万元；

（2）纳税信用等级为 A 级或者 B 级；

（3）申请退税前 36 个月未发生骗取留抵退税、出口退税或虚开增值税专用发票情形的；

（4）申请退税前 36 个月未因偷税被税务机关处罚两次及以上的；

（5）自 2019 年 4 月 1 日起未享受即征即退、先征后返（退）政策的。

财政部、税务总局、海关总署公告 2019 年第 39 号所称增量留抵税额，是指与 2019 年 3 月底相比新增加的期末留抵税额。

需要注意的是，将纳税人 2019 年 3 月底的留抵税额时点数固定设为存量留抵，纳税人每个月的增量留抵税额，都是和 2019 年 3 月底的留抵比新增加的留抵税额；财政部、税务总局、海关总署公告 2019 年第 39 号规定的是"4 月税款所属期起，连续 6 个月"，只能从 4 月开始往后算 6 个月，也就是说，最早满足连续 6 个月的情形，是 2019 年 4—9 月的连续 6 个月。但是，连续 6 个月并不一定从 2019 年 4 月开始算，纳税人可以从 2019 年 4 月以后的任何一个月开始计算连续 6 个月，比如 5—10 月，6—11 月，等等。

2019 年 4 月 1 日后新设立的纳税人，2019 年 3 月底留抵税额为 0，因此其增量留抵税额即当期的期末留抵税额。

若纳税人 2019 年 4 月 1 日前是增值税小规模纳税人，当期期末留抵税额为 0；4 月 1 日后登记为增值税一般纳税人，若有期末留抵税额即为增量留抵税额。

即：第 1 至第 6 个月各月留抵税额 − 2019 年 3 月底留抵税额 ＞ 0，且第 6 个月留抵税额 − 2019 年 3 月底留抵税额 ＞ 50 万元。

1.2.3.2 留抵退税的计算

纳税人 2019 年 4 月 1 日以后一次性转入的待抵扣部分的不动产进项税额，在当期形成留抵税额的，可用于计算增量留抵税额。

因纳税申报、稽查查补和评估调整等原因，造成期末留抵税额发生变化的，按最近一期《增值税及附加税费申报表（一般纳税人适用）》期末留抵税额确定允许退还的增量留抵税额。

纳税人既有增值税欠税，又有期末留抵税额的，按最近一期《增值税及附加税费申报表（一般纳税人适用）》期末留抵税额，抵减增值税欠税后的余额确定允许退还的增量留抵税额。

【例 1-8】 某非制造业、批发零售业企业 2019 年 3 月底期末留抵税额 50 万元，2023 年 4—9 月的留抵税额分别为 60 万元、55 万元、80 万元、70 万元、90 万元和 100 万元，4—9 月全部凭增值税专用发票抵扣进项。该企业连续 6 个月都有增量留抵税额，且 9 月增量留抵税额为 50 万元。如果该企业同时满足其他四项退税条件，则在 10 月纳税申报期时可向主管税务机关申请退还留抵税额 30 万元（50×100%×60%）。如果该企业 10 月收到了 30 万元退税款，则该企业 10 月的留抵税额就应从 100 万元调减为 70 万元（100-30）。此后，纳税人可将 10 月作为起始月，再往后连续计算 6 个月来看增量留抵税额的情况，如再次满足退税条件，可继续按规定申请留抵退税。

【例 1-9】 接【例 1-8】，若该企业 2023 年 10 月增值税销项税额为 160 万元，进项税额为 80 万元。

（1）若不申请留抵退税，留抵税额为 100 万元，160-80-100=-20（万元），不缴纳增值税；

（2）若申请留抵退税，则留抵税额变为 70 万元，缴纳增值税税额=160-80-70=10（万元）。

1.2.3.3 申报表填报

主管税务机关退还留抵税额时,纳税人应将退还的留抵税额填入《增值税及附加税费申报表附列资料(二)》(本期进项税额明细)第 22 栏"上期留抵税额退税"。

接【例 1-9】(2),纳税人在 2023 年 10 月(税款所属期)申报时,申报表填报如表 1-1、表 1-2 所示。

表 1-1　　　　　增值税及附加税费申报表附列资料(二)　　　　单位:元

二、进项税额转出额		
项目	栏次	税额
本期进项税额转出额	13 = 14 至 23 之和	300000
其中:免税项目用	14	
集体福利、个人消费	15	
非正常损失	16	
简易计税方法征税项目用	17	
免抵退税办法不得抵扣的进项税额	18	
纳税检查调减进项税额	19	
红字专用发票信息表注明的进项税额	20	
上期留抵税额抵减欠税	21	
上期留抵税额退税	22	300000
异常凭证转出进项税额	23a	
其他应作进项税额转出的情形	23b	

注:本表节选了《增值税及附加税费申报表附列资料(二)》部分表格。

表 1–2　　　　　　　增值税及附加税费申报表

（一般纳税人适用）　　　　　　　单位：元

项目		栏次	一般项目		即征即退项目	
			本月数	本年累计	本月数	本年累计
税款计算	销项税额	11	1600000			
	进项税额	12	800000			
	上期留抵税额	13	1000000		—	—
	进项税额转出	14	300000			
	免、抵、退应退税额	15			—	—
	按适用税率计算的纳税检查应补缴税额	16				
	应抵扣税额合计	17 = 12 + 13 – 14 – 15 + 16	1500000	—		
	实际抵扣税额	18（如 17 < 11，则为 17，否则为 11）	1500000			
	应纳税额	19 = 11 – 18	100000			
	期末留抵税额	20 = 17 – 18				
	简易计税办法计算的应纳税额	21				
	按简易计税办法计算的纳税检查应补缴税额	22				
	应纳税额减征额	23				
	应纳税额合计	24 = 19 + 21 – 23	100000			

注：本表节选了《增值税及附加税费申报表（一般纳税人适用)》部分表格。

1.2.3.4　退税程序

1. 申请退税的时间

纳税人应在增值税纳税申报期内，向主管税务机关申请退还留抵税额。

纳税人申请办理留抵退税，应于符合留抵退税条件的次月起，在增值税纳税申报期内，完成本期增值税纳税申报后，通过电子税务局或办税服务厅提交《退（抵）税申请表》。

2. 与出口退税的衔接

纳税人出口货物劳务、发生跨境应税行为，适用免抵退税办法的，办理免抵退税后，仍符合财政部、税务总局、海关总署公告 2019 年第 39 号规定条件的，可以申请退还留抵税额，也就是说要按照"先免抵退税，后留抵退税"的原则进行判断；适用免退税办法的，相关进项税额不得用于退还留抵税额。

《国家税务总局关于办理增值税期末留抵税额退税有关事项的公告》（国家税务总局公告2019年第20号）第九条第（二）项规定，纳税人在同一申报期既申报免抵退税又申请办理留抵退税的，或者在纳税人申请办理留抵退税时存在尚未经税务机关核准的免抵退税应退税额的，应待税务机关核准免抵退税应退税额后，按最近一期《增值税及附加税费申报表（一般纳税人适用）》期末留抵税额，扣减税务机关核准的免抵退税应退税额后的余额确定允许退还的增量留抵税额。税务机关核准的免抵退税应退税额，是指税务机关当期已核准，但纳税人尚未在《增值税及附加税费申报表（一般纳税人适用）》第15栏"免、抵、退应退税额"中填报的免抵退税应退税额。

【例1-10】 2023年10月5日，某纳税人在申报期内既申报了免抵退税，也申请了留抵退税，当期期末留抵税额为100万元。11月5日，该纳税人完成纳税申报，且申报了免抵退税，当期期末留抵税额为120万元。

情况一：假设2023年10月20日，税务机关核准其免抵退税应退税额为50万元，10月25日核准留抵退税时，应如何计算留抵退税额？

分析：10月25日核准时，最近一期申报表是10月5日申报完成的税款所属期为2023年9月的申报表，当时的期末留抵税额尚未扣减50万元免抵退税应退税额。因此，以期末留抵税额100万元扣减免抵退税应退税额50万元后的余额50万元为依据，计算留抵退税额。

情况二：假设2023年10月20日，税务机关核准其免抵退税应退税额为50万元，11月10日核准留抵退税时，应如何计算留抵退税额？

分析：11月10日核准时，最近一期申报表是11月5日申报完成的税款所属期为2023年10月的申报表，由于10月20日税务机关已核准其免抵退税应退税额，因此，税款所属期为2023年10月的申报表期末留抵税额中已经扣减50万元免抵退税应退税额，直接以期末留抵税额120

万元为依据，计算留抵退税额。

国家税务总局公告 2019 年第 20 号第十条规定，在纳税人办理增值税纳税申报和免抵退税申报后、税务机关核准其免抵退税应退税额前，核准其前期留抵退税的，以最近一期《增值税及附加税费申报表（一般纳税人适用）》期末留抵税额，扣减税务机关核准的留抵退税额后的余额，计算当期免抵退税应退税额和免抵税额。税务机关核准的留抵退税额，是指税务机关当期已核准，但纳税人尚未在《增值税及附加税费申报表附列资料（二）》（本期进项税额明细）第 22 栏"上期留抵税额退税"填报的留抵退税额。

情况三：假设 2023 年 11 月 10 日，税务机关核准其留抵退税额为 30 万元，11 月 28 日核准其 11 月申报的免抵退税时，应如何计算免抵退税额？

分析：11 月 28 日核准时，最近一期申报表是 11 月 5 日申报完成的税款所属期为 2023 年 10 月的申报表，当时的期末留抵税额中尚未扣减 30 万元留抵退税额。因此，以期末留抵税额 120 万元扣减留抵退税额 30 万元后的余额 90 万元为依据，计算免抵退税额。

3. 纳税人的后续操作

纳税人取得退还的留抵税额后，应相应调减当期留抵税额。按照规定再次满足退税条件的，可以继续向主管税务机关申请退还留抵税额，但连续期间不得重复计算。

纳税人取得退还的留抵税额后，又产生新的留抵，要重新按照退税资格条件进行判断。需要特别注意的是，"连续六个月增量留抵税额均大于零"的条件中"连续六个月"是不可重复计算的，即此前已申请退税"连续六个月"的计算期间，不能再次计算，也就是纳税人一个会计年度中，申请退税最多两次。

1.2.3.5 注意事项

纳税人满足留抵退税条件，必须在申报期内完成。因为留抵税额是个时点数，会随着增值税一般纳税人每一期的申报情况发生变化，因此提交留抵退税申请必须在申报期完成,以免对退税数额计算和后续核算产生影响。

若纳税人现在纳税信用等级不为 A 级或者 B 级,待纳税人纳税信用等级为 A 级或者 B 级后,且满足其他条件,就可以向主管税务机关申请退税。完成一次退税后,再连续 6 个月满足条件才能再次申请留抵退税。

若纳税人申请留抵退税时纳税信用等级为 A 级或者 B 级,后来等级被调整为 C 级、D 级或者 M 级,税务机关不追缴已退税款,但不能再次申请留抵退税。

留抵退税条件中"自 2019 年 4 月 1 日起未享受即征即退、先征后返(退)政策的",若纳税人在 2019 年 3 月 31 日前申请即征即退、先征后返(退),在 4 月 1 日后收到退税款,则属于"未享受即征即退、先征后返(退)政策",若纳税人在 2019 年 4 月 1 日后申请并享受即征即退、先征后返(退),则不能申请留抵退税。纳税人也可以放弃享受申请即征即退、先征后返(退),则可以申请留抵退税。

1.2.3.6 14 号公告与 39 号公告的差异

财政部、税务总局公告 2022 年第 14 号与财政部、税务总局、海关总署公告 2019 年第 39 号关于留抵退税的差异如下:

(1)适用主体不同

财政部、税务总局公告 2022 年第 14 号适用于小微企业和制造业、批发零售业等行业企业,财政部、税务总局、海关总署公告 2019 年第 39 号适用于所有行业企业。

(2)退税种类不同

财政部、税务总局公告 2022 年第 14 号可退还增量留抵税额和存量留抵税额,财政部、税务总局、海关总署公告 2019 年第 39 号只能退还增量留抵税额。

虽然二者的增量留抵税额都是指与 2019 年 3 月底相比新增加的期末留抵税额。但财政部、税务总局、海关总署公告 2019 年第 39 号要求"自 2019 年 4 月税款所属期起,连续六个月(按季纳税的,连续两个季度)增量留抵税额均大于零,且第六个月增量留抵税额不低于 50 万元",而财政部、税务总局公告 2022 年第 14 号只要求"增量留抵税额大于零"即可,条件明显宽松于前者。

（3）退税比例不同

按照留抵退税计算公式，财政部、税务总局、海关总署公告2019年第39号只能退还60%，而财政部、税务总局公告2022年第14号可以退还100%。

1.2.4 税务机关的后续管理

国家税务总局公告2019年第20号规定，税务机关在办理留抵退税期间，发现符合留抵退税条件的纳税人存在以下情形，暂停为其办理留抵退税：①存在增值税涉税风险疑点的；②被税务稽查立案且未结案的；③增值税申报比对异常未处理的；④取得增值税异常扣税凭证未处理的；⑤国家税务总局规定的其他情形。

上述列举的增值税涉税风险疑点等情形已排除，且相关事项处理完毕后，按以下规定办理：

（1）纳税人仍符合留抵退税条件的，税务机关继续为其办理留抵退税，并自增值税涉税风险疑点等情形排除且相关事项处理完毕之日起5个工作日内完成审核，向纳税人出具准予留抵退税的《税务事项通知书》。

（2）纳税人不再符合留抵退税条件的，不予留抵退税。税务机关应自增值税涉税风险疑点等情形排除且相关事项处理完毕之日起5个工作日内完成审核，向纳税人出具不予留抵退税的《税务事项通知书》。

税务机关对增值税涉税风险疑点进行排查时，发现纳税人涉嫌骗取出口退税、虚开增值税专用发票等增值税重大税收违法行为的，终止为其办理留抵退税，并自作出终止办理留抵退税决定之日起5个工作日内，向纳税人出具终止办理留抵退税的《税务事项通知书》。

税务机关对纳税人涉嫌增值税重大税收违法行为核查处理完毕后，纳税人仍符合留抵退税条件的，可按照国家税务总局公告2019年第20号的规定重新申请办理留抵退税。

1.2.5 "一税两费"

"一税两费"，是指随着增值税缴纳的城市维护建设税、教育费附加和地方教育附加。

2018年，为适应部分行业试行留抵退税的财税〔2018〕70号文件，《财政部 税务总局关于增值税期末留抵退税有关城市维护建设税 教育费附加和地方教育附加政策的通知》（财税〔2018〕80号）规定："对实行增值税期末留抵退税的纳税人，允许其从城市维护建设税、教育费附加和地方教育附加的计税（征）依据中扣除退还的增值税税额。"该文件并未规定行业，2019年4月1日起在全行业实施留抵退税仍然适用。

【例1-11】 接【例1-9】（2），若该企业2023年10月增值税销项税额为200万元，其他条件不变，则：

应缴纳增值税 = 200 - 80 - 70 = 50（万元）

应缴纳城市维护建设税 =（50 - 30）× 7% = 1.4（万元）

应缴纳教育费附加 =（50 - 30）× 3% = 0.6（万元）

应缴纳地方教育附加 =（50 - 30）× 2% = 0.4（万元）

1.2.6 会计处理

财政部《关于增值税期末留抵退税政策适用〈增值税会计处理规定〉有关问题的解读》规定，增值税一般纳税人应当根据《增值税会计处理规定》（财会〔2016〕22号）的相关规定对上述增值税期末留抵退税业务进行会计处理，经税务机关核准的允许退还的增值税期末留抵税额以及缴回的已退还的留抵退税款项，应当通过"应交税费——增值税留抵税额"明细科目进行核算。纳税人在税务机关准予留抵退税时，按税务机关核准允许退还的留抵税额，借记"应交税费——增值税留抵税额"科目，贷记"应交税费——应交增值税（进项税额转出）"科目；在实际收到留抵退税款项时，按收到留抵退税款项的金额，借记"银行存款"科目，贷记"应交税费——增值税留抵税额"科目。纳税人将已退还的留抵退税款项缴回并继续按规定抵扣进项税额时，按缴回留抵退税款项的金额，借记"应交税费——应交增值税（进项税额）"科目，贷记"应交税费——增值税留抵税额"科目，同时借记"应交税费——增值税留抵税额"科目，贷记"银行存款"科目。

【例1–12】 接【例1–9】（2），该企业在税务机关准予留抵退税时，会计处理如下：

借：应交税费——增值税留抵税额　　　　　　300000
　　贷：应交税费——应交增值税（进项税额转出）　300000

实际收到留抵退税款项时，会计处理如下：

借：银行存款　　　　　　　　　　　　　　　300000
　　贷：应交税费——增值税留抵税额　　　　　300000

1.2.7 风险提示

截至2022年底，全国税务稽查部门累计查实7813户涉嫌骗取或违规取得留抵退税企业，六部门联合打击虚开骗取留抵退税团伙225个，共计挽回留抵退税及各类税款损失155亿元。[①] 曝光的骗取留抵退税案件，基本上都是虚开增值税专用发票和隐匿销售收入，并被定性为偷税。实务中，不少留抵退税出现问题的企业并不都是存在"骗取"意图，而是对增值税政策不了解导致多计留抵税额。笔者列举一些常见的风险点，以帮助企业自查，规避风险。

1.2.7.1 少计销售收入

与故意不计销售收入的隐匿行为不同，这类企业大多是因为对政策不了解导致少计销售收入。最常见的有应视同销售未视同销售，如将自产的货物用于集体福利或者个人消费、将自产或购进的货物无偿赠送其他单位或者个人等，未视同销售。相比于货物类视同销售，服务类视同销售风险更大，不少企业向其他单位或者个人无偿提供服务，如无偿出租不动产、非集团公司内无偿贷款等，未视同销售。

---

① 国家税务总局办公厅. 国家税务总局2022年度新闻发布会实录［EB/OL］.（2023–01–31）[2023–02–01]. http://www.chinatax.gov.cn/chinatax/n810219/n810724/c5183875/content.html.

未按照增值税纳税义务发生时间确认收入也是常见风险之一。有的企业误以为在没有先开具发票的情况下，收到钱才缴纳增值税。但《增值税暂行条例》第十九条第一款第（一）项规定："发生应税销售行为，为收讫销售款项或者取得索取销售款项凭据的当天；先开具发票的，为开具发票的当天。"有的企业已到合约约定的收款日期，但未收到款项就不确认收入，导致少计销售收入。

还有符合条件的财政补贴未计收入。有的企业误认为财政补贴一律不征收增值税，但《国家税务总局关于取消增值税扣税凭证认证确认期限等增值税征管问题的公告》（国家税务总局公告2019年第45号）第七条第一款规定："纳税人取得的财政补贴收入，与其销售货物、劳务、服务、无形资产、不动产的收入或者数量直接挂钩的，应按规定计算缴纳增值税。纳税人取得的其他情形的财政补贴收入，不属于增值税应税收入，不征收增值税。"因此，企业取得与销售货物、服务等收入或者数量直接挂钩的财政补贴，应当确认为增值税应税收入。

1.2.7.2　进项税额应转出未转出

《增值税暂行条例》第十条第（一）项规定的"用于简易计税方法计税项目、免征增值税项目、集体福利或者个人消费的购进货物、劳务、服务、无形资产和不动产"的进项税额不得抵扣，但很多企业仍然抵扣了进项税额。

企业高发的风险是：2020年1月1日至2021年3月31日，对纳税人提供公共交通运输服务、生活服务，以及为居民提供必需生活物资快递收派服务取得的收入，免征增值税。由于这些行业以前享受的税收优惠政策较少，对用于免税收入的进项税额不得抵扣知之甚少，在享受收入免税的同时，进项税额也进行了抵扣，产生留抵税额。

企业应当准确划分用于免税收入、简易计税等项目和用于一般计税项目的进项税额，划分不清的，按照《中华人民共和国增值税暂行条例实施细则》（以下简称《增值税暂行条例实施细则》）第二十六条的公式计算不得抵扣的进项税额。

另外，一些企业发生的符合条件的非正常损失，其进项税额也未转出。

1.2.7.3 抵扣了不应抵扣的项目

《财政部 国家税务总局关于全面推开营业税改征增值税试点的通知》（财税〔2016〕36号）附件1《营业税改征增值税试点实施办法》第二十七条第（六）项规定的"购进的贷款服务、餐饮服务、居民日常服务和娱乐服务"的进项税额不得抵扣，但有的企业仍然抵扣了上述项目的进项税额。

1.2.7.4 抵扣了小规模纳税人期间取得的增值税专用发票

一些企业在小规模纳税人期间取得了增值税专用发票，待登记为一般纳税人后进行了认证抵扣。但《国家税务总局关于纳税人认定或登记为一般纳税人前进项税额抵扣问题的公告》（国家税务总局公告2015年第59号）第一条规定："纳税人自办理税务登记至认定或登记为一般纳税人期间，未取得生产经营收入，未按照销售额和征收率简易计算应纳税额申报缴纳增值税的，其在此期间取得的增值税扣税凭证，可以在认定或登记为一般纳税人后抵扣进项税额。"企业在小规模纳税人期间已经取得生产经营收入，且按照销售额和征收率缴纳了增值税，其小规模纳税人期间取得的增值税专用发票，登记为一般纳税人后不得抵扣。

1.2.7.5 享受了即征即退、先征后返（退）政策

财政部、税务总局公告2022年第14号第三条规定的适用留抵退税条件之一为"2019年4月1日起未享受即征即退、先征后返（退）政策"。通过申报表很容易发现，有的企业享受过即征即退、先征后返（退），也申请了留抵退税。这两项政策是互斥的，只能选择其一享受。企业可以先将已退还的即征即退、先征后返（退）税款全部缴回后，再申请留抵退税。

1.2.7.6 小微企业划型错误

如"1.2.2.3 小微企业条件"所述，财政部、税务总局公告2022年第14号规定的小微企业条件与工信部等部委发布的《中小企业划型标准规定》不一致，有的企业没有区分清楚留抵退税的小微企业与统计口径的小微企业，导致虽然属于《中小企业划型标准规定》的小微企业，但不属于留抵退税的小微企业。

1.2.7.7 行业划分错误

如前所述，只有13个行业的大中小型企业可以适用此次留抵退税政

策。有的企业按照税务登记行业判断自己是否可以申请留抵退税，但按照财政部、税务总局公告2022年第14号第七条规定，这些行业是指从事《国民经济行业分类》中相关业务相应发生的增值税销售额占全部增值税销售额的比重超过50%的纳税人。也就是说，留抵退税企业的行业是计算出来的，很可能与税务登记不一致。有的企业按照税务登记行业申请留抵退税，导致错误。

1.3 加计抵减

1.3.1 政策规定

财政部、税务总局、海关总署公告2019年第39号第七条规定："自2019年4月1日至2021年12月31日，允许生产、生活性服务业纳税人按照当期可抵扣进项税额加计10%，抵减应纳税额（以下称加计抵减政策）。"这是建立增值税制度以来第一次实施加计抵减政策。

《财政部　税务总局关于明确生活性服务业增值税加计抵减政策的公告》（财政部　税务总局公告2019年第87号）将生活性服务业纳税人增值税进项税额加计抵减比例提高至15%，适用期限为2019年10月1日至2021年12月31日。

《财政部　税务总局关于促进服务业领域困难行业纾困发展有关增值税政策的公告》（财政部　税务总局公告2022年第11号）将上述政策执行期限延长至2022年12月31日。

《财政部　税务总局关于明确增值税小规模纳税人减免增值税等政策的公告》（财政部　税务总局公告2023年第1号）第三条规定，生活性服务业纳税人加计抵减比例降为10%，生产性服务业纳税人加计抵减比例降为5%，适用期限为2023年1月1日至2023年12月31日。

加计抵减政策沿革情况见表1-3。

表 1–3　　　　　　　　　　加计抵减政策沿革

类型	加计抵减比例	执行期限	行业	文件
生活性服务业	10%	2019年4月1日至2019年9月30日	生活服务	《财政部　税务总局　海关总署关于深化增值税改革有关政策的公告》（财政部　税务总局　海关总署公告2019年第39号）
	15%	2019年10月1日至2022年12月31日		《财政部　税务总局关于明确生活性服务业增值税加计抵减政策的公告》（财政部　税务总局公告2019年第87号）、《财政部　税务总局关于促进服务业领域困难行业纾困发展有关增值税政策的公告》（财政部　税务总局公告2022年第11号）
	10%	2023年1月1日至2023年12月31日		《财政部　税务总局关于明确增值税小规模纳税人减免增值税等政策的公告》（财政部　税务总局公告2023年第1号）
生产性服务业	10%	2019年4月1日至2022年12月31日	邮政服务、电信服务、现代服务	《财政部　税务总局　海关总署关于深化增值税改革有关政策的公告》（财政部　税务总局　海关总署公告2019年第39号）、《财政部　税务总局关于促进服务业领域困难行业纾困发展有关增值税政策的公告》（财政部　税务总局公告2022年第11号）
	5%	2023年1月1日至2023年12月31日		《财政部　税务总局关于明确增值税小规模纳税人减免增值税等政策的公告》（财政部　税务总局公告2023年第1号）

1.3.2　适用范围

加计抵减的范围为提供邮政服务、电信服务、现代服务、生活服务（以下简称四项服务）的纳税人，四项服务的具体范围按照《财政部　国家税务总局关于全面推开营业税改征增值税试点的通知》（财税〔2016〕36号）附件1所附《销售服务、无形资产、不动产注释》执行。

其中：邮政服务包括邮政普遍服务、邮政特殊服务和其他邮政服务；电信服务包括基础电信和增值电信；现代服务包括研发和技术服务、信息技术服务、文化创意服务、物流辅助服务、租赁服务、鉴证咨询服务、广播影视服务、商务辅助服务和其他现代服务；生活服务包括文化体育服务、教育医疗服务、旅游娱乐服务、餐饮住宿服务、居民日常服务和其他生活服务。

2019年降低增值税税率，6%一档税率没有变化，为了不增加该档税率纳税人负担，对提供四项服务的纳税人实施加计抵减政策，以降低税负。但需要注意两点：一是四项服务并非都适用6%税率，现代服务中的有形动产租赁，适用13%税率；邮政服务、电信服务中的基础电信，现代服务中的不动产租赁，适用9%税率。二是适用6%税率的并非都可以享受加计抵减，例如，金融服务也适用6%税率，但不能享受加计抵减政策。

提供四项服务的纳税人，只有取得的销售额占全部销售额的比重超过50%（不含）时，方可享受加计抵减政策。

（1）纳税人兼有四项服务中多项应税行为的，其四项服务中多项应税行为的当期销售额应当合并计算，然后再除以纳税人当期全部的销售额，以此计算销售额的比重。

（2）在计算销售额占比时，销售额中既包括一般计税方法的收入，也包括简易计税方法的收入；既包括应税销售额，也包括免税销售额；既包括国内销售额，也包括免抵退税出口销售额；既包括一般项目销售额，也包括即征即退项目销售额；还包括税务机关代开发票销售额。

（3）在计算销售额占比时，销售额中还包括稽查查补销售额或纳税评估调整销售额。稽查查补销售额和纳税评估调整销售额，计入查补或评估当期的销售额参与计算四项服务销售额的比重。例如，某纳税人2019年10月被查补出所属期为2018年10月的销售额100万元，该100万元作为申报查补税款当月，即2019年10月的销售额参与四项服务销售额的计算。

（4）若纳税人享受差额计税政策，纳税人应按照差额后的销售额参与计算。例如，某纳税人提供服务，按照规定可以享受差额计税政策，以差额后的销售额计算缴纳增值税。该纳税人在计算销售额占比时，货物销售额为2万元，提供四项服务差额前的全部价款和价外费用共20万元，差额后的销售额为4万元。则应按照"4÷（2+4）"来进行计算占比。因该纳税人四项服务销售额占全部销售额的比重超过50%，按照规定，可以享受加计抵减政策。

（5）经财政部和国家税务总局或者其授权的财政和税务机关批准，实行汇总缴纳增值税的总机构及其分支机构，以总机构本级及其分支机构的合计销售额,确定总机构及其分支机构适用加计抵减政策。

1.3.3 计提时间

应区分 2019 年 4 月 1 日前后设立的纳税人,分别进行处理。

2019 年 3 月 31 日前设立的纳税人,自 2018 年 4 月至 2019 年 3 月期间的销售额符合上述规定条件的,自 2019 年 4 月 1 日起适用加计抵减政策。实际经营期不满 12 个月的,按实际经营期的累计销售额计算。

2019 年 4 月 1 日后设立的纳税人,自设立之日起 3 个月的销售额符合上述规定条件的,自登记为一般纳税人之日起适用加计抵减政策。

也就是说,2019 年 4 月 1 日后设立的纳税人,即使设立即登记为一般纳税人,成立前 3 个月也不能享受加计抵减政策,3 个月的销售额符合比重的,第 4 个月才可以享受加计抵减政策。并且允许在第 4 个月补提前 3 个月的加计抵减额,在第 4 个月及以后申报期抵减,但不能追溯抵减。例如,某纳税人 2019 年 4 月新设立,4—6 月的销售额符合条件,7 月申报 6 月税款时可以计提 4—6 月的加计抵减额。

需要注意的是:

(1) 销售额比重不是从登记为一般纳税人之日起计算。政策规定自登记为一般纳税人之日起适用加计抵减政策,并不是自登记为一般纳税人之日起计算销售额比重,其小规模纳税人期间的销售额也参与计算。例如,某纳税人 2019 年 4 月设立,2019 年 5 月登记为一般纳税人,其销售额比重从 4 月开始计算,而不是从登记为一般纳税人的 5 月开始计算。又如,某纳税人 2018 年 1 月设立,2018 年 9 月登记为一般纳税人,以 2018 年 4 月至 2019 年 3 月的销售额判断是否适用加计抵减政策。

(2) 可自形成销售额的当月起计算 3 个月。2019 年 3 月 31 日前设立,且 2018 年 4 月至 2019 年 3 月期间销售额均为零的纳税人,以首次产生销售额当月起连续 3 个月的销售额确定适用加计抵减政策。2019 年 4 月 1 日后设立,且自设立之日起 3 个月的销售额均为零的纳税人,以首次产生销售额当月起连续 3 个月的销售额确定适用加计抵减政策。例如,某纳税人 2019 年 4 月前设立,一直没有取得收入,2019 年 5 月取得收入,则以 5—7 月销售额判断当年是否适用加计抵减政策。又如，某纳税人 2019 年 4 月新设立，但是 4—8 月未开展生产经营，销售额均为零，自 9 月起才有销售额，则应根据 9—11 月的销售额判断当年是否适用加计抵减政策。

（3）未计提的加计抵减额可以补提。纳税人可计提但未计提的加计抵减额，可在确定适用加计抵减政策当期一并计提。例如，某纳税人 2019 年 4 月设立，2019 年 5 月登记为一般纳税人，2019 年 6 月若符合条件，可以确定适用加计抵减政策，7 月申报 6 月税款时一并计提 5—6 月的加计抵减额。若某纳税人 2019 年 4 月设立并登记为一般纳税人，2019 年 4 月至 2020 年 2 月一直未取得销售收入，2020 年 3 月取得销售收入，3—5 月销售额占比超过 50%，则 2020 年可以享受加计抵减政策，且 2019 年 4 月以来可计提未计提的加计抵减额可以补提。

（4）设立前 3 个月四项服务销售额占比不足 50%，当年不能享受加计抵减。例如，某纳税人 2019 年 4 月设立，4—6 月四项服务销售额占比不足 50%，5—7 月四项服务销售额占比超过 50%，由于其设立前 3 个月四项服务销售额占比不足 50%，2019 年度不能享受加计抵减政策。

（5）跨年计算比例问题。例如，某纳税人 2019 年 11 月成立，2019 年 11 月至 2020 年 1 月销售额占比超过 50%。在计算 2020 年销售额占比时，2020 年 1 月销售额也参与计算；在计算 2021 年销售额占比时，2020 年 1 月销售额仍然参与计算。

（6）次年不符合条件。例如，某企业 2019 年适用加计抵减政策，截至 2019 年底还有加计抵减额余额尚未抵减完。若 2020 年该企业不符合加计抵减政策，那么 2020 年该企业不得再计提加计抵减额；若 2021 年又符合加计抵减政策，则 2019 年未抵减完的加计抵减余额，可在 2021 年继续抵减。

（7）一般纳税人转为小规模纳税人。一般纳税人有加计抵减额余额，转登记为小规模纳税人，加计抵减余额不得用于抵减小规模纳税人期间的应纳税额；后又登记为一般纳税人，自该纳税人再次登记成为一般纳税人之日起，此前未抵减完的余额可继续抵减其按一般计税方法计算的应纳税额。

1.3.4 提交声明

《国家税务总局关于增值税小规模纳税人减免增值税等政策有关征管事项的公告》（国家税务总局公告 2023 年第 1 号）第十一条规定，生产性服务业纳税人，应在年度首次确认适用 5% 加计抵减政策时，通过电子税务局或办税服务厅提交《适用 5% 加计抵减政策的声明》；生活性服务业纳税人，应在年度首次确认适用 10% 加计抵减政策时，通过电子税务局或办税服务厅提交《适用 10% 加计抵减政策的声明》。

纳税人可通过电子税务局提交声明。提交时，系统将自动显示《适用加计抵减政策的声明》，纳税人选择政策适用年度和所属行业，输入计算期内四项服务的销售额和总销售额后，信息系统将帮助纳税人自动填写其他内容。纳税人在确认相关信息准确无误后，即可提交声明。纳税人到办税服务厅提交声明时，税务部门会提供免填单服务，纳税人只要将上述 4 项信息告知窗口工作人员，工作人员会预填好声明内容，交由纳税人确认，如果信息准确无误，纳税人盖章后即可提交。

纳税人确定适用加计抵减政策后，当年内不再调整，以后年度是否适用，根据上年度销售额计算确定，若适用，需再次提交《适用加计抵减政策的声明》。

这里的年度是指会计年度，而不是连续 12 个月的概念。

1.3.5 加计抵减的计算

加计抵减不同于进项税额，前者用于计算，后者用于抵扣。也不同于企业所得税中的加计扣除，其并非将进项税额的 110% 或 105% 在销项税额中减除，而是将进项税额的 10% 或 5% 在应纳税额中减除。

1. 计算公式

纳税人按可抵扣进项税额的 10% 或 5% 比例计算加计抵减额，而不用区分其进项税额构成。

加计抵减额计算公式如下：

当期计提加计抵减额 = 当期可抵扣进项税额 ×10%（或 5%）

当期可抵减加计抵减额 = 上期末加计抵减额余额 + 当期计提加计抵减额 - 当期调减加计抵减额

具体计算可分为以下两步：

第一步：计算抵减前的应纳税额。按照一般纳税人的一般计税方法计算应纳税额。

第二步：计算抵减后的应纳税额。

区分以下两种情况：

第一种情况：抵减前的应纳税额 = 0，当期可抵减加计抵减额全部结转下期抵减。

第二种情况：抵减前的应纳税额 > 0：

（1）若抵减前的应纳税额 > 可抵减加计抵减额，则：

抵减后的应纳税额 = 抵减前的应纳税额 - 可抵减加计抵减额

（2）若抵减前的应纳税额 ≤ 可抵减加计抵减额，则：

抵减后的应纳税额 = 0

加计抵减额余额 = 可抵减加计抵减额 - 抵减前的应纳税额

【例 1-13】 某生活性服务业增值税一般纳税人，适用增值税加计抵减政策。2023 年 3 月，该纳税人一般计税项目增值税销项税额为 180 万元，进项税额为 130 万元，上期留抵税额为 10 万元，上期结转加计抵减额余额为 5 万元，简易计税项目销售额为 100 万元（不含税）。征收率为 3%，无其他涉税事项。请计算该纳税人 2023 年 3 月增值税应纳税额。

（1）一般计税项目：

抵减前的增值税应纳税额 = 180 - 130 - 10 = 40（万元）

当期计提加计抵减额 = 130 × 10% = 13（万元）

当期可抵减加计抵减额 = 5 + 13 = 18（万元）

抵减后的增值税应纳税额 = 40 - 18 = 22（万元）

（2）简易计税项目：

增值税应纳税额 = 100 × 3% = 3（万元）

（3）增值税应纳税额合计：

该纳税人增值税应纳税额合计 = 一般计税项目增值税应纳税额 + 简易计税项目增值税应纳税额 = 22 + 3 = 25（万元）

【例1-14】 接【例1-13】，增值税进项税额为160万元，其他条件不变，请计算该纳税人2023年3月增值税应纳税额。

（1）一般计税项目：

抵减前的增值税应纳税额 = 180 - 160 - 10 = 10（万元）

当期计提加计抵减额 = 160 × 10% = 16（万元）

当期可抵减加计抵减额 = 5 + 16 = 21（万元）

由于抵减前的增值税应纳税额10万元 < 可抵减加计抵减额21万元，所以，抵减后的增值税应纳税额 = 0。

加计抵减额余额 = 21 - 10 = 11（万元）

（2）简易计税项目：

增值税应纳税额 = 100 × 3% = 3（万元）

（3）增值税应纳税额合计：

该纳税人增值税应纳税额合计 = 一般计税项目增值税应纳税额 + 简易计税项目增值税应纳税额 = 0 + 3 = 3（万元）

2. 进项税额转出

纳税人计提当期加计抵减额时，若纳税人的进项税额按规定不得从销项税额中抵扣，同时也不得计提加计抵减额；已计提加计抵减额的进项税额，按规定作进项税额转出的，应在进项税额转出当期，相应调减加计抵减额。

【例1-15】 接【例1-13】，当期购进的货物用于集体福利增值税进项税额转出8万元，其他条件不变，请计算该纳税人2023年3月增值税应纳税额。

（1）一般计税项目：

抵减前的增值税应纳税额=180－（130－8）－10＝48（万元）

当期计提加计抵减额=（130－8）×10%＝12.2（万元）

当期可抵减加计抵减额=5＋12.2＝17.2（万元）

抵减后的增值税应纳税额=40－17.2＝22.8（万元）

（2）简易计税项目：

增值税应纳税额=100×3%＝3（万元）

（3）增值税应纳税额合计：

该纳税人增值税应纳税额合计=一般计税项目增值税应纳税额+简易计税项目增值税应纳税额=22.8+3=25.8（万元）

3. 未抵减完的可以后抵减

加计抵减额本期抵减不完的，可结转至下期继续抵减。

若2021年有未抵减完的加计抵减额，但2021年四项服务销售额的比重未超过50%，则2022年不能享受加计抵减政策，若2022年比重超过50%，2023年又可以享受加计抵减政策，则2021年未抵减完的加计抵减额可在2023年继续抵减。

4. 会计处理

《财政部会计司关于〈关于深化增值税改革有关政策的公告〉适用〈增值税会计处理规定〉有关问题的解读》规定："生产、生活性服务业纳税人取得资产或接受劳务时，应当按照《增值税会计处理规定》的相关规定对增值税相关业务进行会计处理；实际缴纳增值税时，按应纳税额借记'应交税费——未交增值税'等科目，按实际纳税金额贷记'银行存款'科目，按加计抵减的金额贷记'其他收益'科目。"

例如，【例1-13】的会计处理如下：

借：应交税费——未交增值税	400000
——简易计税	30000
贷：银行存款	250000
其他收益	180000

按照财政部会计司规定，加计抵减的金额记入"其他收益"科目贷方。

《企业会计准则第 16 号——政府补助》（财会〔2017〕15 号）第十一条规定："与企业日常活动相关的政府补助，应当按照经济业务实质，计入其他收益或冲减相关成本费用。与企业日常活动无关的政府补助，应当计入营业外收支。"

"其他收益"为损益类科目，计入企业利润总额。且不符合不征税收入条件，须缴纳企业所得税。

1.3.6 申报表填报

《增值税及附加税费申报表附列资料（四）》（税额抵免情况表）中"二、加计抵减情况"相关栏次填写分为三步：

第一步：填写第 1 列至第 4 列，计算出本期可抵减额。

第二步：填报第 5 列"本期实际抵减额"。若第 4 列＜"本期可抵减额"≥0，且第 4 列＜主表第 11 栏"销项税额"－第 18 栏"实际抵扣税额"（即抵减前的应纳税额），则第 5 列＝第 4 列；若第 4 列≥主表第 11 栏－第 18 栏，则第 5 列＝主表第 11 栏－第 18 栏；若第 4 列＜0，则第 5 列＝0。

第三步：计算第 6 列"期末余额"。过渡到主表，第 19 栏"应纳税额"＝第 11 栏－第 18 栏－"实际抵减额"。"实际抵减额"对应《增值税及附加税费申报表附列资料（四）》（税额抵免情况表）的第 5 列。

【例 1-16】 某生活性服务业增值税一般纳税人，适用增值税加计抵减政策。2023 年 3 月，一般计税项目增值税销项税额为 150 万元，进项税额为 138 万元，上期留抵税额为 10 万元，购进的货物用于集体福利进项税额转出 8 万元，上期结转加计抵减额余额为 5 万元，简易计税项目销售额为 100 万元（不含税）。征收率为 3%。无其他涉税事项，请计算该纳税人 2023 年 3 月增值税应纳税额。

(1) 一般计税项目：

抵减前的增值税应纳税额 = 150 - (138 - 8) - 10 = 10（万元）

当期计提加计抵减额 = (138 - 8) × 10% = 13（万元）

当期可抵减加计抵减额 = 5 + 13 = 18（万元）

由于抵减前的增值税应纳税额 10 万元 < 可抵减加计抵减额 18 万元，所以抵减后的增值税应纳税额 = 0。

加计抵减额余额 = 18 - 10 = 8（万元）

(2) 简易计税项目：

增值税应纳税额 = 100 × 3% = 3（万元）

(3) 增值税应纳税额合计：

该纳税人增值税应纳税额合计 = 一般计税项目增值税应纳税额 + 简易计税项目增值税应纳税额 = 0 + 3 = 3（万元）

由于第 4 列 18 万元 > 主表第 11 栏 - 第 18 栏 = 10 万元，则第 5 列 = 主表第 11 栏 - 第 18 栏 = 10 万元。申报表填报如表 1-4、表 1-5 所示。

表 1-4　　　　　增值税及附加税费申报表附列资料（四）　　　　单位：元

序号	加计抵减项目	期初余额	本期发生额	本期调减额	本期可抵减额	本期实际抵减额	期末余额
		1	2	3	4 = 1 + 2 - 3	5	6 = 4 - 5
6	一般项目加计抵减额计算	50000	1380000 × 10% = 138000	80000 × 10% = 8000	180000	100000	80000

注：本表节选了《增值税及附加税费申报表附列资料（四）》部分表格。

表1-5　　　　　　　　增值税及附加税费申报表

（一般纳税人适用）　　　　　　　　单位：元

项目		栏次	一般项目		即征即退项目	
			本月数	本年累计	本月数	本年累计
税款计算	销项税额	11	1500000			
	进项税额	12	1380000			
	上期留抵税额	13	100000		—	
	进项税额转出	14	80000			
	……					
	应抵扣税额合计	17=12+13-14-15+16	1400000	—		—
	实际抵扣税额	18（如17<11，则为17，否则为11）	1400000			
	应纳税额	19=11-18	0①			
	……					
	简易计税办法计算的应纳税额	21	30000			
	……					
	应纳税额合计	24=19+21-23	30000			

注：本表节选了《增值税及附加税费申报表（一般纳税人适用）》《税额抵免情况表》部分表格。

1.3.7 注意事项

加计抵减政策的注意事项主要包括：

（1）政策执行期限。加计抵减是临时性优惠政策，执行期限为2019年4月1日至2023年12月31日，到期停止计提加计抵减额，未抵减完的停止抵减。加计抵减政策执行到期前纳税人注销，结余的加计抵减额同样适用上述规定，不再进行相应处理。需要说明的是，此处加计抵减额的结余，包括正数也包括负数。

（2）只适用于一般纳税人一般计税方法下的应纳税额，不适用于小规模纳税人及一般纳税人简易计税方法项目。

---

① 第19栏=第11栏-第18栏-实际抵减额=1500000-1400000-100000=0。

（3）只适用于当期可抵扣的进行税额，当期留抵税额不能加计抵减。

（4）按照现行规定不得从销项税额中抵扣的进项税额，不能计提加计抵减额。

（5）纳税人出口货物劳务、发生跨境应税行为不适用加计抵减政策。

纳税人兼营出口货物劳务、发生跨境应税行为且无法划分不得计提加计抵减额的进项税额，按照以下公式计算：

不得计提加计抵减额的进项税额 = 当期无法划分的全部进项税额 × 当期出口货物劳务和发生跨境应税行为的销售额 ÷ 当期全部销售额

（6）加计抵减额不能申请留抵退税。符合条件的纳税人，留抵税额可以向税务机关申请退还。留抵税额是进项税额大于销项税额造成的，加计抵减额并不是纳税人的进项税额，从上述加计抵减额的形成机制来看，加计抵减不会形成留抵税额，因而也不能申请留抵退税。

（7）注意与企业所得税的衔接。增值税加计抵减的税额应计入企业所得税应纳税所得额，若企业处于小型微利企业临界点，须慎重考虑是享受增值税加计抵减优惠政策，还是享受企业所得税小型微利企业优惠政策。

（8）纳税人 2019 年 4 月 1 日以后取得 16%、10% 税率的增值税专用发票，只要符合进项税额抵扣规定，也可以参与计算加计抵减额。纳税人如果同时兼营农产品深加工业务，其购进用于生产或者委托加工 13% 税率货物的农产品，可按照 10% 扣除率计算进项税额，并可同时适用加计抵减政策。

1.4 延缓缴纳税费

1.4.1 政策规定

《国家税务总局　财政部关于制造业中小微企业延缓缴纳 2021 年第四季度部分税费有关事项的公告》（国家税务总局公告 2021 年第 30 号）规定，制造业中小微企业延缓缴纳 2021 年第四季度部分税费 3 个月；《国家税务总局　财政部关于延续实施制造业中小微企业延缓缴纳部分税费有关事项的公告》（国家税务总局　财政部公告 2022 年第 2 号）将缓缴期限继续延长 6 个月。

《国家税务总局　财政部关于制造业中小微企业继续延缓缴纳部分税费有关事项的公告》（国家税务总局　财政部公告2022年第17号）将缓缴期限再继续延长4个月。

1.4.2　缓缴条件

1. 制造业中小微企业

制造业（含个人独资企业、合伙企业、个体工商户）中型企业，是指国民经济行业分类中行业门类为制造业，且年销售额2000万元以上（含2000万元）4亿元以下（不含4亿元）的企业。制造业小微企业，是指国民经济行业分类中行业门类为制造业，且年销售额2000万元以下（不含2000万元）的企业。

若纳税人登记行业与实际经营不一致的，区分下列两种情形处理：

一是纳税人在市场监管部门登记信息为非制造业的，可以向税务机关提供制造业销售额占全部销售额超过50%的说明，享受延缓缴纳政策，后期需向市场监管部门办理行业信息更正。

二是对纳税人在市场监管部门登记为制造业的，可向主管税务机关申请变更行业信息，享受延缓缴纳政策。

2. 销售额

销售额，是指应征增值税销售额，包括纳税申报销售额、稽查查补销售额、纳税评估调整销售额。适用增值税差额征税政策的，以差额后的销售额确定。

截至2021年12月31日成立满一年的企业，按照所属期为2021年1月至2021年12月的销售额确定。

截至2021年12月31日成立不满一年的企业，按照"所属期截至2021年12月31日的销售额÷实际经营月份×12个月的销售额"确定。

【例1-17】　某制造业纳税人于2021年4月28日成立，截至2021年12月31日成立不满一年，实际经营期为9个月，总销售额为1200万元，则年销售额=1200÷9×12=1600（万元）。该纳税人属于制造业小微企业。

2022年1月1日及以后成立的企业,按照"实际申报期销售额÷实际经营月份×12个月的销售额"确定。

【例1-18】 某制造业纳税人于2022年1月20日成立,若按月申报,首个申报期为2月,销售额为100万元,实际经营1个月,则年销售额=100÷1×12=1200(万元)。若按季申报,首个申报期为2022年4月,销售额为300万元,实际经营3个月,则年销售额=300÷3×12=1200(万元)。该纳税人属于制造业小微企业。

1.4.3 缓缴期限

延缓缴纳的税费包括所属期为2021年11月、12月和2022年2月、3月、4月、5月、6月(按月缴纳)或者2021年第四季度和2022年第一季度、第二季度(按季缴纳)已按规定缓缴的企业所得税、个人所得税、国内增值税、国内消费税及附征的城市维护建设税、教育费附加、地方教育附加,不包括代扣代缴、代收代缴以及向税务机关申请代开发票时缴纳的税费。

符合条件的制造业中小微企业,在依法办理纳税申报后,制造业中型企业可以延缓缴纳各项税费金额的50%,制造业小微企业可以延缓缴纳全部税费。延缓期限届满,纳税人应依法缴纳相应月份或者季度的税费。制造业中小微企业缓缴部分税费规定见表1-6,按季、按月申报缴税的纳税人具体缓缴期限分别见表1-7、表1-8。

表1-6　　　　　　　制造业中小微企业缓缴部分税费一览表

类型	条件	缓缴比例	缓缴税费	缓缴期限
制造业小微企业	年销售额2000万元以下(不含2000万元)	100%	企业所得税、个人所得税、国内增值税、国内消费税及附征的城市维护建设税、教育费附加、地方教育附加	2021年11—12月或第四季度缓缴的税费继续延长6个月,2022年2—6月或第一季度、第二季度已缓缴的税费再缓缴4个月
制造业中型企业	年销售额2000万元以上(含2000万元)4亿元以下(不含4亿元)	50%		

表 1-7　　　　　　　　按季申报缴税的纳税人具体缓缴期限

税款所属期（按季）	原申报缴纳月份	缓缴期限	缓缴到期月份
2021 年第四季度	2022 年 1 月	已缓缴 9 个月 再缓缴 4 个月 合计 13 个月	2023 年 2 月
2022 年第一季度	2022 年 4 月	已缓缴 6 个月 再缓缴 4 个月 合计 10 个月	2023 年 2 月
2022 年第二季度	2022 年 7 月	已缓缴 6 个月 再缓缴 4 个月 合计 10 个月	2023 年 5 月

表 1-8　　　　　　　　按月申报缴税的纳税人具体缓缴期限

税款所属期（按月）	原申报缴纳月份	缓缴期限	缓缴到期月份
2021 年 11 月	2021 年 12 月	已缓缴 9 个月 再缓缴 4 个月 合计 13 个月	2023 年 1 月
2021 年 12 月	2022 年 1 月	已缓缴 9 个月 再缓缴 4 个月 合计 13 个月	2023 年 2 月
2022 年 2 月	2022 年 3 月	已缓缴 6 个月 再缓缴 4 个月 合计 10 个月	2023 年 1 月
2022 年 3 月	2022 年 4 月	已缓缴 6 个月 再缓缴 4 个月 合计 10 个月	2023 年 2 月
2022 年 4 月	2022 年 5 月	已缓缴 6 个月 再缓缴 4 个月 合计 10 个月	2023 年 3 月
2022 年 5 月	2022 年 6 月	已缓缴 6 个月 再缓缴 4 个月 合计 10 个月	2023 年 4 月
2022 年 6 月	2022 年 7 月	已缓缴 6 个月 再缓缴 4 个月 合计 10 个月	2023 年 5 月

为了便利纳税人享受该政策，税务机关优化升级了信息系统，制造业中小微企业已按国家税务总局、财政部公告 2022 年第 2 号规定享受延缓缴纳税费政策的，在延缓缴纳期限届满后，无需纳税人操作，缓缴期限自动延长 4 个月。

【例 1-19】 纳税人 A 属于国家税务总局、财政部公告 2022 年第 2 号规定的制造业中小微企业，且按月申报缴纳相关税费，前期已按规定缓缴了所属期为 2021 年 11 月的相关税费，缓缴期限 9 个月，按原政策将在 2022 年 9 月申报期结束前缴纳。国家税务总局、财政部公告 2022 年第 17 号发布后，2021 年 11 月相关税费缴纳期限自动延长 4 个月，可在 2023 年 1 月申报期内申报缴纳 2022 年 12 月相关税费时一并缴纳。

若纳税人 A 按季申报缴纳相关税费，前期已经按规定缓缴了 2021 年第四季度相关税费，缓缴期限 9 个月，按原政策将在 2022 年 10 月申报期结束前缴纳。国家税务总局、财政部公告 2022 年第 17 号发布后，2021 年第四季度相关税费缴纳期限自动延长 4 个月，可在 2023 年 2 月申报期内缴纳。

【例 1-20】 纳税人 B 是符合缓税条件的制造业个体工商户，实行简易申报，按季缴纳，对其 2021 年第四季度已缓缴的相关税费，纳税人无需操作确认缓缴相关税费，税务机关 2022 年 10 月暂不划扣其 2021 年第四季度缓缴的个人所得税、增值税、消费税及附征的城市维护建设税、教育费附加、地方教育附加。相关税费缓缴期限继续延长 4 个月，由税务机关在 2023 年 2 月划扣入库。

制造业中小微企业 2021 年 11 月和 2022 年 2 月延缓缴纳的税费在 2022 年 9 月 1 日后至国家税务总局、财政部公告 2022 年第 17 号发布前已缴纳入库的，可自愿选择申请办理退税（费）并享受延续缓缴政策。

【例 1-21】 纳税人 C 按照国家税务总局、财政部公告 2022 年第 2 号规定，延缓缴纳了所属期为 2022 年 2 月的税费，并在 2022 年 9 月 5 日已缴纳入库。对该部分税费，可自愿选择申请办理退税（费）并享受延续缓缴政策。

根据国家税务总局、财政部公告2022年第2号规定，享受2021年第四季度缓缴企业所得税政策的制造业中小微企业，其2021年度企业所得税汇算清缴产生的应补税款可与2021年第四季度已缓缴的税款一并延后缴纳入库，该笔税款按照国家税务总局、财政部公告2022年第17号规定，同样可继续顺延4个月缴纳。

【例1-22】 纳税人D按季预缴申报企业所得税，2021年第四季度应缴企业所得税10万元，按照国家税务总局、财政部公告2022年第2号规定，该笔税款可延缓至2022年10月缴纳入库。国家税务总局、财政部公告2022年第17号发布后，其缓缴期限继续延长4个月，可在2023年2月缴纳入库。

此外，若该纳税人2021年度企业所得税汇算清缴产生应补税款20万元，按此前缓缴政策规定可在2022年10月缴纳入库。国家税务总局、财政部公告2022年第17号发布后，可同2021年第四季度的10万元税款一并继续延缓4个月至2023年2月缴纳入库。

享受缓税政策的纳税人办理经营所得个人所得税汇算清缴的，继续实行前期缓税政策规定的处理规则，即纳税人缓缴的税款视同"已预缴税款"，正常参与经营所得个人所得税汇算清缴补退税的计算。同时，纳税人在国家税务总局、财政部公告2022年第17号规定的缓缴期限届满后，应当依法缴纳相应的缓缴税费。

【例1-23】 纳税人E是年销售额100万元的制造业个体工商户，实行查账征收、按季申报经营所得个人所得税，按照前期缓税政策，在2022年7月申报期内选择将2022年第二季度应当预缴的个人所得税延缓到2023年1月申报期内缴纳。国家税务总局、财政部公告2022年第17号发布后，上述税款缓缴期限继续延长4个月至2023年5月申报期内缴纳。纳税人在2023年3月31日前办理2022年经营所得个人所得税汇算清缴时，其缓缴的税款视同"已预缴税款"，正常参与经营所得个人所得税汇算清缴补退税的计算，需要补税的税款应当在2023年3月31日前办理补税,需要退税的可正常申请退税,不受其享受缓缴2022年第二季度税款政策的影响。同时,纳税人此前缓缴的税款应当在2023年5月申报期内缴纳。

1.4.4 与《税收征收管理法》延期缴纳税款规定的衔接

《中华人民共和国税收征收管理法》(以下简称《税收征收管理法》)第三十一条第二款规定:"纳税人因有特殊困难,不能按期缴纳税款的,经省、自治区、直辖市国家税务局、地方税务局批准,可以延期缴纳税款,但是最长不得超过三个月。"《中华人民共和国税收征收管理法实施细则》第四十一条规定:"纳税人有下列情形之一的,属于税收征管法第三十一条所称特殊困难:(一)因不可抗力,导致纳税人发生较大损失,正常生产经营活动受到较大影响的;(二)当期货币资金在扣除应付职工工资、社会保险费后,不足以缴纳税款的。计划单列市国家税务局、地方税务局可以参照税收征管法第三十一条第二款的批准权限,审批纳税人延期缴纳税款。"

制造业中小微企业享受国家税务总局、财政部公告2022年第2号规定的缓缴税费政策后,符合《税收征收管理法》及其实施细则规定可以申请延期缴纳税款条件的,仍然可以依法申请办理延期缴纳税款。

《国家税务总局关于优化纳税人延期缴纳税款等税务事项管理方式的公告》(国家税务总局公告2022年第20号)将"对纳税人延期缴纳税款的核准"事项的受理机关由省税务机关调整为主管税务机关,取消代办转报环节。

1.5 小规模纳税人优惠政策

1.5.1 月销售额未超过10万元免征增值税

1.5.1.1 免征增值税的标准

为支持小微企业发展,自2013年8月1日起,对月销售额一定额度以下的增值税小规模纳税人,免征增值税。

现行有效的政策为《财政部 税务总局关于明确增值税小规模纳税人减免增值税等政策的公告》（财政部 税务总局公告 2023 年第 1 号）和《国家税务总局关于增值税小规模纳税人减免增值税等政策有关征管事项的公告》（国家税务总局公告 2023 年第 1 号），规定自 2023 年 1 月 1 日至 2023 年 12 月 31 日，对月销售额 10 万元以下（含本数）的增值税小规模纳税人，免征增值税。《财政部 税务总局关于增值税小规模纳税人减免增值税政策的公告》（财政部 税务总局公告 2023 年第 19 号）规定该政策执行至 2027 年 12 月 31 日。小规模纳税人免税销售额政策沿革情况见表 1-9。

表 1-9　　　　　　　小规模纳税人免税销售额政策沿革

执行期限	月免税销售额	政策依据
2013 年 8 月 1 日至 2014 年 9 月 30 日	2 万元	《财政部 国家税务总局关于暂免征收部分小微企业增值税和营业税的通知》（财税〔2013〕52 号）
2014 年 10 月 1 日至 2018 年 12 月 31 日	3 万元	《财政部 国家税务总局关于进一步支持小微企业增值税和营业税政策的通知》（财税〔2014〕71 号）、《财政部 国家税务总局关于继续执行小微企业增值税和营业税政策的通知》（财税〔2015〕96 号）、《财政部 税务总局关于延续小微企业增值税政策的通知》（财税〔2017〕76 号）
2019 年 1 月 1 日至 2021 年 3 月 31 日	10 万元	《财政部 税务总局关于实施小微企业普惠性税收减免政策的通知》（财税〔2019〕13 号）
2021 年 4 月 1 日至 2022 年 12 月 31 日	15 万元	《财政部 税务总局关于明确增值税小规模纳税人免征增值税政策的公告》（财政部 税务总局公告 2021 年第 11 号）
2023 年 1 月 1 日至 2027 年 12 月 31 日	10 万元	《财政部 税务总局关于明确增值税小规模纳税人减免增值税等政策的公告》（财政部 税务总局公告 2023 年第 1 号）、《财政部 税务总局关于增值税小规模纳税人减免增值税政策的公告》（财政部 税务总局公告 2023 年第 19 号）

1.5.1.2　销售额

小规模纳税人发生增值税应税销售行为，合计月销售额超过 10 万元，但扣除本期发生的销售不动产的销售额后未超过 10 万元的，其销售货物、劳务、服务、无形资产取得的销售额免征增值税；适用增值税差额征税政策的小规模纳税人，以差额后的销售额确定是否可以享受免征增值税政策。

【例1-24】　某小规模纳税人按季度申报，2023年第一季度取得销售货物收入10万元，①提供服务收入10万元，销售不动产收入5万元，合计销售额为25万元，未超过30万元，可以享受小规模纳税人免税政策。

【例1-25】　某小规模纳税人按季度申报，2023年第一季度取得销售货物收入10万元，提供服务收入10万元，销售不动产收入12万元，合计销售额为32万元，剔除销售不动产后的销售额为20万元，未超过30万元，可以享受小规模纳税人免税政策。同时，销售不动产应缴纳增值税0.6万元（12×5%）。

【例1-26】　某小规模纳税人按季度申报，2023年第一季度取得销售货物收入10万元；取得提供建筑服务收入20万元，同时向其他建筑企业支付分包款12万元；取得销售自建的不动产收入200万元。则该小规模纳税人第一季度差额后合计销售额为218万元（10+20-12+200），超过30万元，但是扣除200万元不动产销售收入，差额后的销售额为18万元（10+20-12），未超过30万元，可以享受小规模纳税人免税政策。同时，销售不动产应缴纳增值税10万元（200×5%）。

1.5.1.3　纳税期限

按固定期限纳税的小规模纳税人可以选择以1个月或1个季度为纳税期限，一经选择，一个会计年度内不得变更。

小规模纳税人纳税期限不同，其享受免税政策的效果可能存在差异。

【例1-27】　某小规模纳税人2023年1—3月的销售额分别为6万元、8万元和12万元。如果纳税人按月纳税，则3月的销售额超过了月销售额10万元的免税标准，需要缴纳增值税，1月的6万元、2月的8万元能够享受免税；如果纳税人按季纳税，2023年第一季度销售额合计26

---

① 1.5.1节中例题除另有标注外，金额均为不含税金额。

万元,未超过季度销售额30万元的免税标准,因此,26万元全部能够享受免税政策。

【例1-28】 某小规模纳税人2023年1—3月的销售额分别为6万元、8万元和20万元,如果纳税人按月纳税,1月和2月的销售额均未超过月销售额10万元的免税标准,能够享受免税政策;如果纳税人按季纳税,2023年第一季度销售额合计34万元,超过季度销售额30万元的免税标准,因此,34万元均无法享受免税政策。

需要注意的是,纳税期限一经选择,一个会计年度内不得变更。《中华人民共和国会计法》第十一条规定:"会计年度自公历1月1日起至12月31日止。"若小规模纳税人年度中间成立,一个会计年度截至当年12月31日。

《国家税务总局关于国内旅客运输服务进项税抵扣等增值税征管问题的公告》(国家税务总局公告2019年第31号)第四条规定,自2019年1月1日起,以1个季度为纳税期限的增值税小规模纳税人,因在季度中间成立或注销而导致当期实际经营期不足1个季度,当期销售额未超过30万元的,免征增值税。

【例1-29】 某小规模纳税人于2023年2月成立,按季度申报,2—3月累计销售额为25万元,未超过季度销售额30万元的免税标准,该小规模纳税人能够享受免税政策。

1.5.1.4 预缴增值税

现行增值税执行了若干预缴税款的规定,比如跨地区提供建筑服务、销售不动产、出租不动产等,按照现行规定应当预缴增值税税款的小规模纳税人,凡在预缴地实现的月销售额未超过10万元的,当期无需预缴税款。

小规模纳税人中的单位和个体工商户销售不动产,涉及纳税人在不动产所在地预缴增值税的事项,应按其纳税期、上述规定以及其他现行政策规定确定是否预缴增值税。

1 增值税优惠政策

【例1-30】 如果纳税人销售不动产销售额为28万元，则有两种情况：一是纳税人选择按月纳税，销售不动产销售额超过月销售额10万元免税标准，则应在不动产所在地预缴税款；二是该纳税人选择按季纳税，销售不动产销售额未超过季度销售额30万元的免税标准，则无需在不动产所在地预缴税款。

其他个人销售不动产，继续按照现行规定征免增值税。

1.5.1.5 发票开具

小规模纳税人取得应税销售收入，适用月销售额10万元以下免征增值税政策的，可对部分或者全部销售收入选择放弃享受免税政策，开具1%或3%征收率的增值税专用发票，按照1%或3%征收率计算缴纳增值税。

【例1-31】 某小规模纳税人按季度申报，2023年第一季度取得销售货物收入28万元，其中，20万元开具增值税普通发票，8万元开具1%征收率的增值税专用发票。尽管该纳税人季度销售额未超过30万元，但开具增值税专用发票的8万元不能享受免税政策，应缴纳增值税0.08万元（8×1%），开具增值税普通发票的20万元可以享受免税政策。

【例1-32】 某小规模纳税人按季度申报，2023年第一季度取得销售货物收入32万元，其中28万元开具增值税普通发票，4万元开具增值税专用发票，尽管该纳税人开具增值税普通发票的销售额未超过30万元，但由于开具增值税普通发票和专用发票的合计销售额超过30万元，该纳税人不能享受免税政策。

1.5.1.6 纳税申报

小规模纳税人发生增值税应税销售行为，月销售额未超过10万元的，免征增值税的销售额等项目应当填写在《增值税及附加税费申报表（小规模纳税人适用）》"小微企业免税销售额"或者"未达起征点销售额"相关栏次。如果没有其他免税项目，则无需填报《增值税减免税申报明细表》；差额后的销售额,填写在《增值税及附加税费申报表(小规模纳税人适用)》。

【例 1-33】 某按季申报的小规模纳税人,2023 年第一季度货物销售额为 100000 元。申报表填报见表 1-10。

表 1-10 增值税及附加税费申报表

(小规模纳税人适用)

项目		栏次	本期数	
			货物及劳务	服务、不动产和无形资产
一、计税依据	(一)应征增值税不含税销售额(3%征收率)	1		
	增值税专用发票不含税销售额	2		
	其他增值税发票不含税销售额	3		
	(二)应征增值税不含税销售额(5%征收率)	4		—
	增值税专用发票不含税销售额	5		—
	其他增值税发票不含税销售额	6		—
	(三)销售使用过的固定资产不含税销售额	7 (7≥8)		—
	其中:其他增值税发票不含税销售额	8		—
	(四)免税销售额	9 = 10 + 11 + 12	100000	
	其中:小微企业免税销售额	10	100000	
	未达起征点销售额	11		
	其他免税销售额	12		
	(五)出口免税销售额	13 (13≥14)		
	其中:其他增值税发票不含税销售额	14		
二、税款计算	本期应纳税额	15		
	本期应纳税额减征额	16		
	本期免税额	17	3000	
	其中:小微企业免税额	18	3000①	
	未达起征点免税额	19		
	应纳税额合计	20 = 15 - 16		
	本期预缴税额	21		
	本期应补(退)税额	22 = 20 - 21		

---

① 100000 × 3% = 3000(元)。

1 增值税优惠政策

续表

项目		栏次	本期数	
			货物及劳务	服务、不动产和无形资产
三、附加税费	城市维护建设税本期应补（退）税额	23		
	教育费附加本期应补（退）费额	24		
	地方教育附加本期应补（退）费额	25		

注：本表节选了《增值税及附加税费申报表（小规模纳税人适用）》部分表格。

如【例1-24】，申报表填报见表1-11。

表1-11　　　　　增值税及附加税费申报表

（小规模纳税人适用）

项目		栏次	本期数	
			货物及劳务	服务、不动产和无形资产
一、计税依据	（一）应征增值税不含税销售额（3%征收率）	1		
	增值税专用发票不含税销售额	2		
	其他增值税发票不含税销售额	3		
	（二）应征增值税不含税销售额（5%征收率）	4		—
	增值税专用发票不含税销售额	5		—
	其他增值税发票不含税销售额	6		—
	（三）销售使用过的固定资产不含税销售额	7（7≥8）		—
	其中：其他增值税发票不含税销售额	8		—
	（四）免税销售额	9＝10＋11＋12	100000	150000
	其中：小微企业免税销售额	10	100000	150000
	未达起征点销售额	11		
	其他免税销售额	12		
	（五）出口免税销售额	13（13≥14）		
	其中：其他增值税发票不含税销售额	14		

续表

项目		栏次	本期数	
			货物及劳务	服务、不动产和无形资产
二、税款计算	本期应纳税额	15		
	本期应纳税额减征额	16		
	本期免税额	17	3000	5500
	其中：小微企业免税额	18	3000	5500①
	未达起征点免税额	19		
	应纳税额合计	20 = 15 – 16		
	本期预缴税额	21		
	本期应补（退）税额	22 = 20 – 21		
三、附加税费	城市维护建设税本期应补（退）税额	23		
	教育费附加本期应补（退）费额	24		
	地方教育附加本期应补（退）费额	25		

注：本表节选了《增值税及附加税费申报表（小规模纳税人适用）》部分表格。

如【例1–25】，申报表填报见表1–12。

表1–12　　　　　　　增值税及附加税费申报表

（小规模纳税人适用）

项目		栏次	本期数	
			货物及劳务	服务、不动产和无形资产
一、计税依据	（一）应征增值税不含税销售额（3%征收率）	1		
	增值税专用发票不含税销售额	2		
	其他增值税发票不含税销售额	3		
	（二）应征增值税不含税销售额（5%征收率）	4	—	120000
	增值税专用发票不含税销售额	5	—	
	其他增值税发票不含税销售额	6		120000

① 100000 × 3% + 50000 × 5% = 5500（元）。

续表

项目		栏次	本期数	
			货物及劳务	服务、不动产和无形资产
一、计税依据	（三）销售使用过的固定资产不含税销售额	7（7≥8）		—
	其中：其他增值税发票不含税销售额	8		—
	（四）免税销售额	9＝10＋11＋12	100000	100000
	其中：小微企业免税销售额	10	100000	100000
	未达起征点销售额	11		
	其他免税销售额	12		
	（五）出口免税销售额	13（13≥14）		
	其中：其他增值税发票不含税销售额	14		
二、税款计算	本期应纳税额	15		6000
	本期应纳税额减征额	16		
	本期免税额	17	3000	3000
	其中：小微企业免税额	18	3000	3000
	未达起征点免税额	19		
	应纳税额合计	20＝15－16		6000
	本期预缴税额	21		
	本期应补（退）税额	22＝20－21		6000
三、附加税费	城市维护建设税本期应补（退）税额	23		210①
	教育费附加本期应补（退）费额	24		90②
	地方教育附加本期应补（退）费额	25		60③

注：本表节选了《增值税及附加税费申报表（小规模纳税人适用）》部分表格。

---

① 6000×7%×50%＝210（元），本章所有例题均假设纳税人位于市区。
② 6000×3%×50%＝90（元）。
③ 6000×2%×50%＝60（元）。

如【例1-26】，申报表填报见表1-13。

表1-13　　　　　　增值税及附加税费申报表

(小规模纳税人适用)

项目		栏次	本期数	
			货物及劳务	服务、不动产和无形资产
一、计税依据	(一) 应征增值税不含税销售额 (3%征收率)	1		
	增值税专用发票不含税销售额	2		
	其他增值税发票不含税销售额	3		
	(二) 应征增值税不含税销售额 (5%征收率)	4	—	2000000
	增值税专用发票不含税销售额	5	—	
	其他增值税发票不含税销售额	6	—	2000000
	(三) 销售使用过的固定资产不含税销售额	7 (7≥8)		—
	其中：其他增值税发票不含税销售额	8		—
	(四) 免税销售额	9=10+11+12	100000	80000
	其中：小微企业免税销售额	10	100000	80000①
	未达起征点销售额	11		
	其他免税销售额	12		
	(五) 出口免税销售额	13 (13≥14)		
	其中：其他增值税发票不含税销售额	14		
二、税款计算	本期应纳税额	15		100000
	本期应纳税额减征额	16		
	本期免税额	17	3000	2400
	其中：小微企业免税额	18	3000	2400
	未达起征点免税额	19		
	应纳税额合计	20=15-16		100000
	本期预缴税额	21		
	本期应补 (退) 税额	22=20-21		100000
三、附加税费	城市维护建设税本期应补 (退) 税额	23	3500	
	教育费附加本期应补 (退) 费额	24	1500	
	地方教育附加本期应补 (退) 费额	25	1000	

注：本表节选了《增值税及附加税费申报表 (小规模纳税人适用)》部分表格。

---

① 200000-120000=80000 (元)。

1 增值税优惠政策

如【例1–31】,申报表填报见表1–14。

表1–14 增值税及附加税费申报表

(小规模纳税人适用)

项目		栏次	本期数	
			货物及劳务	服务、不动产和无形资产
一、计税依据	(一)应征增值税不含税销售额(3%征收率)	1	80000	
	增值税专用发票不含税销售额	2	80000	
	其他增值税发票不含税销售额	3		
	(二)应征增值税不含税销售额(5%征收率)	4	—	
	增值税专用发票不含税销售额	5	—	
	其他增值税发票不含税销售额	6	—	
	(三)销售使用过的固定资产不含税销售额	7(7≥8)		—
	其中:其他增值税发票不含税销售额	8		
	(四)免税销售额	9=10+11+12	200000	
	其中:小微企业免税销售额	10	200000	
	未达起征点销售额	11		
	其他免税销售额	12		
	(五)出口免税销售额	13(13≥14)		
	其中:其他增值税发票不含税销售额	14		
二、税款计算	本期应纳税额	15	800	
	本期应纳税额减征额	16		
	本期免税额	17	6000	
	其中:小微企业免税额	18	6000	
	未达起征点免税额	19		
	应纳税额合计	20=15–16	800	
	本期预缴税额	21		
	本期应补(退)税额	22=20–21	800	
三、附加税费	城市维护建设税本期应补(退)税额	23	28①	
	教育费附加本期应补(退)费额	24		
	地方教育附加本期应补(退)费额	25		

注:本表节选了《增值税及附加税费申报表(小规模纳税人适用)》部分表格。

---

① 根据《财政部 国家税务总局关于扩大有关政府性基金免征范围的通知》(财税〔2016〕12号)第一条规定,该案例免征教育费附加和地方教育附加,详见"4.7.1 教育费附加和地方教育附加"。

1.5.1.7 其他个人取得一次性租金收入

其他个人采取一次性收取租金形式出租不动产取得的租金收入，可在对应的租赁期内平均分摊，分摊后的月租金收入未超过10万元的，免征增值税。

1.5.1.8 其他情形

如前所述，其他个人采取一次性收取租金的形式出租不动产取得的租金收入，在租赁期内平均分摊后的月租金收入不超过10万元的，免征增值税。那么，其他个人取得的每月不超过10万元的其他销售额，是否也可以享受免征增值税政策？

这涉及按次纳税和按期纳税的问题。按次纳税和按期纳税以是否办理税务登记或者临时税务登记作为划分标准。凡办理了税务登记或临时税务登记的小规模纳税人，月销售额未超过10万元（按季申报的小规模纳税人，为季销售额未超过30万元）的，都可以按规定享受增值税免税政策。未办理税务登记或临时税务登记的小规模纳税人，除特殊规定外，则执行《增值税暂行条例》及其实施细则关于按次纳税的起征点有关规定，每次销售额未达到起征点的免征增值税，达到起征点的则需要正常征税。即未办理税务登记或临时税务登记的其他个人取得的出租不动产以外的销售额，起征点为本地区适用的起征点金额，而不是每月10万元。

需要注意的是，月销售额未超过10万元的保险、证券代理人，可以享受增值税免税政策。

1.5.1.9 会计处理

《财政部关于印发〈增值税会计处理规定〉的通知》（财会〔2016〕22号）规定："对于当期直接减免的增值税，借记'应交税金——应交增值税（减免税款）'科目，贷记损益类相关科目。"

【例1-34】 某小规模纳税人按季度申报，2023年第一季度取得销售货物收入10.1万元（含税），开具1%征收率增值税普通发票。

（1）销售货物时：

借：应收账款/银行存款　　　　　　　　　　　　　　101000

贷：主营业务收入　　　　　　　　　　　　　100000
　　　应交税费——应交增值税　　　　　　　　1000
（2）月末符合免税条件时：
借：应交税费——应交增值税（减免税款）　　1000
　　贷：其他收益　　　　　　　　　　　　　　1000
该免征的增值税须计入企业所得税应税收入，计算缴纳企业所得税。

【例 1-35】 某小规模纳税人按季度申报，2023 年第一季度取得销售货物收入 10.1 万元（含税），开具免税增值税普通发票。

销售货物时：
借：应收账款/银行存款　　　　　　　　　　101000
　　贷：主营业务收入　　　　　　　　　　　　101000

1.5.2　1%征收率

1.5.2.1　降低征收率

财政部、税务总局公告 2023 年第 1 号第二条规定，自 2023 年 1 月 1 日至 2023 年 12 月 31 日，小规模纳税人适用 3% 征收率的应税销售收入，减按 1% 征收率征收增值税；适用 3% 预征率的预缴增值税项目，减按 1% 预征率预缴增值税。《财政部　税务总局关于增值税小规模纳税人减免增值税政策的公告》（财政部　税务总局公告 2023 年第 19 号）规定该政策执行至 2027 年 12 月 31 日。

3% 减按 1% 并非首次。为应对新冠肺炎疫情，2020 年 3 月 1 日至 2020 年 12 月 31 日，湖北省以外的小规模纳税人；2021 年 1 月 1 日至 2021 年 12 月 31 日，全国范围内的小规模纳税人，适用 3% 征收率的应税销售收入，减按 1% 征收率征收增值税；适用 3% 预征率的预缴增值税项目，减按 1% 预征率预缴增值税。

并不是小规模纳税人的所有销售额都减征增值税，而是仅对适用 3% 征收率的应税销售收入免征增值税，5% 征收率的应税销售收入不免征增值税。适用 5% 征收率的应税行为包括销售不动产，符合条件的经营租赁不动产（土地使用权），转让营改增前取得的土地使用权，房地产开发企业销售、出租自行开发的房地产老项目，符合条件的不动产融资租赁，选择差额纳税的劳务派遣、安全保护服务，一般纳税人提供人力资源外包服务等。

个别政策规定小规模纳税人既可以选择适用3%征收率，也可以选择适用5%征收率。例如，《财政部 国家税务总局关于进一步明确全面推开营改增试点有关劳务派遣服务、收费公路通行费抵扣等政策的通知》（财税〔2016〕47号）第一条第二款规定，小规模纳税人提供劳务派遣服务，可以按照《财政部 国家税务总局关于全面推开营业税改征增值税试点的通知》（财税〔2016〕36号）的有关规定，以取得的全部价款和价外费用为销售额，按照简易计税方法依3%的征收率计算缴纳增值税；也可以选择差额纳税，以取得的全部价款和价外费用，扣除代用工单位支付给劳务派遣员工的工资、福利和为其办理社会保险及住房公积金后的余额为销售额，按照简易计税方法依5%的征收率计算缴纳增值税。

在2023年，小规模纳税人提供劳务派遣服务，可以以取得的全部价款和价外费用为销售额，按照简易计税方法减按1%征收率计算缴纳增值税；也可以选择差额纳税，以取得的全部价款和价外费用，扣除代用工单位支付给劳务派遣员工的工资、福利和为其办理社会保险及住房公积金后的余额为销售额，按照简易计税方法依5%征收率计算缴纳增值税。

需要注意的是，前期出台的一些减征政策，比如销售自己使用过的物品减按2%征收，二手车经销减按0.5%征收等，其减征前的征收率均为3%，因此，对于这些业务，既可以选择适用减税政策，开具1%征收率增值税普通发票；也可以仍适用原减征政策，按照减征的征收率开具增值税专用发票，并计算缴纳税款。

1.5.2.2 纳税义务发生时间

小规模纳税人取得适用3%征收率的应税销售收入是否适用减税政策，应根据纳税人取得应税销售收入的纳税义务发生时间进行判断。纳税人取得适用3%征收率的销售收入，纳税义务发生时间在2023年1月1日至2023年12月31日的，方可适用减税政策；若纳税义务发生时间在2023年1月1日前，则应按照此前相关政策规定执行。

纳税义务发生时间的规定，主要有：

《增值税暂行条例》第十九条规定:"增值税纳税义务发生时间:

"(一)发生应税销售行为,为收讫销售款项或者取得索取销售款项凭据的当天;先开具发票的,为开具发票的当天。

"(二)进口货物,为报关进口的当天。

"增值税扣缴义务发生时间为纳税人增值税纳税义务发生的当天。"

《增值税暂行条例实施细则》第三十八条规定:"条例第十九条第一款第(一)项规定的收讫销售款项或者取得索取销售款项凭据的当天,按销售结算方式的不同,具体为:

"(一)采取直接收款方式销售货物,不论货物是否发出,均为收到销售款或者取得索取销售款凭据的当天;

"(二)采取托收承付和委托银行收款方式销售货物,为发出货物并办妥托收手续的当天;

"(三)采取赊销和分期收款方式销售货物,为书面合同约定的收款日期的当天,无书面合同的或者书面合同没有约定收款日期的,为货物发出的当天;

"(四)采取预收货款方式销售货物,为货物发出的当天,但生产销售生产工期超过12个月的大型机械设备、船舶、飞机等货物,为收到预收款或者书面合同约定的收款日期的当天;

"(五)委托其他纳税人代销货物,为收到代销单位的代销清单或者收到全部或者部分货款的当天。未收到代销清单及货款的,为发出代销货物满180天的当天;

"(六)销售应税劳务,为提供劳务同时收讫销售款或者取得索取销售款的凭据的当天;

"(七)纳税人发生本细则第四条第(三)项至第(八)项所列视同销售货物行为,为货物移送的当天。"

《财政部 国家税务总局关于全面推开营业税改征增值税试点的通知》(财税〔2016〕36号)附件1《营业税改征增值税试点实施办法》第四十五条规定:"增值税纳税义务、扣缴义务发生时间为:

"(一)纳税人发生应税行为并收讫销售款项或者取得索取销售款项凭据

的当天；先开具发票的，为开具发票的当天。

"收讫销售款项，是指纳税人销售服务、无形资产、不动产过程中或者完成后收到款项。

"取得索取销售款项凭据的当天，是指书面合同确定的付款日期；未签订书面合同或者书面合同未确定付款日期的，为服务、无形资产转让完成的当天或者不动产权属变更的当天。

"（二）纳税人提供建筑服务、租赁服务采取预收款方式的，其纳税义务发生时间为收到预收款的当天。

"（三）纳税人从事金融商品转让的，为金融商品所有权转移的当天。

"（四）纳税人发生本办法第十四条规定情形的，其纳税义务发生时间为服务、无形资产转让完成的当天或者不动产权属变更的当天。

"（五）增值税扣缴义务发生时间为纳税人增值税纳税义务发生的当天。"

【例1-36】 甲企业于2022年12月1日签订货物销售合同，合同约定12月20日发货，12月25日收到货款。实际上，纳税人按照合同约定12月20日发货后，12月25日取得了货款收款凭证，但到2023年1月5日才实际收到货款。按照规定，该纳税人取得索取销售款项凭据的当天是2022年12月25日，纳税义务发生时间在2023年1月1日之前，免征增值税。①

【例1-37】 乙企业销售货物没有签订合同，2022年12月20日发货，2023年1月5日收到货款。按照规定，采取直接收款方式销售货物的，不论货物是否发出，纳税义务发生时间为收到销售款或者取得索取销售款项凭据的当天。该例中，纳税人2023年1月5日收到货款，纳税义务发生时间在2023年1月1日之后，减按1%征收率征收增值税。

---

① 《财政部 税务总局关于对增值税小规模纳税人免征增值税的公告》（财政部 税务总局公告2022年第15号）规定，自2022年4月1日至2022年12月31日，增值税小规模纳税人适用3%征收率的应税销售收入，免征增值税；适用3%预征率的预缴增值税项目，暂停预缴增值税。

【例1-38】 丙企业于2022年11月1日签订货物销售合同,约定销售货物采用分期收款方式。2022年12月1日、2023年1月1日、2023年2月1日分三次收取货款。丙企业于2022年12月1日收取的货款,纳税义务发生时间在2023年1月1日之前,免征增值税;2023年1月1日、2月1日收取的货款,减按1%征收率征收增值税。

【例1-39】 丁企业于2022年12月1日签订货物销售合同,并约定收取预收款。预收款于12月20日到账,但没有开具发票,丁企业于2023年1月5日发货。虽然2022年12月20日款项已经收到,但货物还没有发出,纳税义务没有发生。丁企业在2023年1月5日发货,纳税义务时间发生在2023年1月1日之后,减按1%征收率征收增值税。若丁企业在收到预收款时开具了发票,则纳税义务发生,免征增值税。

1.5.2.3 发票开具

小规模纳税人适用3%征收率的应税销售收入,应按照1%征收率开具增值税普通发票或者增值税专用发票。纳税人可就该笔销售收入选择放弃减税并开具3%征收率的增值税专用发票。

小规模纳税人取得应税销售收入,纳税义务发生时间在2022年12月31日前并已开具增值税发票,如发生销售折让、中止或者退回等情形需要开具红字发票,应开具对应征收率红字发票或免税红字发票;开票有误需要重新开具的,应开具对应征收率红字发票或免税红字发票,再重新开具正确的蓝字发票。

即:如果2022年12月31日前按3%征收率开具了增值税发票,则应按照3%的征收率开具红字发票;如果2022年12月31日前按1%征收率开具了增值税发票,则应按照1%征收率开具红字发票;如果2022年12月31日前开具了免税发票,则开具免税红字发票。纳税人开票有误需要重新开具发票的,在开具红字发票后,重新开具正确的蓝字发票。

【例1-40】 某小规模纳税人,有一笔纳税义务发生时间在2022年12月1日的应税销售收入,适用免税政策,已开具免税发票,但由于购买方名称填写错误被购买方拒收，需要重新开具发票。2023年1月1日后，该纳税人应当开具免税红字发票，再按照免税重新开具正确的蓝字发票。

由于财政部、税务总局公告2023年第1号于2023年1月9日发布，有的小规模纳税人已将纳税义务发生时间在2023年1月1日至政策发布前取得的应税销售收入开具了免税或3%征收率的增值税普通发票，则发票无需追回，在申报纳税时减按1%征收率计算缴纳增值税即可。如果开具的是3%征收率的增值税专用发票，由于增值税专用发票具有抵扣功能，应在增值税专用发票全部联次追回予以作废或者按规定开具红字专用发票后，方可就此笔业务适用减征增值税政策。否则，需要就已开具增值税专用发票的应税销售收入按3%征收率申报缴纳增值税。

1.5.2.4 纳税申报

小规模纳税人发生增值税应税销售行为，减按1%征收率征收增值税的销售额应填写在《增值税及附加税费申报表（小规模纳税人适用）》"应征增值税不含税销售额（3%征收率）"相应栏次，对应减征的增值税应纳税额按销售额的2%计算填写在《增值税及附加税费申报表（小规模纳税人适用）》"本期应纳税额减征额"及《增值税减免税申报明细表》减税项目相应栏次。

【例1-41】 某小规模纳税人按季度申报，2023年第一季度取得销售货物收入404000元，① 销售服务收入202000元，均开具增值税普通发票。

该纳税人第一季度应缴纳增值税 =（404000 + 202000）÷（1 + 1%）× 1% = 6000（元）

本期应纳税额减征额 =（404000 + 202000）÷（1 + 1%）× 2% = 12000（元）

申报表填报见表1-15和表1-16。

---

① 1.5.2节中例题除另有标注外，金额均为含税金额。

1 增值税优惠政策

表1-15 　　　　　　　　增值税及附加税费申报表

（小规模纳税人适用）

项目		栏次	本期数	
			货物及劳务	服务、不动产和无形资产
一、计税依据	（一）应征增值税不含税销售额（3%征收率）	1	400000	200000
	增值税专用发票不含税销售额	2		
	其他增值税发票不含税销售额	3	400000	200000
	（二）应征增值税不含税销售额（5%征收率）	4	—	
	增值税专用发票不含税销售额	5	—	
	其他增值税发票不含税销售额	6	—	
	（三）销售使用过的固定资产不含税销售额	7（7≥8）		—
	其中：其他增值税发票不含税销售额	8		—
	（四）免税销售额	9=10+11+12		
	其中：小微企业免税销售额	10		
	未达起征点销售额	11		
	其他免税销售额	12		
	（五）出口免税销售额	13（13≥14）		
	其中：其他增值税发票不含税销售额	14		
二、税款计算	本期应纳税额	15	12000	6000
	本期应纳税额减征额	16	8000	4000
	本期免税额	17		
	其中：小微企业免税额	18		
	未达起征点免税额	19		
	应纳税额合计	20=15-16	4000	2000
	本期预缴税额	21		
	本期应补（退）税额	22=20-21	4000	2000
三、附加税费	城市维护建设税本期应补（退）税额	23	210	
	教育费附加本期应补（退）费额	24	90	
	地方教育附加本期应补（退）费额	25	60	

注：本表节选了《增值税及附加税费申报表（小规模纳税人适用）》部分表格。

表 1-16　　　　　　　　　增值税减免税申报明细表

一、减税项目						
减税性质代码及名称	栏次	期初余额	本期发生额	本期应抵减税额	本期实际抵减税额	期末余额
		1	2	3=1+2	4≤3	5=3-4
合计	1	0	12000	12000	12000	0
小规模纳税人减按1%征收率征收增值税	2	0	12000	12000	12000	0

注：本表节选了《增值税减免税申报明细表》部分表格。

【例 1-42】　某小规模纳税人按季度申报，2023 年第一季度取得销售货物收入 485800 元，其中，开具增值税普通发票 404000 元，开具 1% 征收率增值税专用发票 30300 元，开具 3% 征收率增值税专用发票 51500 元。

该纳税人第一季度应缴纳增值税 =（404000+30300）÷（1+1%）×1%+51500÷（1+3%）×3%=5800（元）

本期应纳税额减征额 =（404000+30300）÷（1+1%）×2%=8600（元）

申报表填报见表 1-17 和表 1-18。

表 1-17　　　　　　　　　增值税及附加税费申报表

（小规模纳税人适用）

项目		栏次	本期数	
			货物及劳务	服务、不动产和无形资产
一、计税依据	（一）应征增值税不含税销售额（3%征收率）	1	480000	
	增值税专用发票不含税销售额	2	80000	
	其他增值税发票不含税销售额	3	400000	
	（二）应征增值税不含税销售额（5%征收率）	4	—	
	增值税专用发票不含税销售额	5	—	
	其他增值税发票不含税销售额	6	—	

续表

项目		栏次	本期数	
			货物及劳务	服务、不动产和无形资产
一、计税依据	（三）销售使用过的固定资产不含税销售额	7（7≥8）		—
	其中：其他增值税发票不含税销售额	8		—
	（四）免税销售额	9＝10＋11＋12		
	其中：小微企业免税销售额	10		
	未达起征点销售额	11		
	其他免税销售额	12		
	（五）出口免税销售额	13（13≥14）		
	其中：其他增值税发票不含税销售额	14		
二、税款计算	本期应纳税额	15	14400	
	本期应纳税额减征额	16	8600	
	本期免税额	17		
	其中：小微企业免税额	18		
	未达起征点免税额	19		
	应纳税额合计	20＝15－16	5800	
	本期预缴税额	21		
	本期应补（退）税额	22＝20－21	5800	
三、附加税费	城市维护建设税本期应补（退）税额	23	203	
	教育费附加本期应补（退）费额	24	87	
	地方教育附加本期应补（退）费额	25	58	

注：本表节选了《增值税及附加税费申报表（小规模纳税人适用）》部分表格。

表1-18　　　　　增值税减免税申报明细表

一、减税项目						
减税性质代码及名称	栏次	期初余额	本期发生额	本期应抵减税额	本期实际抵减税额	期末余额
		1	2	3＝1+2	4≤3	5＝3－4
合计	1	0	8600	8600	8600	0
小规模纳税人减按1%征收率征收增值税	2	0	8600	8600	8600	0

注：本表节选了《增值税减免税申报明细表》部分表格。

【例 1 – 43】 某小规模纳税人按季度申报,2023 年第一季度取得销售货物收入 404000 元,开具增值税普通发票;取得销售不动产收入 210000 元,开具增值税普通发票。

该纳税人第一季度应缴纳增值税 = 404000 ÷ (1 + 1%) × 1% + 210000 ÷ (1 + 5%) × 5% = 14000 (元)

本期应纳税额减征额 = 404000 ÷ (1 + 1%) × 2% = 8000 (元)

申报表填报见表 1 – 19 和表 1 – 20。

表 1 – 19   增值税及附加税费申报表

(小规模纳税人适用)

项目		栏次	本期数	
			货物及劳务	服务、不动产和无形资产
一、计税依据	(一)应征增值税不含税销售额(3%征收率)	1	400000	
	增值税专用发票不含税销售额	2		
	其他增值税发票不含税销售额	3	400000	
	(二)应征增值税不含税销售额(5%征收率)	4	—	200000
	增值税专用发票不含税销售额	5		
	其他增值税发票不含税销售额	6	—	200000
	(三)销售使用过的固定资产不含税销售额	7 (7≥8)		—
	其中:其他增值税发票不含税销售额	8		—
	(四)免税销售额	9 = 10 + 11 + 12		
	其中:小微企业免税销售额	10		
	未达起征点销售额	11		
	其他免税销售额	12		
	(五)出口免税销售额	13 (13≥14)		
	其中:其他增值税发票不含税销售额	14		

1 增值税优惠政策

续表

项目		栏次	本期数	
			货物及劳务	服务、不动产和无形资产
二、税款计算	本期应纳税额	15	12000	10000
	本期应纳税额减征额	16	8000	
	本期免税额	17		
	其中：小微企业免税额	18		
	未达起征点免税额	19		
	应纳税额合计	20 = 15 - 16	4000	10000
	本期预缴税额	21		
	本期应补（退）税额	22 = 20 - 21	4000	10000
三、附加税费	城市维护建设税本期应补（退）税额	23	490	
	教育费附加本期应补（退）费额	24	210	
	地方教育附加本期应补（退）费额	25	140	

注：本表节选了《增值税及附加税费申报表（小规模纳税人适用）》部分表格。

表 1-20　　　　　　　增值税减免税申报明细表

一、减税项目						
减税性质代码及名称	栏次	期初余额	本期发生额	本期应抵减税额	本期实际抵减税额	期末余额
		1	2	3 = 1 + 2	4≤3	5 = 3 - 4
合计	1	0	8000	8000	8000	0
小规模纳税人减按1%征收率征收增值税	2	0	8000	8000	8000	0

注：本表节选了《增值税减免税申报明细表》部分表格。

1.5.2.5 注意事项

该政策适用所有增值税小规模纳税人，无论是企业还是个体工商户，只要属于小规模纳税人，均可以享受降低征收率政策。

小规模纳税人降低征收率与小规模纳税人月销售额不超过10万元免征增值税不冲突，按月申报的小规模纳税人月销售额未超过10万元，按季度申报的小规模纳税人季度销售额未超过30万元的，仍然可以免征增值税。

适用5%征收率的，不在此次降低征收率范围之内，仍然按照5%征收率计算缴纳增值税。

小规模纳税人2023年1月1日至2023年12月31日取得的应税销售收入，按照1%征收率开具增值税发票，包括增值税专用发票和增值税普通发票。

由于一些付款方（即客户）需要3%征收率的增值税专用发票抵扣进项税额，纳税人可以选择放弃减免税，开具3%征收率的增值税专用发票。

该政策仅小规模纳税人适用。一般纳税人发生按3%简易计税的业务不可以享受该政策，应继续按照3%征收率计算缴纳增值税。

小规模纳税人应按照纳税义务发生时间开具发票，不可为了享受政策而提前或错后开具发票。

1.6 整合申报表

《国家税务总局关于增值税 消费税与附加税费申报表整合有关事项的公告》（国家税务总局公告2021年第20号）规定，自2021年8月1日起，增值税、消费税分别与城市维护建设税、教育费附加、地方教育附加（以下简称附加税费）申报表整合，启用新版申报表。

1.6.1 一般纳税人申报表

将增值税与附加税费申报表整合，在新版《增值税及附加税费申报表（一般纳税人适用）》中，主表增加了"附加税费"第39—41行，分别为"城市维护建设税本期应补（退）税额""教育费附加本期应补（退）费额"和"地方教育附加本期应补（退）费额"，并增加了一张附表——《增值税及附加税费申报表附列资料（五）》（附加税费情况表）[①]。

纳税人填写完增值税主表、附表后，系统会根据纳税人填写的增值税申

---

① 本表已修改，参见《国家税务总局关于进一步实施小微企业"六税两费"减免政策有关征管问题的公告》（国家税务总局公告2022年第3号）。

报信息，自动在《增值税及附加税费申报表附列资料（五）》（附加税费情况表）栏次生成本期附加税费申报信息。纳税人只需查看有关信息是否有误，如有误需要及时联系主管税务机关更改。

1.6.2　小规模纳税人申报表

与一般纳税人申报表变化类似，在新版《增值税及附加税费申报表（小规模纳税人适用）》中，主表增加了第23—25行，行次名称同一般纳税人申报表，同时，增加了一张附表——《增值税及附加税费申报表（小规模纳税人适用）附列资料（二）》（附加税费情况表）。

在申报时，需要先完成增值税申报信息填报，然后系统会根据纳税人填写的增值税申报信息，自动在《增值税及附加税费申报表（小规模纳税人适用）附列资料（二）》（附加税费情况表）有关栏次生成本期附加税费申报信息。

1.7　发票电子化

《国家税务总局关于在新办纳税人中实行增值税专用发票电子化有关事项的公告》（国家税务总局公告2020年第22号）规定，在前期试点的基础上，在全国新办纳税人中实行增值税专用发票电子化（以下简称专票电子化）。

1.7.1　开具电子专票

实行专票电子化的新办纳税人可向税务机关免费领取税务UKey，通过电子税务局、办税服务厅等渠道申请增值税电子专用发票（以下简称电子专票）票种核定，在国家税务总局增值税发票查验平台（https://inv-veri.chinatax.gov.cn）上下载并安装增值税发票开票软件（税务UKey版）后，开具电子专票。开票完成后，纳税人可以通过电子邮件、二维码等方式，远程交付电子专票给受票方。

纳税人开具增值税专用发票时，既可以开具电子专票，也可以开具增值税纸质专用发票（以下简称纸质专票）。受票方索取纸质专票的，开票方应当开具纸质专票。

1.7.2　取得电子专票

受票方取得电子专票后，如需查验真伪，可通过全国增值税发票查验平台下载增值税电子发票版式文件阅读器，查阅电子专票并验证电子签名以及电子发票监制章有效性。

受票方取得电子专票用于申报抵扣增值税进项税额或申请出口退税、代办退税的，应当登录本省（市）增值税发票综合服务平台确认发票用途。

1.7.3　开具红字电子专票

纳税人开具电子专票后，发生销货退回、开票有误、应税服务中止、销售折让等情形，可以开具红字电子专票。开具红字电子专票的流程主要可以分为以下三个步骤：

第一步：购买方或销售方在增值税发票管理系统（以下简称发票管理系统）中填开《开具红字增值税专用发票信息表》（以下简称《信息表》）。根据购买方是否已将电子专票用于申报抵扣，开具《信息表》的方式分为两类：第一类是购买方开具《信息表》。如果购买方已将电子专票用于申报抵扣，则由购买方在发票管理系统中填开并上传《信息表》，在这种情况下，《信息表》中不需要填写相对应的蓝字电子专票信息。第二类是销售方开具《信息表》。如果购买方未将电子专票用于申报抵扣，则由销售方在发票管理系统中填开并上传《信息表》，在这种情况下，《信息表》中需要填写相对应的蓝字电子专票信息。

第二步：税务机关信息系统自动校验。税务机关通过网络接收纳税人上传的《信息表》，系统自动校验通过后，生成带有"红字发票信息表编号"的《信息表》，并将信息同步至纳税人端系统中。

第三步：销售方开具红字电子专票。销售方在发票管理系统中查询到已经校验通过的《信息表》后，便可开具红字电子专票。红字电子专票应与《信息表》一一对应。

需要说明的是，对于购买方已将电子专票用于申报抵扣的情形，因购买方开具《信息表》与销售方开具红字电子专票可能存在一定时间差，购买方应当暂依《信息表》所列增值税税额从当期进项税额中转出，待取得销售方开具的红字电子专票后，与《信息表》一并作为记账凭证。

与红字纸质专票开具流程不同的是，纳税人在开具红字电子专票时，无需追回已经开具的蓝字电子专票。

1.7.4　电子专票入账归档

根据《财政部　国家档案局关于规范电子会计凭证报销入账归档的通知》（财会〔2020〕6号）规定，电子专票作为电子会计凭证的一种，同时满足下列条件的，可以仅使用电子专票进行报销入账归档：

（1）接收的电子会计凭证经查验合法、真实；

（2）电子会计凭证的传输、存储安全、可靠，对电子会计凭证的任何篡改能够及时被发现；

（3）使用的会计核算系统能够准确、完整、有效接收和读取电子会计凭证及其元数据，能够按照国家统一的会计制度完成会计核算业务，能够按照国家档案行政管理部门规定格式输出电子会计凭证及其元数据，设定了经办、审核、审批等必要的审签程序，且能有效防止电子会计凭证重复入账；

（4）电子会计凭证的归档及管理符合《会计档案管理办法》（财政部　国家档案局令第79号）等要求。

采用电子专票进行报销、入账且本单位财务信息系统能导出符合国家档案行政管理部门规定的电子归档格式的，应当将电子专票与其他电子会计记账凭证等一起归档保存，电子专票不再需要打印和保存纸质件；不满足上述条件的单位，采用电子专票纸质打印件进行报销、入账的，电子专票应当与其纸质打印件一并交由会计档案人员保存。

1.7.5　法律效力

国家税务总局公告2020年第22号第二条规定："电子专票由各省税务局监制，采用电子签名代替发票专用章，属于增值税专用发票，其法律效力、基本用途、基本使用规定等与增值税纸质专用发票相同。"财会〔2020〕6号文件第二条规定："来源合法、真实的电子会计凭证与纸质会计凭证具有同等法律效力。"《中华人民共和国档案法》第三十七条规定："电子档案应当来源可靠、程序规范、要素合规"，"电子档案与传统载体档案具有同等效力，可以以电子形式作为凭证使用"。

因此，来源合法、真实的电子专票作为电子会计凭证与纸质会计凭证具有同等的法律效力，且可作为电子档案进行保存归档。

1.8 延期执行的增值税优惠政策

1.8.1 支持精准扶贫

为支持脱贫攻坚，《财政部　税务总局　国务院扶贫办关于扶贫货物捐赠免征增值税政策的公告》（财政部　税务总局　国务院扶贫办公告2019年第55号）第一条规定，自2019年1月1日至2022年12月31日，对单位或者个体工商户将自产、委托加工或购买的货物通过公益性社会组织、县级及以上人民政府及其组成部门和直属机构，或直接无偿捐赠给目标脱贫地区的单位和个人，免征增值税。在政策执行期限内，目标脱贫地区实现脱贫的，可继续适用上述政策。

"目标脱贫地区"包括832个国家扶贫开发工作重点县、集中连片特困地区县（新疆阿克苏地区6县1市享受片区政策）和建档立卡贫困村。

《增值税暂行条例实施细则》第四条规定："单位或者个体工商户的下列行为，视同销售货物：……（八）将自产、委托加工或者购进的货物无偿赠送其他单位或者个人。"因此，企业将货物进行捐赠应视同销售，征收增值税，但按照财政部、税务总局、国务院扶贫办公告2019年第55号规定，企业将货物捐赠给目标脱贫地区，免征增值税，即使直接捐赠也免征增值税。

该政策执行期限被《财政部　税务总局　人力资源社会保障部　国家乡村振兴局关于延长部分扶贫税收优惠政策执行期限的公告》（财政部　税务总

局　人力资源社会保障部　国家乡村振兴局公告 2021 年第 18 号）延长至 2025 年 12 月 31 日。

1.8.2　扶持就业

1.8.2.1　退役士兵

1. 创业

《财政部　税务总局　退役军人事务部关于进一步扶持自主就业退役士兵创业就业有关税收政策的公告》（财政部　税务总局　退役军人事务部公告 2023 年第 14 号）规定，自 2023 年 1 月 1 日至 2027 年 12 月 31 日，自主就业退役士兵从事个体经营的，自办理个体工商户登记当月起，在 3 年（36 个月，下同）内按每户每年 20000 元为限额依次扣减其当年实际应缴纳的增值税、城市维护建设税、教育费附加、地方教育附加和个人所得税。限额标准最高可上浮 20%，各省、自治区、直辖市人民政府可根据本地区实际情况在此幅度内确定具体限额标准。

纳税人年度应缴纳税款小于上述扣减限额的，减免税额以其实际缴纳的税款为限；大于上述扣减限额的，以上述扣减限额为限。纳税人的实际经营期不足 1 年的，应当按月换算其减免税限额。

换算公式为：

减免税限额 = 年度减免税限额 ÷ 12 × 实际经营月数

城市维护建设税、教育费附加、地方教育附加的计税依据是享受本项税收优惠政策前的增值税应纳税额。

新政策将原来每户每年 12000 元提高至 20000 元。

2. 就业

自 2023 年 1 月 1 日至 2027 年 12 月 31 日，企业招用自主就业退役士兵，与其签订 1 年以上期限劳动合同并依法缴纳社会保险费的，自签订劳动合同并缴纳社会保险费当月起，在 3 年内按实际招用人数予以定额依次扣减增值税、城市维护建设税、教育费附加、地方教育附加和企业所得税优惠。定额标准为每人每年 6000 元，最高可上浮 50%，各省、自治区、直辖市人民政府可根据本地区实际情况在此幅度为确定具体定额标准。

企业按招用人数和签订的劳动合同时间核算企业减免税总额，在核算减免税总额内每月依次扣减增值税、城市维护建设税、教育费附加和地方教育附加。企业实际应缴纳的增值税、城市维护建设税、教育费附加和地方教育附加小于核算减免税总额的，以实际应缴纳的增值税、城市维护建设税、教育费附加和地方教育附加为限；实际应缴纳的增值税、城市维护建设税、教育费附加和地方教育附加大于核算减免税总额的，以核算减免税总额为限。

纳税年度终了，如果企业实际减免的增值税、城市维护建设税、教育费附加和地方教育附加小于核算减免税总额，企业在企业所得税汇算清缴时以差额部分扣减企业所得税。当年扣减不完的，不再结转以后年度扣减。

自主就业退役士兵在企业工作不满 1 年的，应当按月换算减免税限额。

计算公式为：

企业核算减免税总额 = $\sum$ 每名自主就业退役士兵本年度在本单位工作月份 $\div 12 \times$ 具体定额标准

城市维护建设税、教育费附加、地方教育附加的计税依据是享受本项税收优惠政策前的增值税应纳税额。

3. 管理要求

所称自主就业退役士兵是指依照《退役士兵安置条例》（国务院 中央军委令第 608 号）的规定退出现役并按自主就业方式安置的退役士兵。

所称企业是指属于增值税纳税人或企业所得税纳税人的企业等单位。

自主就业退役士兵从事个体经营的，在享受税收优惠政策进行纳税申报时，注明其退役军人身份，并将《中国人民解放军退出现役证书》《中国人民解放军义务兵退出现役证》《中国人民解放军士官退出现役证》或《中国人民武装警察部队退出现役证》《中国人民武装警察部队义务兵退出现役证》《中国人民武装警察部队士官退出现役证》留存备查。

企业招用自主就业退役士兵享受税收优惠政策的，将以下资料留存备查：①招用自主就业退役士兵的《中国人民解放军退出现役证》《中国人民解放军义务兵退出现役证》《中国人民解放军士官退出现役证》或《中国人民武装警察部队退出现役证》《中国人民武装警察部队义务兵退出现役证》《中国人民武装警察部队士官退出现役证》；②企业与招用自主就业退役士兵签订的劳动合同（副本），为职工缴纳的社会保险费记录；③自主就业退役士兵本年度在企业工作时间表。

企业招用自主就业退役士兵既可以适用上述税收优惠政策，又可以适用其他扶持就业专项税收优惠政策的，企业可以选择适用最优惠的政策，但不得重复享受。

1.8.2.2 重点群体

1. 创业

《财政部 税务总局 人力资源社会保障部 农业农村部关于进一步支持重点群体创业就业有关税收政策的公告》（财政部 税务总局 人力资源社会保障部 农业农村部公告2023年第15号）规定，自2023年1月1日至2027年12月31日，脱贫人口（含防止返贫监测对象，下同）、持《就业创业证》（注明"自主创业税收政策"或"毕业年度内自主创业税收政策"）或《就业失业登记证》（注明"自主创业税收政策"）的人员，从事个体经营的，自办理个体工商户登记当月起，在3年（36个月，下同）内按每户每年20000元为限额依次扣减其当年实际应缴纳的增值税、城市维护建设税、教育费附加、地方教育附加和个人所得税。限额标准最高可上浮20%，各省、自治区、直辖市人民政府可根据本地区实际情况在此幅度内确定具体限额标准。

纳税人年度应缴纳税款小于上述扣减限额的，减免税额以其实际缴纳的税款为限；大于上述扣减限额的，以上述扣减限额为限。

上述人员具体包括：①纳入全国防止返贫监测和衔接推进乡村振兴信息系统的脱贫人口；②在人力资源社会保障部门公共就业服务机构登记失业半年以上的人员；③零就业家庭、享受城市居民最低生活保障家庭劳动年龄内的登记失业人员；④毕业年度内高校毕业生。高校毕业生是指实施高等学历教育的普通高等学校、成人高等学校应届毕业的学生；毕业年度是指毕业所在自然年，即1月1日至12月31日。

新政策将原来每户每年12000元提高至20000元。

2. 就业

自2023年1月1日至2027年12月31日，企业招用脱贫人口，以及在人力资源社会保障部门公共就业服务机构登记失业半年以上且持《就业创业证》

或《就业失业登记证》（注明"企业吸纳税收政策"）的人员，与其签订 1 年以上期限劳动合同并依法缴纳社会保险费的，自签订劳动合同并缴纳社会保险当月起，在 3 年内按实际招用人数予以定额依次扣减增值税、城市维护建设税、教育费附加、地方教育附加和企业所得税优惠。定额标准为每人每年 6000 元，最高可上浮 30%，各省、自治区、直辖市人民政府可根据本地区实际情况在此幅度内确定具体定额标准。城市维护建设税、教育费附加、地方教育附加的计税依据是享受本项税收优惠政策前的增值税应纳税额。

按上述标准计算的税收扣减额应在企业当年实际应缴纳的增值税、城市维护建设税、教育费附加、地方教育附加和企业所得税税额中扣减，当年扣减不完的，不得结转下年使用。

所称企业是指属于增值税纳税人或企业所得税纳税人的企业等单位。

3. 管理要求

企业招用就业人员既可以适用上述收优惠政策，又可以适用其他扶持就业专项税收优惠政策的，企业可以选择适用最优惠的政策，但不得重复享受。

1.8.3 公共租赁住房租金

《财政部 税务总局关于公共租赁住房税收优惠政策的公告》（财政部 税务总局公告 2019 年第 61 号）第七条规定，自 2019 年 1 月 1 日至 2020 年 12 月 31 日，对经营公租房所取得的租金收入，免征增值税。

《财政部 税务总局关于延长部分税收优惠政策执行期限的公告》（财政部 税务总局公告 2021 年第 6 号）将该政策执行期限延长至 2023 年 12 月 31 日。

1.8.4 农村饮水安全工程

《财政部 税务总局关于继续实行农村饮水安全工程税收优惠政策的公告》（财政部 税务总局公告 2019 年第 67 号）第四条规定，自 2019 年 1 月 1 日至 2020 年 12 月 31 日"对饮水工程运营管理单位向农村居民提供生活用水取得的自来水销售收入，免征增值税"。

《财政部 税务总局关于延长部分税收优惠政策执行期限的公告》（财政

部　税务总局公告 2021 年第 6 号）将该政策执行期限延长至 2023 年 12 月 31 日。

1.8.5　居民供热采暖

为支持居民供热采暖，《财政部　税务总局关于延续供热企业增值税　房产税　城镇土地使用税优惠政策的通知》（财税〔2019〕38 号）第一条规定，自 2019 年 1 月 1 日至 2020 年供暖期结束，对供热企业向居民个人（以下称居民）供热取得的采暖费收入免征增值税。

向居民供热取得的采暖费收入，包括供热企业直接向居民收取的、通过其他单位向居民收取的和由单位代居民缴纳的采暖费。

免征增值税的采暖费收入，应当按照《增值税暂行条例》第十六条的规定单独核算。通过热力产品经营企业向居民供热的热力产品生产企业，应当根据热力产品经营企业实际从居民取得的采暖费收入占该经营企业采暖费总收入的比例，计算免征的增值税。

所称供暖期，是指当年下半年供暖开始至次年上半年供暖结束的期间。

《财政部　税务总局关于延长部分税收优惠政策执行期限的公告》（财政部　税务总局公告 2021 年第 6 号）将该政策执行期限延长至 2023 年供暖期结束。

1.8.6　抗艾滋病病毒药品

为继续支持艾滋病防治工作，《财政部　税务总局关于延续免征国产抗艾滋病病毒药品增值税政策的公告》（财政部　税务总局公告 2019 年第 73 号）规定，自 2019 年 1 月 1 日至 2020 年 12 月 31 日，继续对国产抗艾滋病病毒药品免征生产环节和流通环节增值税。

享受上述免征增值税政策的国产抗艾滋病病毒药品，须为各省（自治区、直辖市）艾滋病药品管理部门按照政府采购有关规定采购的，并向艾滋病病毒感染者和病人免费提供的抗艾滋病病毒药品。药品生产企业和流通企业应将药品供货合同留存，以备税务机关查验。国产抗艾滋病病毒药物品种清单见表 1-21。

表 1–21　　　　　　　　国产抗艾滋病病毒药物品种清单

序号	药物品种	序号	药物品种
1	齐多夫定	5	替诺福韦
2	拉米夫定	6	洛匹那韦
3	奈韦拉平	7	利托那韦
4	依非韦伦	8	阿巴卡韦

抗艾滋病病毒药品的生产企业和流通企业应分别核算免税药品和其他货物的销售额；未分别核算的，不得享受增值税免税政策。

国产抗艾滋病病毒药物，包括表 1–21 所列药物及其制剂，以及由两种或三种药物组成的复合制剂。

《财政部　税务总局关于延长部分税收优惠政策执行期限的公告》（财政部　税务总局公告 2021 年第 6 号）将该政策执行期限延长至 2023 年 12 月 31 日。

1.8.7　宣传文化事业

1.8.7.1　先征后退

《财政部　税务总局关于延续宣传文化增值税优惠政策的公告》（财政部　税务总局公告 2021 年第 10 号）第一条规定，自 2021 年 1 月 1 日起至 2023 年 12 月 31 日，执行下列增值税先征后退政策。

1. 对下列出版物在出版环节执行增值税 100% 先征后退的政策

（1）中国共产党和各民主党派的各级组织的机关报纸和机关期刊，各级人大、政协、政府、工会、共青团、妇联、残联、科协的机关报纸和机关期刊，新华社的机关报纸和机关期刊，军事部门的机关报纸和机关期刊。

上述各级组织不含其所属部门。机关报纸和机关期刊增值税先征后退范围掌握在一个单位一份报纸和一份期刊以内。

（2）专为少年儿童出版发行的报纸和期刊，中小学的学生教科书。

（3）专为老年人出版发行的报纸和期刊。

（4）少数民族文字出版物。

（5）盲文图书和盲文期刊。

（6）经批准在内蒙古、广西、西藏、宁夏、新疆五个自治区内注册的出版单位出版的出版物。

（7）列入该公告附件的图书、报纸和期刊。

2. 对下列出版物在出版环节执行增值税先征后退 50% 的政策

（1）各类图书、期刊、音像制品、电子出版物，但执行增值税 100% 先征后退的出版物除外。

（2）列入该公告附件的报纸。

3. 对下列印刷、制作业务执行增值税 100% 先征后退的政策

（1）对少数民族文字出版物的印刷或制作业务。

（2）列入该公告附件的新疆维吾尔自治区印刷企业的印刷业务。

1.8.7.2 免征增值税

自 2021 年 1 月 1 日起至 2023 年 12 月 31 日，免征图书批发、零售环节增值税；对科普单位的门票收入，以及县级及以上党政部门和科协开展科普活动的门票收入免征增值税。

1.8.7.3 管理要求

享受上述增值税先征后退政策的纳税人，必须是具有相关出版物出版许可证的出版单位（含以"租型"方式取得专有出版权进行出版物印刷发行的出版单位）。承担省级及以上出版行政主管部门指定出版、发行任务的单位，因进行重组改制等原因尚未办理出版、发行许可证变更的单位，经财政部各地监管局商省级出版行政主管部门核准，可以享受相应的增值税先征后退政策。

纳税人应当将享受上述税收优惠政策的出版物在财务上实行单独核算，不进行单独核算的不得享受优惠政策。违规出版物、多次出现违规的出版单位及图书批发、零售单位不得享受优惠政策。上述违规出版物、出版单位及图书批发、零售单位的具体名单由省级及以上出版行政主管部门及时通知相应财政监管局和主管税务机关。

已按软件产品享受增值税退税政策的电子出版物不得再申请增值税先征后退政策。

1.8.8　科技企业孵化器、大学科技园和众创空间

《财政部　税务总局　科技部　教育部关于科技企业孵化器　大学科技园和众创空间税收政策的通知》(财税〔2018〕120号)第一条规定,自2019年1月1日至2021年12月31日,国家级、省级科技企业孵化器、大学科技园和国家备案众创空间,对其向在孵对象提供孵化服务取得的收入,免征增值税。

所称孵化服务,是指为在孵对象提供的经纪代理、经营租赁、研发和技术、信息技术、鉴证咨询服务。

国家级、省级科技企业孵化器、大学科技园和国家备案众创空间应当单独核算孵化服务收入。

《财政部　税务总局关于延长部分税收优惠政策执行期限的公告》(财政部　税务总局公告2022年第4号)将该政策执行期限延长至2023年12月31日。

1.8.9　动漫产业

《财政部　税务总局关于延续动漫产业增值税政策的通知》(财税〔2018〕38号)规定,自2018年1月1日至2018年4月30日,对动漫企业增值税一般纳税人销售其自主开发生产的动漫软件,按照17%的税率征收增值税后,对其增值税实际税负超过3%的部分,实行即征即退政策。

自2018年5月1日至2020年12月31日,对动漫企业增值税一般纳税人销售其自主开发生产的动漫软件,按照16%的税率征收增值税后,对其增值税实际税负超过3%的部分,实行即征即退政策。

动漫软件出口免征增值税。

动漫软件,按照《财政部　国家税务总局关于软件产品增值税政策的通知》(财税〔2011〕100号)中软件产品相关规定执行。

动漫企业和自主开发、生产动漫产品的认定标准和认定程序,按照《文化部　财政部　国家税务总局关于印发〈动漫企业认定管理办法(试行)〉的通知》(文市发〔2008〕51号)的规定执行。

《财政部　税务总局关于延长部分税收优惠政策执行期限的公告》(财政

部 税务总局公告 2021 年第 6 号）将该政策执行期限延长至 2023 年 12 月 31 日。

1.8.10 研发机构采购设备

1.8.10.1 优惠方式

《财政部 商务部 税务总局关于继续执行研发机构采购设备增值税政策的公告》（财政部 商务部 税务总局公告 2019 年第 91 号）规定，2019 年 1 月 1 日至 2020 年 12 月 31 日，继续对内资研发机构和外资研发中心采购国产设备全额退还增值税。

《财政部 税务总局关于延长部分税收优惠政策执行期限的公告》（财政部 税务总局公告 2021 年第 6 号）将该政策执行期限延长至 2023 年 12 月 31 日。

1.8.10.2 优惠条件

1. 适用采购国产设备全额退还增值税政策的内资研发机构和外资研发中心范围

（1）科技部会同财政部、海关总署和税务总局核定的科技体制改革过程中转制为企业和进入企业的主要从事科学研究和技术开发工作的机构；

（2）国家发展改革委会同财政部、海关总署和税务总局核定的国家工程研究中心；

（3）国家发展改革委会同财政部、海关总署、税务总局和科技部核定的企业技术中心；

（4）科技部会同财政部、海关总署和税务总局核定的国家重点实验室（含企业国家重点实验室）和国家工程技术研究中心；

（5）科技部核定的国务院部委、直属机构所属从事科学研究工作的各类科研院所，以及各省、自治区、直辖市、计划单列市科技主管部门核定的本级政府所属从事科学研究工作的各类科研院所；

（6）科技部会同民政部核定或者各省、自治区、直辖市、计划单列市及新疆生产建设兵团科技主管部门会同同级民政部门核定的科技类民办非企业单位；

（7）工业和信息化部会同财政部、海关总署、税务总局核定的国家中小企业公共服务示范平台（技术类）；

（8）国家承认学历的实施专科及以上高等学历教育的高等学校（以教育部门户网站公布名单为准）；

（9）符合条件的外资研发中心；

（10）财政部会同国务院有关部门核定的其他科学研究机构、技术开发机构和学校。

2. 外资研发中心，根据其设立时间应分别满足的条件

（1）2009年9月30日及其之前设立的外资研发中心，应同时满足下列条件：①研发费用标准：对外资研发中心，作为独立法人的，其投资总额不低于500万美元；作为公司内设部门或分公司的非独立法人的，其研发总投入不低于500万美元。企业研发经费年支出额不低于1000万元。②专职研究与试验发展人员不低于90人。③设立以来累计购置的设备原值不低于1000万元。

（2）2009年10月1日及其之后设立的外资研发中心，应同时满足下列条件：①研发费用标准：作为独立法人的，其投资总额不低于800万美元；作为公司内设部门或分公司的非独立法人的，其研发总投入不低于800万美元。②专职研究与试验发展人员不低于150人。③设立以来累计购置的设备原值不低于2000万元。

外资研发中心须经商务主管部门会同有关部门按照上述条件进行资格审核认定。在2018年12月31日（含）以前，初次取得退税资格或通过资格复审未满2年的，可继续享受至2年期满。

1.8.11　集团内无偿借贷

纳税人之间资金无偿借贷应视同销售征税增值税。财税〔2019〕20号文件第三条规定，自2019年2月1日至2020年12月31日，对企业集团内单位（含企业集团）之间的资金无偿借贷行为，免征增值税。

若中国企业的境外全资子公司，无偿借款给境内母公司，按照上述规定，母公司不需要代扣代缴增值税。

《财政部 税务总局关于延长部分税收优惠政策执行期限的公告》（财政部 税务总局公告 2021 年第 6 号）将该政策执行期限延长至 2023 年 12 月 31 日。

1.8.12　金融机构扶持小微企业发展

1.8.12.1　金融机构小微企业贷款利息收入免征增值（单户授信小于 100 万元）

《财政部 税务总局关于支持小微企业融资有关税收政策的公告》（财政部 税务总局公告 2023 年第 13 号）规定：

对金融机构向小型企业、微型企业及个体工商户发放小额贷款取得的利息收入，免征增值税。金融机构应将相关免税证明材料留存备查，单独核算符合免税条件的小额贷款利息收入，按现行规定向主管税务机关办理纳税申报；未单独核算的，不得免征增值税。

所称小型企业、微型企业，是指符合《中小企业划型标准规定》（工信部联企业〔2011〕300 号）的小型企业和微型企业。其中，资产总额和从业人员指标均以贷款发放时的实际状态确定；营业收入指标以贷款发放前 12 个自然月的累计数确定，不满 12 个自然月的，按照以下公式计算：

营业收入（年）＝企业实际存续期间营业收入／企业实际存续月数×12

所称小额贷款，是指单户授信小于 100 万元（含本数）的小型企业、微型企业或个体工商户贷款；没有授信额度的，是指单户贷款合同金额且贷款余额在 100 万元（含本数）以下的贷款。

该政策执行至 2027 年 12 月 31 日。

1.8.12.2　金融机构小微企业贷款利息收入免征增值（单户授信小于 1000 万元）

《财政部 税务总局关于金融机构小微企业贷款利息收入免征增值税政策的公告》（财政部 税务总局公告 2023 年第 16 号）规定：

对金融机构向小型企业、微型企业和个体工商户发放小额贷款取得的利息收入，免征增值税。金融机构可以选择以下两种方法之一适用免税：

（1）对金融机构向小型企业、微型企业和个体工商户发放的，利率水平不高于全国银行间同业拆借中心公布的贷款市场报价利率（LPR）150%（含本数）的单笔小额贷款取得的利息收入，免征增值税；高于全国银行间同业拆借中心公布的贷款市场报价利率（LPR）150%的单笔小额贷款取得的利息收入，按照现行政策规定缴纳增值税。

（2）对金融机构向小型企业、微型企业和个体工商户发放单笔小额贷款取得的利息收入中，不高于该笔贷款按照全国银行间同业拆借中心公布的贷款市场报价利率（LPR）150%（含本数）计算的利息收入部分，免征增值税；超过部分按照现行政策规定缴纳增值税。

金融机构可按会计年度在以上两种方法之间选定其一作为该年的免税适用方法，一经选定，该会计年度内不得变更。

所称金融机构，是指经中国人民银行、金融监管总局批准成立的已实现监管部门上一年度提出的小微企业贷款增长目标的机构，以及经中国人民银行、金融监管总局、中国证监会批准成立的开发银行及政策性银行、外资银行和非银行业金融机构。金融机构实现小微企业贷款增长目标情况，以金融监管总局及其派出机构考核结果为准。

所称小型企业、微型企业，是指符合《中小企业划型标准规定》（工信部联企业〔2011〕300号）的小型企业和微型企业。其中，资产总额和从业人员指标均以贷款发放时的实际状态确定；营业收入指标以贷款发放前12个自然月的累计数确定，不满12个自然月的，按照以下公式计算：

营业收入（年）＝企业实际存续期间营业收入÷企业实际存续月数×12

所称小额贷款，是指单户授信小于1000万元（含本数）的小型企业、微型企业或个体工商户贷款；没有授信额度的，是指单户贷款合同金额且贷款余额在1000万元（含本数）以下的贷款。

金融机构应将相关免税证明材料留存备查，单独核算符合免税条件的小额贷款利息收入，按现行规定向主管税务机构办理纳税申报；未单独核算的，不得免征增值税。金融机构应依法依规享受增值税优惠政策，一经发现存在虚报或造假骗取本项税收优惠情形的，停止享受有关增值税优惠政策。金融机构应持续跟踪贷款投向，确保贷款资金真正流向小型企业、微型企业和个体工商户，贷款的实际使用主体与申请主体一致。

金融机构向小型企业、微型企业及个体工商户发放单户授信小于100万元（含本数），或者没有授信额度，单户贷款合同金额且贷款余额在 100 万元（含本数）以下的贷款取得的利息收入，可按照财政部、税务总局公告 2023 年第 13 号的规定免征增值税。

该政策执行至 2027 年 12 月 31 日。

1.8.13　为小微企业融资担保收入免征增值税

《财政部　税务总局关于延续执行农户、小微企业和个体工商户融资担保增值税政策的公告》（财政部　税务总局公告 2023 年第 18 号）规定：

纳税人为农户、小型企业、微型企业及个体工商户借款、发行债券提供融资担保取得的担保费收入，以及为上述融资担保（以下称原担保）提供再担保取得的再担保费收入，免征增值税。再担保合同对应多个原担保合同的，原担保合同应全部适用免征增值税政策。否则，再担保合同应按规定缴纳增值税。

所称农户，是指长期（一年以上）居住在乡镇（不包括城关镇）行政管理区域内的住户，还包括长期居住在城关镇所辖行政村范围内的住户和户口不在本地而在本地居住一年以上的住户，国有农场的职工。位于乡镇（不包括城关镇）行政管理区域内和在城关镇所辖行政村范围内的国有经济的机关、团体、学校、企事业单位的集体户；有本地户口，但举家外出谋生一年以上的住户，无论是否保留承包耕地均不属于农户。农户以户为统计单位，既可以从事农业生产经营，也可以从事非农业生产经营。农户担保、再担保的判定应以原担保生效时的被担保人是否属于农户为准。

所称小型企业、微型企业，是指符合《中小企业划型标准规定》（工信部联企业〔2011〕300 号）的小型企业和微型企业。其中，资产总额和从业人员指标均以原担保生效时的实际状态确定；营业收入指标以原担保生效前 12 个自然月的累计数确定，不满 12 个自然月的，按照以下公式计算：

营业收入（年）=企业实际存续期间营业收入÷企业实际存续月数×12

纳税人应将相关免税证明材料留存备查，单独核算符合免税条件的融资担保费和再担保费收入，按现行规定向主管税务机关办理纳税申报；未单独核算的，不得免征增值税。

该政策执行至 2027 年 12 月 31 日。

1.8.14　小额贷款公司

《财政部　税务总局关于小额贷款公司有关税收政策的通知》（财税〔2017〕48 号）第一条规定，自 2017 年 1 月 1 日至 2019 年 12 月 31 日，对经省级金融管理部门（金融办、局等）批准成立的小额贷款公司取得的农户小额贷款利息收入，免征增值税。所称小额贷款，是指单笔且该农户贷款余额总额在 10 万元（含本数）以下的贷款。

《财政部　税务总局关于延续实施普惠金融有关税收优惠政策的公告》（财政部　税务总局公告 2020 年第 22 号）将该政策执行期限延长至 2023 年 12 月 31 日。

1.8.15　边销茶

《财政部　税务总局关于继续执行边销茶增值税政策的公告》（财政部　税务总局公告 2021 年第 4 号）第一条规定，自 2021 年 1 月 1 日起至 2023 年 12 月 31 日，对边销茶生产企业销售自产的边销茶及经销企业销售的边销茶免征增值税。

所称边销茶，是指以黑毛茶、老青茶、红茶末、绿茶为主要原料，经过发酵、蒸制、加压或者压碎、炒制，专门销往边疆少数民族地区的紧压茶。

1.8.16　境外机构投资境内债券市场取得的债券利息收入

《财政部　税务总局关于延续境外机构投资境内债券市场企业所得税、增值税政策的公告》（财政部　税务总局公告 2021 年第 34 号）规定，自 2021 年 11 月 7 日起至 2025 年 12 月 31 日止，对境外机构投资境内债券市场取得的债券利息收入暂免征收增值税。

1.9 近年出台的其他增值税优惠政策

1.9.1 扩大抵扣范围

1.9.1.1 国内旅客运输服务

《财政部 国家税务总局关于全面推开营业税改征增值税试点的通知》（财税〔2016〕36号）附件1《营业税改征增值税试点实施办法》第二十七条第一款第（六）项规定，购进的"旅客运输服务"不得抵扣进项税额；财政部、税务总局、海关总署公告2019年第39号第六条规定，自2019年4月1日起，"纳税人购进国内旅客运输服务，其进项税额允许从销项税额中抵扣"。该政策未设置抵扣期限。

纳税人未取得增值税专用发票的，暂按照以下规定确定进项税额：

（1）取得增值税电子普通发票的，为发票上注明的税额；

（2）取得注明旅客身份信息的航空运输电子客票行程单的，按照下列公式计算进项税额：

航空旅客运输进项税额 =（票价 + 燃油附加费）÷（1 + 9%）× 9%

（3）取得注明旅客身份信息的铁路车票的，为按照下列公式计算的进项税额：

铁路旅客运输进项税额 = 票面金额 ÷（1 + 9%）× 9%

（4）取得注明旅客身份信息的公路、水路等其他客票的，按照下列公式计算进项税额：

公路、水路等其他旅客运输进项税额 = 票面金额 ÷（1 + 3%）× 3%

1.9.1.2 注意事项

扩大抵扣范围政策的注意事项主要包括：

（1）可以抵扣的国内旅客运输服务，是指与本企业建立了合法用工关系的雇员，所发生的国内旅客运输费用允许抵扣其进项税额。即使是企业的外籍雇员，因公出差取得注明护照信息的国内运输票据，也能够抵扣。但纳税人如果为非雇员支付的旅客运输费用，不能纳入抵扣范围。例如，纳税人为客户、邀请讲课专家等存在业务合作关系的人员支付的旅客运输费用，不能抵扣进项税额。需要注意的是，劳务派遣人员的交通费，由用工单位抵扣，不由劳务派遣公司抵扣。

（2）纳税人允许抵扣的国内旅客运输服务进项税额，是指纳税人2019年4月1日及以后实际发生，并取得合法有效增值税扣税凭证注明的或依据其计算的增值税税额。以增值税专用发票或增值税电子普通发票为增值税扣税凭证的，为2019年4月1日及以后开具的增值税专用发票或增值税电子普通发票。

（3）仅限于国内旅客运输服务，国际旅客运输服务不能抵扣。国内飞往国外的联程机票，分别载明国内航段和国外航段信息的，可以按机票上注明的国内航段价格抵扣。

（4）目前只允许注明旅客身份信息的航空运输电子客票行程单、铁路车票、公路和水路等其他客票，作为进项税抵扣凭证，未注明旅客身份信息的不能抵扣，手写的旅客身份信息无效。但是，由于部分客票票面样式不统一，票面记载旅客身份信息的内容也不尽相同，在实际操作中，只要是通过实名制购票方式购买，并注明旅客姓名或身份证件号码的，就属于按规定注明旅客身份信息的票证，可以计算抵扣进项税额。

（5）可抵扣的航空旅客运输只包括票价和燃油附加费，不包括民航发展基金。

（6）只有2019年4月1日之后出具的车（机）票才能抵扣进项税额。例如，企业员工于3月31日乘高铁出差，4月1日返程，取得了注明该员工身份信息、乘车日期分别为3月31日和4月1日的两张高铁车票。则4月1日的高铁车票可计算抵扣进项税额，而3月31日的高铁车票不能抵扣。

（7）财税〔2016〕36号文件附件1《营业税改征增值税试点实施办法》第二十七条第一款第（一）项规定，下列项目的进项税额不得从销项税额中抵扣：用于简易计税方法计税项目、免征增值税项目、集体福利或者个人消费的购进货物、加工修理修配劳务、服务、无形资产和不动产。其中涉及的固定资产、无形资产、不动产，仅指专用于上述项目的固定资产、无形资产（不包括其他权益性无形资产）、不动产。因此，即使是本企业雇员购买的国内旅客运输服务，应用于生产经营所需，若属于集体福利或者个人消费，如组织职工旅游、疗养、回家探亲等，其进项税额不得从销项税额中抵扣。

（8）有的企业交通费有报销标准，员工出差乘坐交通工具超过报销标准，企业只支付标准内的费用，超标部分由员工自己承担。在此情况下，企业只能按照实际支付的金额来计算进项税额，员工自己承担的部分属于个人消费，不允许计算抵扣。

（9）纳税人购进国内旅客运输服务，以取得的增值税电子普通发票上注明的税额为进项税额的，增值税电子普通发票上注明的购买方"名称""纳税人识别号"等信息，应当与实际抵扣税款的纳税人一致，否则不予抵扣。

1.9.1.3　不动产一次性抵扣

财税〔2016〕36号文件附件2《营业税改征增值税试点有关事项的规定》第一条第（四）项规定："适用一般计税方法的试点纳税人，2016年5月1日后取得并在会计制度上按固定资产核算的不动产或者2016年5月1日后取得的不动产在建工程，其进项税额应自取得之日起分2年从销项税额中抵扣，第一年抵扣比例为60%，第二年抵扣比例为40%。"财政部、税务总局、海关总署公告2019年第39号第五条规定："自2019年4月1日起，《营业税改征增值税试点有关事项的规定》（财税〔2016〕36号印发）第一条第（四）项第1点、第二条第（一）项第1点停止执行，纳税人取得不动产或者不动产在建工程的进项税额不再分2年抵扣。此前按照上述规定尚未抵扣完毕的待抵扣进项税额，可自2019年4月税款所属期起从销项税额中抵扣。"本条规定将营改增时规定的纳税人购进不动产分2年抵扣改为一次性抵扣。

1.9.2　住房租赁

1.9.2.1　优惠条件

《财政部　税务总局　住房城乡建设部关于完善住房租赁有关税收政策的公告》（财政部　税务总局　住房城乡建设部公告2021年第24号）规定，自2021年10月1日起，对住房租赁企业向个人出租住房可以选择适用简易计税方法。

该优惠的主体是住房租赁企业。住房租赁企业，是指按规定向住房城乡建设部门进行开业报告或者备案的从事住房租赁经营业务的企业。

出租对象仅限于个人。如果一家住房租赁企业，既向个人出租住房，也向企业出租住房，则向个人出租住房取得的收入，可以适用增值税简易计税方法；向企业出租住房取得的收入，不适用增值税简易计税方法。该"个人"，包括个体工商户和其他个人。

出租的标的是住房和保障性租赁住房。保障性租赁住房，是指利用非居住存量土地和非居住存量房屋（含商业办公用房、工业厂房改造后出租用于居住的房屋）建设的保障性租赁住房，取得保障性租赁住房项目认定书。保障性租赁住房项目认定书由市、县人民政府组织有关部门联合审查建设方案后出具。如果一家住房租赁企业，既向个人出租住房，也向个人出租商铺。则向个人出租住房取得的收入，可以适用增值税简易计税方法；向个人出租商铺取得的收入，不适用增值税简易计税方法。

住房租赁企业向个人出租保障性租赁住房，也可以适用增值税减征政策。

1.9.2.2 计算方法

住房租赁企业中的增值税一般纳税人向个人出租住房取得的全部出租收入，可以选择适用简易计税方法，按照5%的征收率减按1.5%计算缴纳增值税，或适用一般计税方法计算缴纳增值税。住房租赁企业中的增值税小规模纳税人向个人出租住房，按照5%的征收率减按1.5%计算缴纳增值税。住房租赁企业向个人出租住房适用上述简易计税方法并进行预缴的，减按1.5%预征率预缴增值税。

选择简易计税方法的一般纳税人和小规模纳税人出租收入增值税应纳税额计算公式为：

增值税应纳税额 = 含税销售额 ÷ （1 + 1.5%） × 1.5%

【例1-44】 甲公司是住房租赁企业，增值税小规模纳税人，将住房出租给个人，每月收取租金30万元（含税）。2021年10月，该公司按规定向住建部门进行开业报告，符合选择适用简易计税方法的条件。则：

（1）2021年第三季度增值税应纳税额 = （30×3）÷（1+5%）×5% = 4.29（万元）

（2）2021年第四季度增值税应纳税额 = （30×3）÷（1+1.5%）×1.5% = 1.33（万元）

1.9.2.3 注意事项

住房租赁企业享受该优惠政策,应按规定进行减免税申报,并将不动产权属、房屋租赁合同、保障性租赁住房项目认定书等相关资料留存备查。

1.9.3 资源综合利用

1.9.3.1 简易计税

《财政部 税务总局关于完善资源综合利用增值税政策的公告》(财政部 税务总局公告2021年第40号)规定,自2022年3月1日起,从事再生资源回收的增值税一般纳税人销售其收购的再生资源,可以选择适用简易计税方法依照3%征收率计算缴纳增值税,或适用一般计税方法计算缴纳增值税。

1. 再生资源的概念

所称再生资源,是指在社会生产和生活消费过程中产生的,已经失去原有全部或部分使用价值,经过回收、加工处理,能够使其重新获得使用价值的各种废弃物。其中,加工处理仅限于清洗、挑选、破碎、切割、拆解、打包等改变再生资源密度、湿度、长度、粗细、软硬等物理性状的简单加工。

2. 纳税人选择适用简易计税方法应符合的条件之一

(1)从事危险废物收集的纳税人,应符合国家危险废物经营许可证管理办法的要求,取得危险废物经营许可证。

(2)从事报废机动车回收的纳税人,应符合国家商务主管部门出台的报废机动车回收管理办法要求,取得报废机动车回收拆解企业资质认定证书。

(3)除危险废物、报废机动车外,其他再生资源回收纳税人应符合国家商务主管部门出台的再生资源回收管理办法要求,进行市场主体登记,并在商务部门完成再生资源回收经营者备案。

纳税人聘用的员工为本单位或者雇主提供的再生资源回收不征收增值税。

1.9.3.2 即征即退

增值税一般纳税人销售自产的资源综合利用产品和提供资源综合利用劳务(以下称销售综合利用产品和劳务),可享受增值税即征即退政策。

综合利用的资源名称、综合利用产品和劳务名称、技术标准和相关条件、退税比例等按照《资源综合利用产品和劳务增值税优惠目录(2022年版)》)

(以下称《目录》）的相关规定执行。

纳税人从事《目录》所列的资源综合利用项目，其申请享受增值税即征即退政策时，应同时符合下列条件：

（1）纳税人在境内收购的再生资源，应按规定从销售方取得增值税发票；适用免税政策的，应按规定从销售方取得增值税普通发票。销售方为依法依规无法申领发票的单位或者从事小额零星经营业务的自然人，应取得销售方开具的收款凭证及收购方内部凭证，或者税务机关代开的发票。所称小额零星经营业务，是指自然人从事应税项目经营业务的销售额不超过增值税按次起征点的业务。

纳税人从境外收购的再生资源，应按规定取得海关进口增值税专用缴款书，或者从销售方取得具有发票性质的收款凭证、相关税费缴纳凭证。

纳税人应当取得上述发票或凭证而未取得的，该部分再生资源对应产品的销售收入不得适用即征即退规定。不得适用即征即退规定的销售收入计算公式为：

不得适用即征即退规定的销售收入＝当期销售综合利用产品和劳务的销售收入×（纳税人应当取得发票或凭证而未取得的购入再生资源成本÷当期购进再生资源的全部成本）

纳税人应当在当期销售综合利用产品和劳务销售收入中剔除不得适用即征即退政策部分的销售收入后，计算可申请的即征即退税额。可申请即征即退税额计算公式为：

可申请退税额＝[（当期销售综合利用产品和劳务的销售收入－不得适用即征即退规定的销售收入）×适用税率－当期即征即退项目的进项税额]×对应的退税比例

各级税务机关要加强发票开具相关管理工作，纳税人应按规定及时开具、取得发票。

（2）纳税人应建立再生资源收购台账，留存备查。台账内容包括：再生资源供货方单位名称或个人姓名及身份证号、再生资源名称、数量、价格、结算方式、是否取得增值税发票或符合规定的凭证等。纳税人现有账册、系统能够包括上述内容的，无需单独建立台账。

（3）销售综合利用产品和劳务，不属于发展改革委《产业结构调整指导目录》中的淘汰类、限制类项目。

（4）销售综合利用产品和劳务，不属于生态环境部《环境保护综合名录》中的"高污染、高环境风险"产品或重污染工艺。"高污染、高环境风险"产品，是指在《环境保护综合名录》中标注特性为"GHW/GHF"的产品，但纳税人生产销售的资源综合利用产品满足"GHW/GHF"例外条款规定的技术和条件的除外。

（5）综合利用的资源，属于生态环境部《国家危险废物名录》列明的危险废物的，应当取得省级或市级生态环境部门颁发的《危险废物经营许可证》，且许可经营范围包括该危险废物的利用。

（6）纳税信用级别不为C级或D级。

（7）纳税人申请享受即征即退政策时，申请退税税款所属期前6个月（含所属期当期）不得发生下列情形：

①因违反生态环境保护的法律法规受到行政处罚（警告、通报批评或单次10万元以下罚款、没收违法所得、没收非法财物除外；单次10万元以下含本数，下同）。

②因违反税收法律法规被税务机关处罚（单次10万元以下罚款除外），或发生骗取出口退税、虚开发票的情形。

纳税人在办理退税事宜时，应向主管税务机关提供其符合规定的上述条件以及《目录》规定的技术标准和相关条件的书面声明，并在书面声明中如实注明未取得发票或相关凭证以及接受环保、税收处罚等情况。未提供书面声明的，税务机关不得给予退税。

已享受增值税即征即退政策的纳税人，自不符合上述条件以及《目录》规定的技术标准和相关条件的当月起，不再享受该公告规定的增值税即征即退政策。

已享受增值税即征即退政策的纳税人，在享受增值税即征即退政策后，出现上述（7）情形的，自处罚决定作出的当月起6个月内不得享受增值税即征即退政策。如纳税人连续12个月内发生两次以上上述（7）情形，自第二次处罚决定作出的当月起36个月内不得享受该公告规定的增值税即征即退政策。相关处罚决定被依法撤销、变更、确认违法或者确认无效的，符合条件的纳税人可以重新申请办理退税事宜。

1.9.4 促进二手车经销

为促进汽车消费，《财政部 税务总局关于二手车经销有关增值税政策的公告》（财政部 税务总局公告 2020 年第 17 号）规定，自 2020 年 5 月 1 日至 2023 年 12 月 31 日，从事二手车经销的纳税人销售其收购的二手车，由原按照简易办法依 3% 征收率减按 2% 征收增值税，改为减按 0.5% 征收增值税。销售额计算公式为：

销售额 = 含税销售额 ÷ （1 + 0.5%）

【例 1 – 45】 某二手车经销企业，每月含税销售额为 300 万元，则：
（1）2020 年 4 月应缴纳增值税 = 300 ÷ （1 + 3%） × 2% = 5.83（万元）
（2）2020 年 5 月应缴纳增值税 = 300 ÷ （1 + 0.5%） × 0.5% = 1.49（万元）

所称二手车，是指从办理完注册登记手续至达到国家强制报废标准之前进行交易并转移所有权的车辆，具体范围按照国务院商务主管部门出台的二手车流通管理办法执行。

1.9.5 支持文化产业发展

1.9.5.1 文化企业

为进一步深化文化体制改革，促进文化企业发展，《财政部 税务总局关于继续实施支持文化企业发展增值税政策的通知》（财税〔2019〕17 号）规定，2019 年 1 月 1 日至 2023 年 12 月 31 日，对电影主管部门（包括中央、省、地市及县级）按照各自职能权限批准从事电影制片、发行、放映的电影集团公司（含成员企业）、电影制片厂及其他电影企业取得的销售电影拷贝（含数字拷贝）收入、转让电影版权（包括转让和许可使用）收入、电影发行收入以及在农村取得的电影放映收入，免征增值税。一般纳税人提供的城市电影放映服务，可以按现行政策规定，选择按照简易计税办法计算缴纳增值税。

对广播电视运营服务企业收取的有线数字电视基本收视维护费和农村有线电视基本收视费，免征增值税。

1.9.5.2 文化转制企业

《财政部 税务总局 中央宣传部关于继续实施文化体制改革中经营性文化事业单位转制为企业若干税收政策的通知》（财税〔2019〕16号）规定，党报、党刊将其发行、印刷业务及相应的经营性资产剥离组建的文化企业，自注册之日起所取得的党报、党刊发行收入和印刷收入免征增值税。

1.9.6 支持养老、托育、家政等社区家庭服务业发展

1.9.6.1 社区家庭服务业

为支持养老、托育、家政等社区家庭服务业发展，《财政部 税务总局 发展改革委 民政部 商务部 卫生健康委关于养老、托育、家政等社区家庭服务业税费优惠政策的公告》（财政部 税务总局 发展改革委 民政部 商务部 卫生健康委公告2019年第76号）规定，2019年6月1日至2025年12月31日，为社区提供养老、托育、家政等服务的机构取得的收入，免征增值税。

社区，是指聚居在一定地域范围内的人们所组成的社会生活共同体，包括城市社区和农村社区。

为社区提供养老服务的机构，是指在社区依托固定场所设施，采取全托、日托、上门等方式，为社区居民提供养老服务的企业、事业单位和社会组织。社区养老服务，是指为老年人提供的生活照料、康复护理、助餐助行、紧急救援、精神慰藉等服务。

为社区提供托育服务的机构，是指在社区依托固定场所设施，采取全日托、半日托、计时托、临时托等方式，为社区居民提供托育服务的企业、事业单位和社会组织。社区托育服务，是指为3周岁（含）以下婴幼儿提供的照料、看护、膳食、保育等服务。

为社区提供家政服务的机构，是指以家庭为服务对象，为社区居民提供家政服务的企业、事业单位和社会组织。社区家政服务，是指进入家庭成员住所或医疗机构为孕产妇、婴幼儿、老人、病人、残疾人提供的照护服务，

以及进入家庭成员住所提供的保洁、烹饪等服务。

1.9.6.2 家政服务

财税〔2016〕36号文件附件3《营业税改征增值税试点过渡政策的规定》第一条第（三十一）项规定，家政服务企业由员工制家政服务员提供家政服务取得的收入，免征增值税。财政部、税务总局、发展改革委、民政部、商务部、卫生健康委公告2019年第76号规定，2019年6月1日至2025年12月31日，符合下列条件的家政服务企业提供家政服务取得的收入，比照上述规定，免征增值税：

（1）与家政服务员、接受家政服务的客户就提供家政服务行为签订三方协议；

（2）向家政服务员发放劳动报酬，并对家政服务员进行培训管理；

（3）通过建立业务管理系统对家政服务员进行登记管理。

1.9.6.3 养老机构

财税〔2016〕36号文件附件3《营业税改征增值税试点过渡政策的规定》第一条第（二）项规定，养老机构提供的养老服务免征增值税。《财政部　税务总局关于明确养老机构免征增值税等政策的通知》（财税〔2019〕20号）第一条补充规定，上述可以享受免征增值税的养老机构，包括依照《中华人民共和国老年人权益保障法》依法办理登记，并向民政部门备案的为老年人提供集中居住和照料服务的各类养老机构。

1.9.7 赞助2022年亚运会

《财政部　税务总局关于杭州2022年亚运会和亚残运会企业赞助有关增值税政策的公告》（财政部　税务总局公告2022年第1号）规定，自2020年4月9日起，对企业根据赞助协议向杭州亚运会组委会（以下简称组委会）免费提供的与杭州亚运会有关的服务，免征增值税。

适用免征增值税政策的服务，仅限于赞助企业与组委会签订的赞助协议中列明的服务。

赞助企业应对上述服务单独核算，未单独核算的，不得适用免税政策。

1.9.8 抗癌药品和罕见病药品

《财政部 海关总署 税务总局 国家药品监督管理局关于抗癌药品增值税政策的通知》(财税〔2018〕47号)规定,自2018年5月1日起,增值税一般纳税人生产销售和批发、零售抗癌药品,可选择按照简易办法依照3%征收率计算缴纳增值税。上述纳税人选择简易办法计算缴纳增值税后,36个月内不得变更。自2018年5月1日起,对进口抗癌药品,减按3%征收进口环节增值税。

《财政部 海关总署 税务总局 药监局关于罕见病药品增值税政策的通知》(财税〔2019〕24号)规定,自2019年3月1日起,增值税一般纳税人生产销售和批发、零售罕见病药品,可选择按照简易办法依照3%征收率计算缴纳增值税。上述纳税人选择简易办法计算缴纳增值税后,36个月内不得变更。自2019年3月1日起,对进口罕见病药品,减按3%征收进口环节增值税。

《财政部 海关总署 税务总局 药监局关于发布第二批适用增值税政策的抗癌药品和罕见病药品清单的公告》(财政部 海关总署 税务总局 药监局公告2020年第39号)规定,自2020年10月1日起,该公告附件中的抗癌药品和罕见病药品,按照财税〔2018〕47号文件和财税〔2019〕24号文件规定执行相关增值税政策。

《财政部 海关总署 税务总局 药监局关于发布第三批适用增值税政策的抗癌药品和罕见病药品清单的公告》(财政部 海关总署 税务总局 药监局公告2022年第35号)规定,自2022年12月1日起,该公告附件中的抗癌药品和罕见病药品,按照财税〔2018〕47号文件和财税〔2019〕24号文件规定执行相关增值税政策。

纳税人应单独核算抗癌药品和罕见病药品的销售额;未单独核算的,不得适用简易征收政策。

1.9.9 其他免征增值税的优惠政策

1.9.9.1 医疗机构

财税〔2016〕36号文件附件3《营业税改征增值税试点过渡政策的规定》

第一条第（七）项规定，医疗机构提供的医疗服务免征增值税。财税〔2019〕20 号文件第二条补充规定，自 2019 年 2 月 1 日至 2020 年 12 月 31 日，医疗机构接受其他医疗机构委托，按照不高于地（市）级以上价格主管部门会同同级卫生主管部门及其他相关部门制定的医疗服务指导价格（包括政府指导价和按照规定由供需双方协商确定的价格等），提供《全国医疗服务价格项目规范》所列的各项服务，可适用上述免征增值税政策。

《财政部　税务总局关于延长部分税收优惠政策执行期限的公告》（财政部　税务总局公告 2021 年第 6 号）将该政策执行期限延长至 2023 年 12 月 31 日。

1.9.9.2　一年期以上返还性人身保险产品

财税〔2016〕36 号文件附件 3《营业税改征增值税试点过渡政策的规定》第一条第（二十一）项规定，保险公司开办的一年期以上人身保险产品取得的保费收入免征增值税。财税〔2019〕20 号文件第四条补充规定：

（1）保险公司开办一年期以上返还性人身保险产品，在保险监管部门出具备案回执或批复文件前依法取得的保费收入，属于《财政部　国家税务总局关于一年期以上返还性人身保险产品营业税免税政策的通知》（财税〔2015〕86 号）第一条、《营业税改征增值税试点过渡政策的规定》（财税〔2016〕36 号印发）第一条第（二十一）项规定的保费收入。

（2）保险公司符合财税〔2015〕86 号文件第一条、第二条规定免税条件，且未列入财政部、税务总局发布的免征营业税名单的，可向主管税务机关办理备案手续。

（3）保险公司开办一年期以上返还性人身保险产品，在列入财政部和税务总局发布的免征营业税名单或办理免税备案手续后，此前已缴纳营业税中尚未抵减或退还的部分，可抵减以后月份应缴纳的增值税。

《财政部　税务总局关于延长部分税收优惠政策执行期限的公告》（财政部　税务总局公告 2021 年第 6 号）将该政策执行期限延长至 2023 年 12 月 31 日。

1.9.9.3　中外合作办学

财税〔2016〕36 号文件附件 3《营业税改征增值税试点过渡政策的规定》

第一条第（八）项规定，从事学历教育的学校提供的教育服务免征增值税。《国家税务总局关于明确中外合作办学等若干增值税征管问题的公告》（国家税务总局公告2018年第42号）第一条补充规定，境外教育机构与境内从事学历教育的学校开展中外合作办学，提供学历教育服务取得的收入免征增值税。

中外合作办学，是指中外教育机构按照《中华人民共和国中外合作办学条例》（国务院令第372号）的有关规定，合作举办的以中国公民为主要招生对象的教育教学活动。上述"学历教育""从事学历教育的学校""提供学历教育服务取得的收入"的范围，按照《营业税改征增值税试点过渡政策的规定》第一条第（八）项的有关规定执行。

1.9.9.4　出租国有农用地

《财政部　税务总局关于明确国有农用地出租等增值税政策的公告》（财政部　税务总局公告2020年第2号）第一条规定，纳税人将国有农用地出租给农业生产者用于农业生产，免征增值税。

1.9.9.5　支持货物期货市场对外开放

《财政部　税务总局关于支持货物期货市场对外开放增值税政策的公告》（财政部　税务总局公告2020年第12号）规定，自2018年11月30日至2023年11月29日，对经国务院批准对外开放的货物期货品种保税交割业务，暂免征收增值税。

上述期货交易中实际交割的货物，如果发生进口或者出口的，统一按照现行货物进出口税收政策执行。非保税货物发生的期货实物交割仍按《国家税务总局关于下发〈货物期货征收增值税具体办法〉的通知》（国税发〔1994〕244号）的规定执行。

1.9.10　增值税减免税注意事项

1.9.10.1　分别核算

《增值税暂行条例》第十六条规定："纳税人兼营免税、减税项目的，应当分别核算免税、减税项目的销售额；未分别核算销售额的，不得免税、减税。"因此，纳税人既有应税项目，又有减免税项目，应分别核算，未分别核算的，不能享受减免税。

1.9.10.2 放弃减免税

《增值税暂行条例实施细则》第三十六条规定："纳税人销售货物或者应税劳务适用免税规定的，可以放弃免税，依照条例的规定缴纳增值税。放弃免税后，36个月内不得再申请免税。"

《财政部 国家税务总局关于增值税纳税人放弃免税权有关问题的通知》（财税〔2007〕127号）第三条规定："纳税人一经放弃免税权，其生产销售的全部增值税应税货物或劳务均应按照适用税率征税，不得选择某一免税项目放弃免税权，也不得根据不同的销售对象选择部分货物或劳务放弃免税权。"

一般纳税人选择放弃免税权的，一经放弃，应就全部增值税应税行为放弃免税，不能以是否开具增值税专用发票或者区分不同的销售对象分别适用征税和免税。也就是说，一旦选择放弃免税权，就是全部放弃，不能部分放弃。36个月内不得再申请免税。

《国家税务总局关于明确二手车经销等若干增值税征管问题的公告》（国家税务总局公告2020年第9号）第五条规定："一般纳税人可以在增值税免税、减税项目执行期限内，按照纳税申报期选择实际享受该项增值税免税、减税政策的起始时间。"即一般纳税人可以在某项增值税减免税政策执行期限内，自主选择开始享受该减免税政策的时间。

1.10 其他重要增值税优惠政策[①]

1.10.1 减免税

1.10.1.1 暂行条例规定的优惠政策

《增值税暂行条例》第十五条规定：

---

① 本节的增值税优惠政策，是指2016年5月1日全面营改增后出台的现行有效的主要增值税优惠政策。

"下列项目免征增值税：

"（一）农业生产者销售的自产农产品；

"（二）避孕药品和用具；

"（三）古旧图书；

"（四）直接用于科学研究、科学试验和教学的进口仪器、设备；

"（五）外国政府、国际组织无偿援助的进口物资和设备；

"（六）由残疾人的组织直接进口供残疾人专用的物品；

"（七）销售的自己使用过的物品。"

1.10.1.2 文化教育

财税〔2016〕36号文件附件3《营业税改征增值税试点过渡政策的规定》规定，托儿所、幼儿园提供的保育和教育服务、从事学历教育的学校提供的教育服务、学生勤工俭学提供的服务、政府举办的从事学历教育的高等、中等和初等学校（不含下属单位），举办进修班、培训班取得的全部归该学校所有的收入、政府举办的职业学校设立的主要为在校学生提供实习场所、并由学校出资自办、由学校负责经营管理、经营收入归学校所有的企业，从事《销售服务、无形资产、不动产注释》中"现代服务"（不含融资租赁服务、广告服务和其他现代服务）、"生活服务"（不含文化体育服务、其他生活服务和桑拿、氧吧）业务活动取得的收入等，免征增值税。

1.10.1.3 社会福利机构

财税〔2016〕36号文件附件3《营业税改征增值税试点过渡政策的规定》规定，养老机构提供的养老服务、残疾人福利机构提供的育养服务、婚姻介绍服务、殡葬服务、家政服务企业由员工制家政服务员提供家政服务取得的收入等，免征增值税。

1.10.1.4 残疾人相关优惠

财税〔2016〕36号文件附件3《营业税改征增值税试点过渡政策的规定》规定，残疾人员本人为社会提供的服务，免征增值税。

《财政部 国家税务总局关于促进残疾人就业增值税优惠政策的通知》（财税〔2016〕52号）第八条规定，残疾人个人提供的加工、修理修配劳务，免征增值税。

1.10.1.5 支持"三农"

财税〔2016〕36号文件附件3《营业税改征增值税试点过渡政策的规定》规定，农业机耕、排灌、病虫害防治、植物保护、农牧保险以及相关技术培训业务，家禽、牲畜、水生动物的配种和疾病防治，将土地使用权转让给农业生产者用于农业生产，免征增值税。

《财政部 税务总局关于建筑服务等营改增试点政策的通知》（财税〔2017〕58号）第四条规定，纳税人采取转包、出租、互换、转让、入股等方式将承包地流转给农业生产者用于农业生产，免征增值税。

1.10.2 适用简易计税方法

1.10.2.1 建筑服务

财税〔2016〕36号文件附件2《营业税改征增值税试点有关事项的规定》规定：

（1）一般纳税人以清包工方式提供的建筑服务，可以选择适用简易计税方法计税。

以清包工方式提供建筑服务，是指施工方不采购建筑工程所需的材料或只采购辅助材料，并收取人工费、管理费或者其他费用的建筑服务。

（2）一般纳税人为甲供工程提供的建筑服务，可以选择适用简易计税方法计税。

甲供工程，是指全部或部分设备、材料、动力由工程发包方自行采购的建筑工程。

（3）一般纳税人为建筑工程老项目提供的建筑服务，可以选择适用简易计税方法计税。

建筑工程老项目，是指：

①《建筑工程施工许可证》注明的合同开工日期在2016年4月30日前的建筑工程项目；

②未取得《建筑工程施工许可证》的，建筑工程承包合同注明的开工日期在2016年4月30日前的建筑工程项目。

财税〔2017〕58号文件第一条规定，建筑工程总承包单位为房屋建筑的地基与基础、主体结构提供工程服务，建设单位自行采购全部或部分钢材、混凝土、砌体材料、预制构件的，适用简易计税方法计税。

地基与基础、主体结构的范围，按照《建筑工程施工质量验收统一标准》（GB 50300—2013）附录B《建筑工程的分部工程、分项工程划分》中的"地基与基础""主体结构"分部工程的范围执行。

国家税务总局公告2018年第42号第六条规定，一般纳税人销售自产机器设备的同时提供安装服务，应分别核算机器设备和安装服务的销售额，安装服务可以按照甲供工程选择适用简易计税方法计税。一般纳税人销售外购机器设备的同时提供安装服务，如果已经按照兼营的有关规定，分别核算机器设备和安装服务的销售额，安装服务可以按照甲供工程选择适用简易计税方法计税。

1.10.2.2　销售不动产

财税〔2016〕36号文件附件2《营业税改征增值税试点有关事项的规定》规定，一般纳税人销售其2016年4月30日前取得（不含自建）的不动产，可以选择适用简易计税方法，以取得的全部价款和价外费用减去该项不动产购置原价或者取得不动产时的作价后的余额为销售额，按照5%的征收率计算应纳税额。纳税人应按照上述计税方法在不动产所在地预缴税款后，向机构所在地主管税务机关进行纳税申报。

一般纳税人销售其2016年4月30日前自建的不动产，可以选择适用简易计税方法，以取得的全部价款和价外费用为销售额，按照5%的征收率计算应纳税额。纳税人应按照上述计税方法在不动产所在地预缴税款后，向机构所在地主管税务机关进行纳税申报。

1.10.2.3　不动产经营租赁服务

财税〔2016〕36号文件附件2《营业税改征增值税试点有关事项的规定》规定，一般纳税人出租其2016年4月30日前取得的不动产，可以选择适用简易计税方法，按照5%的征收率计算应纳税额。纳税人出租其2016年4月30日前取得的与机构所在地不在同一县（市）的不动产，应按照上述计税方法在不动产所在地预缴税款后，向机构所在地主管税务机关进行纳税申报。

1.10.2.4 转让土地使用权

《财政部 国家税务总局关于进一步明确全面推开营改增试点有关劳务派遣服务、收费公路通行费抵扣等政策的通知》（财税〔2016〕47号）第三条第（二）项规定，纳税人转让2016年4月30日前取得的土地使用权，可以选择适用简易计税方法，以取得的全部价款和价外费用减去取得该土地使用权的原价后的余额为销售额，按照5%的征收率计算缴纳增值税。

1.10.2.5 公共交通运输服务

财税〔2016〕36号文件附件2《营业税改征增值税试点有关事项的规定》规定，一般纳税人提供公共交通运输服务，可以选择适用简易计税方法计税。

公共交通运输服务，包括轮客渡、公交客运、地铁、城市轻轨、出租车、长途客运、班车。班车，是指按固定路线、固定时间运营并在固定站点停靠的运送旅客的陆路运输服务。

1.10.2.6 电影产业

财税〔2016〕36号文件附件2《营业税改征增值税试点有关事项的规定》规定，一般纳税人提供电影放映服务、仓储服务、装卸搬运服务、收派服务和文化体育服务，可以选择适用简易计税方法计税。

1.10.2.7 物业管理服务中收取的自来水水费

《国家税务总局关于物业管理服务中收取的自来水水费增值税问题的公告》（国家税务总局公告2016年第54号）规定，提供物业管理服务的纳税人，向服务接受方收取的自来水水费，以扣除其对外支付的自来水水费后的余额为销售额，按照简易计税方法依3%的征收率计算缴纳增值税。

1.10.2.8 劳务派遣

财税〔2016〕47号文件第一条第一款规定，一般纳税人提供劳务派遣服务，可以取得的全部价款和价外费用为销售额，按照一般计税方法计算缴纳增值税；也可以选择差额纳税，以取得的全部价款和价外费用，扣除代用工单位支付给劳务派遣员工的工资、福利和为其办理社会保险及住房公积金后的余额为销售额，按照简易计税方法依5%的征收率计算缴纳增值税。

1.10.2.9 人力资源外包

财税〔2016〕47号文件第三条第（一）项规定，一般纳税人提供人力资源外包服务,可以选择适用简易计税方法,按照5%的征收率计算缴纳增值税。

1.10.2.10 安全保护服务

《财政部 国家税务总局关于进一步明确全面推开营改增试点有关再保险、不动产租赁和非学历教育等政策的通知》(财税〔2016〕68号)第四条规定,纳税人提供安全保护服务,比照劳务派遣服务政策执行。

1.10.2.11 非学历教育

财税〔2016〕68号文件第三条规定,一般纳税人提供非学历教育服务,可以选择适用简易计税方法按照3%征收率计算应纳税额。

1.10.2.12 销售使用过的固定资产

财税〔2016〕36号文件附件2《营业税改征增值税试点有关事项的规定》规定,一般纳税人销售自己使用过的、纳入营改增试点之日前取得的固定资产,按照现行旧货相关增值税政策执行。

一般纳税人销售旧货按简易办法依照3%征收率减按2%征收增值税,并且应开具普通发票,不得自行开具或者由税务机关代开增值税专用发票。

1.10.3 即征即退

1.10.3.1 管道运输服务

财税〔2016〕36号文件附件3《营业税改征增值税试点过渡政策的规定》第二条第(一)项规定,一般纳税人提供管道运输服务,对其增值税实际税负超过3%的部分实行增值税即征即退政策。

1.10.3.2 融资租赁服务

财税〔2016〕36号文件附件3《营业税改征增值税试点过渡政策的规定》第二条第(二)项规定,经人民银行、银监会或者商务部批准从事融资租赁业务的试点纳税人中的一般纳税人,提供有形动产融资租赁服务和有形动产融资性售后回租服务,对其增值税实际税负超过3%的部分实行增值税即征即退政策。

2 企业所得税优惠政策

2.1 小型微利企业企业所得税优惠政策

2.1.1 政策规定

《财政部 税务总局关于小微企业和个体工商户所得税优惠政策的公告》（财政部 税务总局公告2023年第6号）和《国家税务总局关于落实小型微利企业所得税优惠政策征管问题的公告》（国家税务总局公告2023年第6号）规定，2023年1月1日至2024年12月31日，对小型微利企业年应纳税所得额不超过100万元的部分，减按25%计入应纳税所得额，按20%的税率缴纳企业所得税。

《财政部 税务总局关于进一步实施小微企业所得税优惠政策的公告》（财政部 税务总局公告2022年第13号）规定，2022年1月1日至2024年12月31日，对小型微利企业年应纳税所得额超过100万元但不超过300万元的部分，减按25%计入应纳税所得额，按20%的税率缴纳企业所得税。

《财政部 税务总局关于进一步支持小微企业和个体工商户发展有关税费政策的公告》（财政部 税务总局公告2023年第12号）将该政策执行至2027年12月31日。

【例2-1】 某小型微利企业2023年度应纳税所得额为300万元，应纳企业所得税额=300×25%×20%=15（万元），按照法定税率计算的应纳企业所得税额＝300×25%＝75（万元）。2023年享受优惠政策之后减税60万元（75－15），减税效果显著。

需要注意的是，如果企业应纳税所得额在临界值上下，税负也会产生较大差异。因此，企业应关注临界值。

【例2－2】 接【例2－1】，如果该企业2023年度应纳税所得额为301万元，则不能享受小型微利企业优惠政策，应纳企业所得税额＝301×25%＝75.25（万元）。

小型微利企业无论按查账征收方式还是按核定征收方式缴纳企业所得税，均可享受上述优惠政策。

2.1.2 认定条件

2.1.2.1 小型微利企业认定标准

小型微利企业是指从事国家非限制和禁止行业，且同时符合年度应纳税所得额不超过300万元、从业人数不超过300人、资产总额不超过5000万元等三个条件的企业。国家非限制和禁止行业根据《产业结构调整指导目录（2019年本）（2021年修订）》规定的限制类和淘汰类和《外商投资产业指导目录（2017年修订）》中规定的限制外商投资产业目录、禁止外商投资产业目录列举的产业加以判断。

从业人数，包括与企业建立劳动关系的职工人数和企业接受的劳务派遣用工人数。所称从业人数和资产总额指标，应按企业全年的季度平均值确定。具体计算公式如下：

季度平均值＝（季初值＋季末值）÷2

全年季度平均值＝全年各季度平均值之和÷4

年度中间开业或者终止经营活动的，以其实际经营期作为一个纳税年度确定上述相关指标。

企业设立不具有法人资格分支机构的，应当汇总计算总机构及其各分支机构的从业人数、资产总额、年度应纳税所得额，依据合计数判断是否符合小型微利企业条件。

需要注意的是，自2009年起，小型微利企业的从业人数都是指包括与企业建立劳动关系的职工人数和企业接受的劳务派遣用工人数。据此规定，小型微利企业的从业人数包括两部分：一是与企业建立劳动关系的职工人数；二是企业接受的劳务派遣用工人数。若为一般企业，没有疑义，但劳务派遣公司的从业人数是否包括劳务派遣人员一直存在争议。

根据《中华人民共和国劳动合同法》相关规定，劳务派遣公司与劳务派遣人员签订劳动合同，劳务派遣公司与劳务派遣人员形成劳动关系，符合"与企业建立劳动关系的职工人数"的规定，应作为劳务派遣公司的从业人数，但由于很多劳务派遣公司的劳务派遣人员在数百人以上，因此享受不到小型微利企业优惠政策。

那么问题来了，由于接受劳务派遣人员的用工单位的从业人数应包括"企业接受的劳务派遣用工人数"，导致劳务派遣人员既包括在劳务派遣公司的从业人数中，又包括在用工单位的从业人数中，重复计算。

在2019年减税降费中，税务部门明确，鉴于劳务派遣用工已计入接受劳务派遣企业从业人数，为避免重复计算，劳务派遣单位的从业人数，不包含已派出人员。至此，该争议得到解决，劳务派遣人员只计入用工单位的从业人数，不再计入劳务派遣公司的从业人数。

2.1.2.2 小型微利企业税收政策沿革

《中华人民共和国企业所得税法实施条例》（以下简称《企业所得税法实施条例》）第九十二条规定："企业所得税法第二十八条第一款所称符合条件的小型微利企业，是指从事国家非限制和禁止行业，并符合下列条件的企业：（一）工业企业，年度应纳税所得额不超过30万元，从业人数不超过100人，资产总额不超过3000万元；（二）其他企业，年度应纳税所得额不超过30万元，从业人数不超过80人，资产总额不超过1000万元。"应纳税所得额符合一定金额的，可以减半征收，直至2019年不再区分工业企业和其他企业。小型微利企业减半征收政策沿革如表2-1所示。

表 2－1　　　　　　　　　小型微利企业减半征收政策沿革

减半征收起止年限	年应纳税所得额不超过	从业人数不超过	资产总额不超过	政策依据
2008—2010 年	无减半征收			
2010—2011 年	3 万元	100 人/80 人	3000 万元/1000 万元	《财政部 国家税务总局关于小型微利企业有关企业所得税政策的通知》（财税〔2009〕133 号）、《财政部 国家税务总局关于继续实施小型微利企业所得税优惠政策的通知》（财税〔2011〕4 号）
2012—2013 年	6 万元	同上	同上	《财政部 国家税务总局关于小型微利企业所得税优惠政策有关问题的通知》（财税〔2011〕117 号）
2014 年	10 万元	同上	同上	《财政部 国家税务总局关于小型微利企业所得税优惠政策有关问题的通知》（财税〔2014〕34 号）
2015 年 1 月 1 日至 9 月 30 日	20 万元	同上	同上	《财政部 国家税务总局关于小型微利企业所得税优惠政策的通知》（财税〔2015〕34 号）
2015 年 10 月 1 日至 2016 年 12 月 31 日	30 万元	同上	同上	《财政部 国家税务总局关于进一步扩大小型微利企业所得税优惠政策范围的通知》（财税〔2015〕99 号）
2017 年	50 万元	同上	同上	《财政部 税务总局关于扩大小型微利企业所得税优惠政策范围的通知》（财税〔2017〕43 号）
2018 年	100 万元	同上	同上	《财政部 税务总局关于进一步扩大小型微利企业所得税优惠政策范围的通知》（财税〔2018〕77 号）
2019—2020 年	不超过 100 万元，减按 25%；超过 100 万元不超过 300 万元，减按 50%	300 人	5000 万元	《财政部 税务总局关于实施小微企业普惠性税收减免政策的通知》（财税〔2019〕13 号）
2021—2022 年	不超过 100 万元，减按 12.5%；超过 100 万元不超过 300 万元，减按 50%	同上	同上	《财政部 税务总局关于实施小微企业和个体工商户所得税优惠政策的公告》（财政部 税务总局公告 2021 年第 12 号）、《国家税务总局关于落实支持小型微利企业和个体工商户发展所得税优惠政策有关事项的公告》（国家税务总局公告 2021 年第 8 号）

续表

减半征收起止年限	年应纳税所得额不超过	从业人数不超过	资产总额不超过	政策依据
2022—2024 年	超过 100 万元不超过 300 万元，减按 25%	同上	同上	《财政部 税务总局关于进一步实施小微企业所得税优惠政策的公告》（财政部 税务总局公告 2022 年第 13 号）、《国家税务总局关于小型微利企业所得税优惠政策征管问题的公告》（国家税务总局公告 2022 年第 5 号）
2023—2027 年	不超过 300 万元，减按 25%	同上	同上	《财政部 税务总局关于进一步支持小微企业和个体工商户发展有关所得税政策的公告》（财政部 税务总局公告 2023 年第 12 号）

2.1.3 纳税申报

2.1.3.1 预缴

小型微利企业所得税统一实行按季度预缴。按月度预缴企业所得税的企业，在当年度 4 月、7 月、10 月预缴申报时，若按相关政策标准判断符合小型微利企业条件的，下一个预缴申报期起调整为按季度预缴申报，一经调整，当年度内不再变更。

预缴企业所得税时，小型微利企业的资产总额、从业人数、年度应纳税所得额指标，暂按当年度截至本期申报所属期末的情况进行判断。其中，资产总额、从业人数指标比照"全年季度平均值"的计算公式，计算截至本期申报所属期末的季度平均值；年度应纳税所得额指标暂按截至本期申报所属期末不超过 300 万元的标准判断，即本年 1 月 1 日至本季末的累计应纳税所得额。

【例 2-3】 甲企业于 2020 年成立，从事国家非限制和禁止行业，2023 年各季度的资产总额、从业人数及累计应纳税所得额情况如表 2-2 所示。

表2-2　　　　　　　　　　甲企业基本情况　　　　　　　　　　单位：万元

季度	从业人数		资产总额		应纳税所得额（累计值）
	期初	期末	期初	期末	
第1季度	120	200	2000	4000	150
第2季度	400	500	4000	6600	200
第3季度	350	200	6600	7000	280
第4季度	220	210	7000	2500	350

甲企业在预缴2023年度企业所得税时，判断是否符合小型微利企业条件的具体过程如表2-3所示。

表2-3　　　　　　　判断甲企业是否属于小型微利企业　　　　　　单位：万元

指标		第1季度	第2季度	第3季度	第4季度
从业人数	季初	120	400	350	220
	季末	200	500	200	210
	季度平均值	(120+200)÷2=160	(400+500)÷2=450	(350+200)÷2=275	(220+210)÷2=215
	截至本期末季度平均值	160	(160+450)÷2=305	(160+450+275)÷3=295	(160+450+275+215)÷4=275
资产总额	季初	2000	4000	6600	7000
	季末	4000	6600	7000	2500
	季度平均值	(2000+4000)÷2=3000	(4000+6600)÷2=5300	(6600+7000)÷2=6800	(7000+2500)÷2=4750
	截至本期末季度平均值	3000	(3000+5300)÷2=4150	(3000+5300+6800)÷3=5033.33	(3000+5300+6800+4750)÷4=4962.5
应纳税所得额（累计值）		150	200	280	350
判断结果		符合	不符合（从业人数超标）	不符合（资产总额超标）	不符合（应纳税所得额超标）

【例2-4】　乙企业于2023年5月成立，从事国家非限制和禁止行业，2023年各季度的资产总额、从业人数及累计应纳税所得额情况如表2-4所示。

表 2-4　　　　　　　　　乙企业基本情况　　　　　　　　单位：万元

季度	从业人数		资产总额		应纳税所得额（累计值）
	期初	期末	期初	期末	
第 2 季度	100	200	1500	3000	200
第 3 季度	260	300	3000	5000	350
第 4 季度	280	330	5000	6000	280

乙企业在预缴 2023 年度企业所得税时，判断是否符合小型微利企业条件的具体过程如表 2-5 所示。

表 2-5　　　　　　判断乙企业是否属于小型微利企业　　　　　　单位：万元

指标		第 2 季度	第 3 季度	第 4 季度
从业人数	季初	100	260	280
	季末	200	300	330
	季度平均值	(100+200)÷2=150	(260+300)÷2=280	(280+330)÷2=305
	截至本期末季度平均值	150	(150+280)÷2=215	(150+280+305)÷3=245
资产总额	季初	1500	3000	5000
	季末	3000	5000	6000
	季度平均值	(1500+3000)÷2=2250	(3000+5000)÷2=4000	(5000+6000)÷2=5500
	截至本期末季度平均值	2250	(2250+4000)÷2=3125	(2250+4000+5500)÷3=3916.67
应纳税所得额（累计值）		200	350	280
判断结果		符合	不符合（应纳税所得额超标）	符合

原不符合小型微利企业条件的企业，在年度中间预缴企业所得税时，按标准判断符合小型微利企业条件的，应按照截至本期预缴申报所属期末累计情况计算减免税额。当年度此前期间因不符合小型微利企业条件而多预缴的企业所得税税款，可在以后季度应预缴的企业所得税税款中抵减。

【例 2-5】 假设丙企业 2023 年第 1 季度预缴企业所得税时，经过判断不符合小型微利企业条件，但是此后的第 2 季度和第 3 季度预缴企业所得税时，经过判断符合小型微利企业条件。第 1 季度至第 3 季度预缴企业所得税时，相应的累计应纳税所得额分别为 20 万元、100 万元、200 万元。

丙企业在预缴 2023 年第 1 季度至第 3 季度企业所得税时，实际应纳所得税额和减免税额的计算过程如表 2-6 所示。

表 2-6　　　　丙企业的应纳所得额和减免税额　　　　单位：万元

计算过程	第 1 季度	第 2 季度	第 3 季度
预缴时，判断是否为小型微利企业	不符合小型微利企业条件	符合小型微利企业条件	符合小型微利企业条件
应纳税所得额（累计值）	20	100	200
实际应纳所得税额（累计值）	20×25%=5	100×25%×20%=5	200×25%×20%=10
本期应补（退）所得税额	5	0（5-5=0，本季度应缴税款为 0）	10-5=5
已纳所得税额（累计值）	5	5+0=5	5+0+5=10
减免所得税额（累计值）	0	100×25%-5=20	200×25%-10=40

2.1.3.2　汇算清缴

企业预缴企业所得税时已享受小型微利企业所得税减免政策，汇算清缴企业所得税时不符合小型微利企业条件的，应当按照规定补缴企业所得税税款。

为减轻小型微利企业纳税申报负担，《国家税务总局关于简化小型微利企业所得税年度纳税申报有关措施的公告》（国家税务总局公告 2018 年第 58 号）规定：

A100000《中华人民共和国企业所得税年度纳税申报表（A 类）》为小型微利企业必填表单。

A000000《企业所得税年度纳税申报基础信息表》中的"基本经营情况"

为小型微利企业必填项目;"有关涉税事项情况"为选填项目,存在或者发生相关事项时小型微利企业必须填报;"主要股东及分红情况"为小型微利企业免填项目。

小型微利企业免于填报 A101010《一般企业收入明细表》、A101020《金融企业收入明细表》、A102010《一般企业成本支出明细表》、A102020《金融企业支出明细表》、A103000《事业单位、民间非营利组织收入、支出明细表》、A104000《期间费用明细表》。

上述表单相关数据应当在 A100000《中华人民共和国企业所得税年度纳税申报表(A类)》中直接填写。

除上述规定的表单、项目外,小型微利企业可结合自身经营情况,选择表单填报。未发生表单中规定的事项,无需填报。

2.1.4 注意事项

1. 减半征收须符合税收法规规定的小型微利企业条件

媒体经常将国家扶持的小微企业与税法中的小微企业混为一谈,宣传小微企业都可以享受减半征收优惠,这是不对的。小微企业除了应纳税所得额符合条件外,资产总额和从业人数还要符合相关规定。

2. 应纳税所得额超过 300 万元全额按 25% 税率征税

小型微利企业优惠并不是应纳税所得额不超过 300 万元的减按 25% 计入应纳税所得额、按 20% 的税率缴纳企业所得税,超过 300 万元的部分按 25% 税率征税,而是如【例 2-2】应纳税所得额超过 300 万元的全额按 25% 税率征税。

3. 劳务派遣人员也属于用工单位的从业人数

财政部、税务总局公告 2022 年第 13 号规定:"从业人数,包括与企业建立劳动关系的职工人数和企业接受的劳务派遣用工人数。"因此,劳务派遣人员也属于用工单位的从业人数。

4. 非居民企业不享受小型微利企业优惠

《中华人民共和国企业所得税法》(以下简称《企业所得税法》)实施之初,大量外国企业常驻代表机构符合小型微利企业三项条件,欲享受小型微利企业优惠。《国家税务总局关于非居民企业不享受小型微利企业所得税优惠政策问题的通知》（国税函〔2008〕650号）规定："企业所得税法第二十八条规定的小型微利企业是指企业的全部生产经营活动产生的所得均负有我国企业所得税纳税义务的企业。因此，仅就来源于我国所得负有我国纳税义务的非居民企业，不适用该条规定的对符合条件的小型微利企业减按20%税率征收企业所得税的政策。"

5. 查补所得也应计入小型微利企业应纳税所得额

《国家税务总局关于查增应纳税所得额弥补以前年度亏损处理问题的公告》（国家税务总局公告2010年第20号）第一条规定："根据《中华人民共和国企业所得税法》（以下简称《企业所得税法》）第五条的规定，税务机关对企业以前年度纳税情况进行检查时调增的应纳税所得额，凡企业以前年度发生亏损、且该亏损属于企业所得税法规定允许弥补的，应允许调增的应纳税所得额弥补该亏损。弥补该亏损后仍有余额的，按照企业所得税法规定计算缴纳企业所得税。对检查调增的应纳税所得额应根据其情节，依照《中华人民共和国税收征收管理法》有关规定进行处理或处罚。"因此，税务机关检查的查补所得应计入查补年度的应纳税所得额，若超过小型微利企业标准，不得享受小型微利企业优惠，须补缴相关税款。

6. 增值税加计抵减额计入应纳税所得额是否会导致超标

增值税加计抵减额须计入企业所得税应纳税所得额。若企业处于小型微利企业临界点，须慎重考虑是享受增值税加计抵减优惠政策，还是享受企业所得税小型微利企业优惠政策。

【例2-6】 假设某企业2023年度应纳税所得额为290万元，同时符合增值税加计抵减政策规定的条件，可享受增值税加计抵减20万元。

情况一：若享受增值税加计抵减优惠政策，则：

应缴纳企业所得税 = (290 + 20) × 25% = 77.5（万元）

情况二：若不享受增值税加计抵减优惠政策，则：

应缴纳企业所得税 = 290 × 25% × 20% = 14.5（万元）

可见，若享受增值税加计抵减优惠政策，该企业少缴纳增值税20万元，多缴纳企业所得税 63 万元（77.5 - 14.5），合计多缴纳税款 43 万元（63 - 20）；若不享受增值税加计抵减优惠政策，该企业多缴纳增值税 20 万元，少缴纳企业所得税 63 万元，合计少缴纳税款 43 万元。显然不享受增值税加计抵减优惠政策更为合适。

2.2 研发费用加计扣除

2.2.1 税收优惠方式

《企业所得税法》第三十条第（一）项规定，开发新技术、新产品、新工艺发生的研究开发费用可以在计算应纳税所得额时加计扣除。

《财政部 税务总局关于进一步完善研发费用税前加计扣除政策的公告》（财政部 税务总局公告 2023 年第 7 号）第一条规定，企业开展研发活动中实际发生的研发费用，未形成无形资产计入当期损益的，在按规定据实扣除的基础上，自 2023 年 1 月 1 日起，再按照实际发生额的 100% 在税前加计扣除；形成无形资产的，自 2023 年 1 月 1 日起，按照无形资产成本的 200% 在税前摊销。

自 2018 年起，研发费用加计扣除的比例不断提高，研发费用加计扣除比例沿革见表 2 - 7。

表 2 - 7　　　　　　　　研发费用加计扣除比例沿革

适用年度	加计扣除比例	适用范围	文件
2008—2015 年	50%	全部	《国家税务总局关于印发〈企业研究开发费用税前扣除管理办法（试行）〉的通知》（国税发〔2008〕116 号）①、《财政部 国家税务总局关于研究开发费用税前加计扣除有关政策问题的通知》（财税〔2013〕70 号）②

---

①② 全文废止，参见《财政部 国家税务总局 科技部关于完善研究开发费用税前加计扣除政策的通知》（财税〔2015〕119 号）。

续表

适用年度	加计扣除比例	适用范围	文件
2016—2017 年	50%	非负面清单行业	《财政部 国家税务总局 科技部关于完善研究开发费用税前加计扣除政策的通知》（财税〔2015〕119 号）、《国家税务总局关于企业研究开发费用税前加计扣除政策有关问题的公告》（国家税务总局公告 2015 年第 97 号）、《国家税务总局关于研发费用税前加计扣除归集范围有关问题的公告》（国家税务总局公告 2017 年第 40 号）
2017—2019 年	75%	科技型中小企业	《财政部 税务总局 科技部关于提高科技型中小企业研究开发费用税前加计扣除比例的通知》（财税〔2017〕34 号）
2018—2023 年	75%	非负面清单行业	《财政部 税务总局 科技部关于提高研究开发费用税前加计扣除比例的通知》（财税〔2018〕99 号）、《财政部 税务总局关于延长部分税收优惠政策执行期限的公告》（财政部 税务总局公告 2021 年第 6 号）
2021—2022 年	100%	制造业	《财政部 税务总局关于进一步完善研发费用税前加计扣除政策的公告》（财政部 税务总局公告 2021 年第 13 号）
2022 年	100%	科技型中小企业	《财政部 税务总局 科技部关于进一步提高科技型中小企业研发费用税前加计扣除比例的公告》（财政部 税务总局 科技部公告 2022 年第 16 号）
2022 年 10 月 1 日至 2022 年 12 月 31 日	100%	非负面清单行业	《财政部 税务总局 科技部关于加大支持科技创新税前扣除力度的公告》（财政部 税务总局 科技部公告 2022 年第 28 号）
2023—	100%	非负面清单行业	《财政部 税务总局关于进一步完善研发费用税前加计扣除政策的公告》（财政部 税务总局公告 2023 年第 7 号）

2.2.2　2023 年政策变化

2.2.2.1　所有企业研发费用加计扣除比例均为 100%

财政部、税务总局公告 2023 年第 7 号规定，自 2023 年 1 月 1 日起，所有非负面清单行业企业的研发费用加计扣除比例均提高至 100%。作为一项制度性安排长期实施。

2.2.2.2　7 月份预缴时可以就上半年研发费用加计扣除

《国家税务总局　财政部关于优化预缴申报享受研发费用加计扣除政策有关事项的公告》（国家税务总局　财政部公告 2023 年第 11 号）规定，企业 7 月份预缴申报第二季度（按季预缴）或 6 月份（按月预缴）企业所得税时，能准确归集核算研发费用的，可选择就当年上半年研发费用享受加计扣除政策。

该政策增加了一个享受研发费用加计扣除政策的时点——7月份预缴申报第二季度企业所得税时即可享受，企业可以提前3个月享受政策红利。截至目前，企业享受研发费用加计扣除政策共有三个时点：7月、10月和汇算清缴。

预缴时享受研发费用加计扣除政策是可选择的，企业在7月预缴申报期未选择享受，可选择在10月预缴申报期享受，或者在汇算清缴时统一享受。

2.2.3 会计处理

企业内部研究开发项目的支出，应当区分研究阶段支出与开发阶段支出。企业内部研究和开发无形资产，其在研究阶段的支出全部予以费用化，计入当期损益（管理费用）；开发阶段的支出符合条件的予以资本化，不符合资本化条件的计入当期损益（管理费用）。如果确实无法区分研究阶段的支出和开发阶段的支出，应将其所发生的研发支出全部予以费用化，计入当期损益。

在开发阶段，判断可以将有关支出资本化计入无形资产成本的条件包括：①完成该无形资产以使其能够使用或出售在技术上具有可行性；②具有完成该无形资产并使用或出售的意图；③无形资产产生经济利益的方式，包括能够证明运用该无形资产生产的产品存在市场或无形资产自身存在市场，无形资产将在内部使用的，应当证明其有用性；④有足够的技术、财务资源和其他资源支持，以完成该无形资产的开发，并有能力使用或出售该无形资产；⑤归属于该无形资产开发阶段的支出能够可靠地计量。

【例2-7】 2023年1月1日，甲公司（非制造业）经董事会批准研发某项新产品专利技术，该公司董事会认为，研发该项目具有可靠的技术和财务等资源的支持，并且一旦研发成功将降低该公司生产产品的生产成本。该公司在研究开发过程中发生材料费5000万元、人工工资1000万元，以及其他费用4000万元，总计10000万元，其中，符合资本化条件的支出为 6000 万元。2023 年 12 月 31 日，该专利技术已经达到预定用途。会计处理如下：

（1）发生研发支出：

借：研发支出——费用化支出	40000000
——资本化支出	60000000
贷：原材料	50000000
应付职工薪酬	10000000
银行存款	40000000

（2）2023 年 12 月 31 日，该专利技术已经达到预定用途：

借：管理费用	40000000
无形资产	60000000
贷：研发支出——费用化支出	40000000
——资本化支出	60000000

税务处理：费用化支出 4000 万元可以加计 100% 税前扣除，即会计上扣除费用 4000 万元，税收上扣除费用 = 4000×200% = 8000（万元）。

甲公司在会计上确认的无形资产账面价值为 6000 万元；税收上可以加计 100% 摊销，即该无形资产的计税基础 = 6000×200% = 12000（万元）。假设按 10 年摊销，甲公司每年在会计上计提摊销额 600 万元，税收上可扣除的摊销额为 1200 万元。

研发费用加计扣除依据的主要政策为：《财政部　国家税务总局　科技部关于完善研究开发费用税前加计扣除政策的通知》（财税〔2015〕119 号）、《国家税务总局关于企业研究开发费用税前加计扣除政策有关问题的公告》（国家税务总局公告 2015 年第 97 号）和《国家税务总局关于研发费用税前加计扣除归集范围有关问题的公告》（国家税务总局公告 2017 年第 40 号）、《国家税务总局关于进一步落实研发费用加计扣除政策有关问题的公告》（国家税务总局公告 2021 年第 28 号），以及国家税务总局所得税司 2018 年发布的《研发费用加计扣除政策执行指引（1.0 版）》、2023 年发布的《研究费用加计扣除政策执行指引（2.0 版）》。

2.2.4 可加计扣除的研发费用范围

1. 研发费用归集

研发活动，是指企业为获得科学与技术新知识，创造性运用科学技术新知识，或实质性改进技术、产品（服务）、工艺而持续进行的具有明确目标的系统性活动。研发费用的具体范围包括：

（1）人员人工费用。指直接从事研发活动人员的工资薪金、基本养老保险费、基本医疗保险费、失业保险费、工伤保险费、生育保险费和住房公积金，以及外聘研发人员的劳务费用。

直接从事研发活动人员包括研究人员、技术人员、辅助人员。研究人员是指主要从事研究开发项目的专业人员；技术人员是指具有工程技术、自然科学和生命科学中一个或一个以上领域的技术知识和经验，在研究人员指导下参与研发工作的人员；辅助人员是指参与研究开发活动的技工。外聘研发人员是指与本企业或劳务派遣企业签订劳务用工协议（合同）和临时聘用的研究人员、技术人员、辅助人员。

接受劳务派遣的企业按照协议（合同）约定支付给劳务派遣企业，且由劳务派遣企业实际支付给外聘研发人员的工资薪金等费用，属于外聘研发人员的劳务费用。

工资薪金包括按规定可以在税前扣除的对研发人员股权激励的支出。

（2）直接投入费用。指研发活动直接消耗的材料、燃料和动力费用；用于中间试验和产品试制的模具、工艺装备开发及制造费，不构成固定资产的样品、样机及一般测试手段购置费，试制产品的检验费；用于研发活动的仪器、设备的运行维护、调整、检验、维修等费用，以及通过经营租赁方式租入的用于研发活动的仪器、设备租赁费。

（3）折旧费用。指用于研发活动的仪器、设备的折旧费。

企业用于研发活动的仪器、设备，符合税法规定且选择加速折旧优惠政策的，在享受研发费用税前加计扣除政策时，就税前扣除的折旧部分计算加计扣除。

（4）无形资产摊销费用。指用于研发活动的软件、专利权、非专利技术

（包括许可证、专有技术、设计和计算方法等）的摊销费用。

用于研发活动的无形资产，符合税法规定且选择缩短摊销年限的，在享受研发费用税前加计扣除政策时，就税前扣除的摊销部分计算加计扣除。

（5）新产品设计费、新工艺规程制定费、新药研制的临床试验费、勘探开发技术的现场试验费。指企业在新产品设计、新工艺规程制定、新药研制的临床试验、勘探开发技术的现场试验过程中发生的与开展该项活动有关的各类费用。

（6）其他相关费用。指与研发活动直接相关的其他费用，如技术图书资料费、资料翻译费、专家咨询费、高新科技研发保险费，研发成果的检索、分析、评议、论证、鉴定、评审、评估、验收费用，知识产权的申请费、注册费、代理费、差旅费、会议费，职工福利费、补充养老保险费、补充医疗保险费。此类费用总额不得超过可加计扣除研发费用总额的10%，相关计算见"2.2.6.1　限额合并计算"。

2. 特殊费用和收入的处理

（1）对外销售产品所对应的直接材料费用。企业研发活动直接形成产品或作为组成部分形成的产品对外销售的，研发费用中对应的材料费用不得加计扣除。

产品销售与对应的材料费用发生在不同纳税年度且材料费用已计入研发费用的，可在销售当年以对应的材料费用发生额直接冲减当年的研发费用，不足冲减的，结转以后年度继续冲减。

如何理解企业研发活动直接形成产品或作为组成部分形成的产品对外销售的研发费用中对应的材料费用不得加计扣除？研发费用加计扣除政策的本意是鼓励企业开展研究开发活动，享受加计扣除的研发费用应当是研发活动形成的成本，而直接形成产品或产品组成部分的材料，在新产品中其性质和使用价值没有发生改变，所以，这部分成本不能构成研究开发活动的内容。

一项研发最终形成成品必然要有材料的投入，如果投入的材料经过研发活动的实质性加工后，产生的新产品或新产品的任何组成部分，都与所耗用材料的物理性质和使用价值有显著不同，则投入的材料就不属于不得加计扣除的情形,比如居里夫人从数吨沥青残渣中提取出0.1克纯镭,沥青残渣已经发生了化学变化;如果投入的材料未经实质性加工,直接成为新产品的组成部分,则投入的材料就属于不得加计扣除的情形,比如企业修建铁路桥,其消耗的钢材作为组成部分形成的产品对外销售的,其钢材材料费不能加计扣除。

(2)下脚料、残次品、中间试制品收入。企业取得研发过程中形成的下脚料、残次品、中间试制品等特殊收入,在计算确认收入当年的加计扣除研发费用时,应从已归集研发费用中扣减该特殊收入,不足扣减的,加计扣除研发费用按零计算。

(3)政府补助。企业取得的政府补助,会计处理时采用直接冲减研发费用方法且税务处理时未将其确认为应税收入的,应按冲减后的余额计算加计扣除金额。

新修订的《企业会计准则第16号——政府补助》新增了净额法,将政府补助作为相关成本费用扣减。按照税法的规定,企业取得的政府补助应确认为收入,计入收入总额。

净额法产生了税会差异。企业在税收上将政府补助确认为应税收入,同时增加研发费用,加计扣除应以税前扣除的研发费用为基数。但企业未进行相应调整的,税前扣除的研发费用与会计的扣除金额相同,应以会计上冲减后的余额计算加计扣除金额。比如,某企业当年发生研发支出200万元,取得政府补助50万元,当年会计上的研发费用为150万元,未进行相应的纳税调整,则税前加计扣除金额 = $150 \times 100\%$ = 150(万元)。

3. 不适用税前加计扣除政策的活动

(1)企业产品(服务)的常规性升级。

(2)对某项科研成果的直接应用,如直接采用公开的新工艺、材料、装置、产品、服务或知识等。

(3)企业在商品化后为顾客提供的技术支持活动。

(4)对现存产品、服务、技术、材料或工艺流程进行的重复或简单改变。

(5)市场调查研究、效率调查或管理研究。

(6)作为工业(服务)流程环节或常规的质量控制、测试分析、维修维护。

（7）社会科学、艺术或人文学方面的研究。

4. 不适用税前加计扣除政策的行业

（1）烟草制造业。

（2）住宿和餐饮业。

（3）批发和零售业。

（4）房地产业。

（5）租赁和商务服务业。

（6）娱乐业。

（7）财政部和国家税务总局规定的其他行业。

上述行业以《国民经济行业分类》（GB/T 4754—2017）为准，并随之更新。

不适用税前加计扣除政策行业的企业，是指以所列行业业务为主营业务，其研发费用发生当年的主营业务收入占企业按《企业所得税法》第六条规定计算的收入总额减去不征税收入和投资收益的余额50%（不含）以上的企业。

5. 不能加计扣除的项目

企业取得作为不征税收入处理的财政性资金用于研发活动所形成的费用或无形资产，不得计算加计扣除或摊销。

法律、行政法规和国务院财税主管部门规定不允许企业所得税税前扣除的费用和支出项目不得计算加计扣除。

2.2.5 三种研发费用归集口径的区分

研发费用加计扣除适用的规范性文件是《财政部 国家税务总局 科技部关于完善研究开发费用税前加计扣除政策的通知》（财税〔2015〕119号）、《国家税务总局关于研发费用税前加计扣除归集范围有关问题的公告》（国家税务总局公告2017年第40号），研发费用会计处理适用的规范性文件是《财政部关于企业加强研发费用财务管理的若干意见》（财企〔2007〕194号），高新技术企业认定适用的规范性文件是《高新技术企业认定管理工作指引》

(国科发火〔2016〕195号印发），三者归集范围不同（见表2－8），注意区分。

表2－8　　　　　　　　研发费用归集口径比较

项目	研发费用加计扣除	高新技术企业认定	会计规定	备注
人员人工费用	直接从事研发活动人员的工资薪金、基本养老保险费、基本医疗保险费、失业保险费、工伤保险费、生育保险费和住房公积金，以及外聘研发人员的劳务费用	企业科技人员的工资薪金、基本养老保险费、基本医疗保险费、失业保险费、工伤保险费、生育保险费和住房公积金，以及外聘科技人员的劳务费用	企业在职研发人员的工资、奖金、津贴、补贴、社会保险费、住房公积金等人工费用以及外聘研发人员的劳务费用	会计核算范围大于税收范围。高新技术企业人员人工费用归集对象是科技人员
直接投入费用	（1）研发活动直接消耗的材料、燃料和动力费用	（1）直接消耗的材料、燃料和动力费用	（1）研发活动直接消耗的材料、燃料和动力费用	
直接投入费用	（2）用于中间试验和产品试制的模具、工艺装备开发及制造费，不构成固定资产的样品、样机及一般测试手段购置费，试制产品的检验费	（2）用于中间试验和产品试制的模具、工艺装备开发及制造费，不构成固定资产的样品、样机及一般测试手段购置费，试制产品的检验费	（2）用于中间试验和产品试制的模具、工艺装备开发及制造费，样品、样机及一般测试手段购置费，试制产品的检验费等	
直接投入费用	（3）用于研发活动的仪器、设备的运行维护、调整、检验、维修等费用，以及通过经营租赁方式租入的用于研发活动的仪器、设备租赁费	（3）用于研究开发活动的仪器、设备的运行维护、调整、检测、维修等费用，以及通过经营租赁方式租入的用于研发活动的固定资产租赁费	（3）用于研发活动的仪器、设备、房屋等固定资产的租赁费、设备调整及检验费，以及相关固定资产的运行维护、维修等费用	房屋租赁费不属于加计扣除范围
折旧费用与长期待摊费用	用于研发活动的仪器、设备的折旧费	用于研究开发活动的仪器、设备和在用建筑物的折旧费。研发设施的改建、改装、装修和修理过程中发生的长期待摊费用	用于研发活动的仪器、设备、房屋等固定资产的折旧费	房屋折旧费、研发设施的改建、改装、装修和修理过程中发生的长期待摊费用不计入加计扣除范围

续表

项目	研发费用加计扣除	高新技术企业认定	会计规定	备注
无形资产摊销	用于研发活动的软件、专利权、非专利技术（包括许可证、专有技术、设计和计算方法等）的摊销费用	用于研究开发活动的软件、知识产权、非专利技术（专有技术、许可证、设计和计算方法等）的摊销费用	用于研发活动的软件、专利权、非专利技术等无形资产的摊销费用	高新技术企业认定口径的研发费用包含"知识产权"摊销，而加计扣除口径的研发费用包含"专利权"摊销，二者存在一定差异
设计试验等费用	新产品设计费、新工艺规程制定费、新药研制的临床试验费、勘探开发技术的现场试验费	符合条件的设计费用、装备调试费用、试验费用（包括新药研制的临床试验费、勘探开发技术的现场试验费、田间试验费等）		高新技术企业认定口径将装备调试费用、田间试验费用纳入范围；会计虽未对设计试验等费用进行列举，但规定研究、开发过程中发生的相关费用均可计入研发费用
其他相关费用	与研发活动直接相关的其他费用，如技术图书资料费、资料翻译费、专家咨询费、高新科技研发保险费、研发成果的检索、分析、评议、论证、鉴定、评审、评估、验收费用，知识产权的申请费、注册费、代理费、差旅费、会议费、职工福利费、补充养老保险费、补充医疗保险费。此项费用总额不得超过可加计扣除研发费用总额的10%	与研究开发活动直接相关的其他费用，包括技术图书资料费、资料翻译费、专家咨询费、高新科技研发保险费、研发成果的检索、论证、评审、鉴定、验收费用，知识产权的申请费、注册费、代理费、会议费、差旅费、通讯费等。此项费用一般不得超过研究开发总费用的20%，另有规定的除外	与研发活动直接相关的其他费用，包括技术图书资料费、资料翻译费、会议费、差旅费、办公费、外事费、研发人员培训费、培养费、专家咨询费、高新科技研发保险费用等。研发成果的论证、评审、验收、评估以及知识产权的申请费、注册费、代理费等费用	加计扣除政策及高新技术企业认定研发费用范围中对其他相关费用总额有比例限制

2.2.6 其他相关费用限额计算

2.2.6.1 限额合并计算

《国家税务总局关于进一步落实研发费用加计扣除政策有关问题的公告》（国家税务总局公告2021年第28号）第三条规定，企业按照以下公式计算其他相关费用限额，其中资本化项目发生的费用在形成无形资产的年度统一纳入计算：

全部研发项目的其他相关费用限额＝全部研发项目的人员人工等五项费用之和×10%÷（1－10%）

当其他相关费用实际发生数小于限额时，按实际发生数计算税前加计扣除额；当其他相关费用实际发生数大于限额时，按限额计算税前加计扣除额。

【例2－8】 某企业2023年度有A和B两个研发项目。项目A人员人工等五项费用之和为90万元，其他相关费用为12万元；项目B人员人工等五项费用之和为100万元，其他相关费用为8万元。则：

其他相关费用限额＝（90＋100）×10%÷（1－10%）＝21.11（万元），大于实际发生金额20万元（12＋8），则允许加计扣除的其他相关费用为20万元。

原政策国家税务总局公告2015年第97号第二条第（三）项规定，企业在一个纳税年度内进行多项研发活动的，应按照不同研发项目分别归集可加计扣除的研发费用，不能合并计算其他相关费用限额。如【例2－8】，按照原政策，项目A的其他相关费用限额为10万元［90×10%÷（1－10%）］，按照孰小原则，可加计扣除的其他相关费用为10万元；项目B的其他相关费用限额为11.11万元［100×10%÷（1－10%）］，按照孰小原则，可加计扣除的其他相关费用为8万元。两个项目可加计扣除的其他相关费用合计为18万元。而新政策将多项研发活动发生的其他相关费用合并计算，比原政策多允许加计扣除2万元。

2.2.6.2 资本化项目发生的其他相关费用计算方法

国家税务总局公告2021年第28号将其他相关费用限额由分项计算改为合并计算，同时明确了资本化项目发生的其他相关费用限额计算方法。2021年9月18日税务总局"落实研发费用加计扣除政策新举措"在线访谈中明确了资本化项目发生的其他相关费用归集方法及限额计算方法。

国家税务总局公告2021年第28号在第三条"关于其他相关费用限额计算的问题"中规定："其中资本化项目发生的费用在形成无形资产的年度统一纳入计算"。比如，某资本化项目在2021年、2022年、2023年均发生了研发费用，2023 年形成无形资产，2021 年、2022 年的研发费用在当年暂不参与其他相关费用计算，在 2023 年该研发项目结束后结转无形资产的年度，将上述三年发生的研发费用统一纳入其他相关费用，按照"四步法"进行限额计算。

【例 2-9】 假设某企业 2023 年的研发项目中，费用化项目和资本化项目各有 2 个，2 个资本化项目均在 2023 年 7 月形成无形资产，按照 10 年摊销（计算结果保留两位小数）。则：

情况一：其他相关费用实际发生额未超过限额的情况见表 2-9。

表 2-9　　　　　其他相关费用实际发生额未超过限额　　　　单位：万元

项目	人员人工等五项费用	其他相关费用
费用化项目 1	100	10
费用化项目 2	200	20
资本化项目 1	300	30
资本化项目 2	400	40
合计	1000	100

第一步：按当年全部费用化项目和当年已结束的资本化项目统一计算出当年全部项目其他相关费用限额。

其他相关费用限额 = $1000 \times 0.1 \div (1 - 10\%) \approx 111.11$（万元）

第二步：比较"其他相关费用"限额与实际发生数的大小，确定可加计扣除的其他相关费用金额。

其他相关费用限额 111.11 万元 > 实际发生数 100 万元，则可加计扣除的其他相关费用为 100 万元。

第三步：用可加计扣除的其他相关费用金额除以全部项目实际发生的其他相关费用，得出可加计扣除比例。

可加计扣除比例 = $100 \div 100 \times 100\% = 100\%$

第四步：用可加计扣除比例乘以每个资本化项目实际发生的其他相关费用，得出单个资本化项目可加计扣除的其他相关费用，与该项目其他可加计扣除的研发费用一并在以后年度摊销。

资本化 1 可加计扣除的其他相关费用 = 30 × 100% = 30（万元）

资本化 2 可加计扣除的其他相关费用 = 40 × 100% = 40（万元）

费用化 1 和费用化 2 可加计扣除的其他相关费用 = 100 − 30 − 40 = 30（万元）

则：

无形资产可加计扣除的成本 = 300 + 30 + 400 + 40 = 770（万元），加计摊销金额 = 770 ÷ 10 ÷ 12 × 6 × 100% ≈ 38.50（万元）。

费用化项目可加计扣除的金额 = 100 + 200 + 30 = 330（万元），加计扣除金额 = 330 × 100% = 330（万元）。

2023 年研发费用加计扣除金额合计 = 38.50 + 330 = 368.50（万元）

情况二：其他相关费用实际发生额超过限额的情况见表 2 − 10。

表 2 − 10   其他相关费用实际发生额超过限额的情况   单位：万元

项目	人员人工等五项费用	其他相关费用
费用化项目 1	100	15
费用化项目 2	200	25
资本化项目 1	300	35
资本化项目 2	400	45
合计	1000	120

第一步：按当年全部费用化项目和当年已结束的资本化项目统一计算出当年全部项目其他相关费用限额。

其他相关费用限额 = 1000 × 0.1 ÷ (1 − 10%) ≈ 111.11（万元）

第二步：比较其他相关费用限额与实际发生数的大小，确定可加计扣除的其他相关费用金额。

其他相关费用限额 111.11 万元 < 实际发生数 120 万元，则可加计扣除的其他相关费用为 111.11 万元。

第三步：用可加计扣除的其他相关费用金额除以全部项目实际发生

的其他相关费用,得出可加计扣除比例。

可加计扣除比例 = 111.11 ÷ 120 × 100% ≈ 92.59%

第四步:用可加计扣除比列乘以每个资本化项目实际发生的其他相关费用,得出单个资本化项目可加计扣除的其他相关费用,与该项目其他可加计扣除的研发费用一并在以后年度摊销。

资本化1可加计扣除的其他相关费用 = 35 × 92.59% ≈ 32.41(万元)

资本化2可加计扣除的其他相关费用 = 45 × 92.59% ≈ 41.67(万元)

费用化1和费用化2可加计扣除的其他相关费用 = 111.11 − 32.41 − 41.67 = 37.03(万元)

则:

无形资产可加计扣除的成本 = 300 + 32.41 + 400 + 41.67 = 774.08(万元),加计摊销金额 = 774.08 ÷ 10 ÷ 12 × 6 × 100% ≈ 38.70(万元)。

费用化项目可加计扣除的金额 = 100 + 200 + 37.03 = 337.03(万元),加计扣除金额 = 337.03 × 100% = 337.03(万元)。

2023年研发费用加计扣除金额合计 = 38.70 + 337.03 = 375.73(万元)

2.2.7 委托研发

1. 一般规定

企业委托外部机构或个人进行研发活动所发生的费用,按照费用实际发生额的80%计入委托方研发费用并计算加计扣除,受托方不得再进行加计扣除。委托外部研究开发费用实际发生额应按照独立交易原则确定。委托个人研发的,应凭个人出具的发票等合法有效凭证在税前加计扣除。

委托方与受托方存在关联关系的,受托方应向委托方提供研发项目费用支出明细情况。

2. 委托境外研发

委托境外研发费用加计扣除的政策依据为《财政部 税务总局 科技部关于企业委托境外研究开发费用税前加计扣除有关政策问题的通知》(财税〔2018〕64号)。

自2018年1月1日起，委托境外进行研发活动所发生的费用，按照费用实际发生额的80%计入委托方的委托境外研发费用。委托境外研发费用不超过境内符合条件的研发费用2/3的部分，可以按规定在企业所得税税前加计扣除。上述费用实际发生额应按照独立交易原则确定。委托方与受托方存在关联关系的，受托方应向委托方提供研发项目费用支出明细情况。

与委托境内研发不同的是，委托境外研发按照实际发生额的80%与境内符合条件的研发费用的2/3的孰小值作为可加计扣除的委托境外研发费用。

【例2–10】 某企业（非制造业）2023年发生委托境外研发费用100万元，当年境内符合条件的研发费用为110万元。按照政策规定，委托境外发生研发费用100万元的80%，即80万元计入委托境外研发费用。当年境内符合条件的研发费用110万元的2/3的部分为73.33万元。委托境外研发费用不超过境内符合条件的研发费用2/3的部分即为73.33万元。该企业委托境外研发费用加计扣除额=73.33×100%=73.33（万元）。

委托境外进行研发活动应签订技术开发合同，并由委托方到科技行政主管部门进行登记。相关事项按技术合同认定登记管理办法及技术合同认定规则执行。

按照委托境内研发费用加计扣除政策的管理要求，委托合同需经科技行政主管部门登记。对于委托境外研发的，财税〔2018〕64号文件也要求签订技术开发合同并到科技行政主管部门登记。不同的是，委托境内研发由受托方登记，但考虑到委托境外的受托方在国外，要求受托方登记不具有操作性，因此财税〔2018〕64号文件对此进行了调整，由委托方登记即可。需要注意的是，委托境外个人进行的研发活动不能加计扣除。

2.2.8 其他规定

1. 合作研发

企业共同合作开发的项目，由合作各方就自身实际承担的研发费用分别计算加计扣除。

2. 企业集团

企业集团根据生产经营和科技开发的实际情况，对技术要求高、投资数额大，需要集中研发的项目，其实际发生的研发费用，可以按照权利和义务相一致、费用支出和收益分享相配比的原则，合理确定研发费用的分摊方法，在受益成员企业间进行分摊，由相关成员企业分别计算加计扣除。

2.2.9　管理要求

1. 企业应按照国家财务会计制度要求，对研发支出进行会计处理；同时，对享受加计扣除的研发费用按研发项目设置辅助账，准确归集核算当年可加计扣除的各项研发费用实际发生额。企业在一个纳税年度内进行多项研发活动的，应按照不同研发项目分别归集可加计扣除的研发费用。

年末汇总分析填报研发支出辅助账汇总表，由企业留存备查。

2. 企业应对研发费用和生产经营费用分别核算，准确、合理归集各项费用支出，对划分不清的，不得实行加计扣除。

企业从事研发活动的人员和用于研发活动的仪器、设备、无形资产，同时从事或用于非研发活动的，应对其人员活动及仪器设备、无形资产使用情况做必要记录，并将其实际发生的相关费用按实际工时占比等合理方法在研发费用和生产经营费用间分配，未分配的不得加计扣除。

3. 企业研发费用各项目的实际发生额归集不准确、汇总额计算不准确的，税务机关有权对其税前扣除额或加计扣除额进行合理调整。

4. 税务机关对企业享受加计扣除优惠的研发项目有异议的，可以转请地市级（含）以上科技行政主管部门出具鉴定意见，科技部门应及时回复意见。企业承担省部级（含）以上科研项目的，以及以前年度已鉴定的跨年度研发项目，不再需要鉴定。

5. 税务部门应加强研发费用加计扣除优惠政策的后续管理，定期开展核查，年度核查面不得低于20%。

2.2.10 简化报表

2.2.10.1 简化研发支出辅助账样式

国家税务总局公告 2015 年第 97 号所附的研发支出辅助账样式包括自主研发、委托研发、合作研发、集中研发 4 类辅助账和辅助账汇总表，共"4 张辅助账 +1 张汇总表"（以下简称 2015 版辅助账）。

国家税务总局公告 2021 年第 28 号增设简化版研发支出辅助账和研发支出辅助账汇总表样式（以下简称 2021 版辅助账），相比 2015 版辅助账，具体有以下三大变化：一是简并辅助账。将 2015 版辅助账 4 类合并为 1 类，共"1 张辅助账 +1 张汇总表"，减少了辅助账数量。二是精简辅助账信息。2021 版辅助账仅要求填报人员人工等六大类费用合计，不再要求填报明细数据，同时删除了部分会计信息，减轻企业填写工作量，降低了填报难度。三是调整填报口径。2021 版辅助账增加了 2015 年之后的政策，如委托境外研发的相关列次等，并对部分填报口径进行了修改。

需要注意的是，2021 版辅助账并非废止了 2015 版辅助账，企业可以自主选择使用 2015 版辅助账或 2021 版辅助账，也可以自行设计辅助账，自行设计的辅助账应当包括 2021 版辅助账所列数据项，且逻辑关系一致，能准确归集允许加计扣除的研发费用。

2.2.10.2 简化年度申报表的填报

《国家税务总局关于企业所得税年度汇算清缴有关事项的公告》（国家税务总局公告 2021 年第 34 号）修订了 2017 版企业所得税年度纳税申报表，A107012《研发费用加计扣除优惠明细表》表样没有变化，但填报说明要求，当纳税人使用 2021 版辅助账或者使用自行设计研发支出辅助账样式时，第 3 行"（一）人员人工费用"、第 7 行"（二）直接投入费用"、第 16 行"（三）折旧费用"、第 19 行"（四）无形资产摊销"、第 23 行"（五）新产品设计费等"、第 28 行"（六）其他相关费用"等行次下的明细行次无需填报，上述行次不执行规定的表内计算关系。

按照上述规定，企业只需填报六项费用的合计数，原六项费用下的 25 项明细行次不用再填报，大幅减轻企业负担。

2.3 企业投入基础研究税收优惠

《财政部 税务总局关于企业投入基础研究税收优惠政策的公告》(财政部 税务总局公告 2022 年第 32 号)规定,自 2022 年 1 月 1 日起,对企业投入基础研究给予税收优惠。

2.3.1 优惠方式

2.3.1.1 出资企业的税收优惠
对企业出资给非营利性科学技术研究开发机构(以下简称科研机构)、高等学校和政府性自然科学基金用于基础研究的支出,在计算应纳税所得额时可按实际发生额在税前扣除,并可按 100% 在税前加计扣除。

2.3.1.2 接受出资机构的税收优惠
对非营利性科研机构、高等学校接收企业、个人和其他组织机构基础研究资金收入,免征企业所得税。

2.3.2 优惠条件

2.3.2.1 非营利性科研机构、高等学校
非营利性科研机构、高等学校包括国家设立的科研机构和高等学校、民办非营利性科研机构和高等学校,具体按以下条件确定:

(1)国家设立的科研机构和高等学校是指利用财政性资金设立的、取得《事业单位法人证书》的科研机构和公办高等学校,包括中央和地方所属科研机构和高等学校。

(2)民办非营利性科研机构和高等学校,是指同时满足以下条件的科研机构和高等学校:

①根据《民办非企业单位登记管理暂行条例》在民政部门登记,并取得《民办非企业单位(法人)登记证书》。

②对于民办非营利性科研机构,其《民办非企业单位(法人)登记证书》记载的业务范围应属于科学研究与技术开发、成果转让、科技咨询与服

务、科技成果评估范围。对业务范围存在争议的,由税务机关转请县级(含)以上科技行政主管部门确认。

对于民办非营利性高等学校,应取得教育主管部门颁发的《民办学校办学许可证》,记载学校类型为"高等学校"。

③经认定取得企业所得税非营利组织免税资格。

2.3.2.2 政府性自然科学基金

政府性自然科学基金是指国家和地方政府设立的自然科学基金委员会管理的自然科学基金。

2.3.2.3 基础研究

基础研究是指通过对事物的特性、结构和相互关系进行分析,从而阐述和检验各种假设、原理和定律的活动。具体依据以下内容判断:

(1)基础研究不预设某一特定的应用或使用目的,主要是为获得关于现象和可观察事实的基本原理的新知识,可针对已知或具有前沿性的科学问题,或者针对人们普遍感兴趣的某些广泛领域,以未来广泛应用为目标。

(2)基础研究可细分为两种类型,一是自由探索性基础研究,即为了增进知识,不追求经济或社会效益,也不积极谋求将其应用于实际问题或把成果转移到负责应用的部门。二是目标导向(定向)基础研究,旨在获取某方面知识、期望,为探索解决当前已知或未来可能发现的问题奠定基础。

(3)基础研究成果通常表现为新原理、新理论、新规律或新知识,并以论文、著作、研究报告等形式为主。同时,由于基础研究具有较强的探索性、存在失败的风险,论文、著作、研究报告等也可以体现为试错或证伪等成果。

上述基础研究既不包括在境外开展的研究,也不包括社会科学、艺术或人文学方面的研究。

2.3.3 管理措施

企业出资进行基础研究应签订相关协议或合同,协议或合同中需明确资金用于基础研究领域。

企业和非营利性科研机构、高等学校和政府性自然科学基金管理单位应将相关资料留存备查,包括企业出资协议、出资合同、相关票据等,出资协议、出资合同和出资票据应包含出资方、接收方、出资用途(注明用于基础研究)、出资金额等信息。

2.4 延期执行的企业所得税优惠政策

2.4.1 支持创投企业发展

《财政部 税务总局关于实施小微企业普惠性税收减免政策的通知》(财税〔2019〕13号)第五条规定:

"《财政部 税务总局关于创业投资企业和天使投资个人有关税收政策的通知》(财税〔2018〕55号)第二条第(一)项关于初创科技型企业条件中的'从业人数不超过200人'调整为'从业人数不超过300人','资产总额和年销售收入均不超过3000万元'调整为'资产总额和年销售收入均不超过5000万元'。

"2019年1月1日至2021年12月31日期间发生的投资,投资满2年且符合本通知规定和财税〔2018〕55号文件规定的其他条件的,可以适用财税〔2018〕55号文件规定的税收政策。

"2019年1月1日前2年内发生的投资,自2019年1月1日起投资满2年且符合本通知规定和财税〔2018〕55号文件规定的其他条件的,可以适用财税〔2018〕55号文件规定的税收政策。"

《财政部 税务总局关于延续执行创业投资企业和天使投资个人投资初创科技型企业有关政策条件的公告》(财政部 税务总局公告2022年第6号)将财税〔2018〕55号文件执行期限延长至2023年12月31日,《财政部 税务总局关于延续执行创业投资企业和天使投资个人投资初创科技型企业有关政策条件的公告》(财政部 税务总局公告2023年第17号)规定该政策执行至2027年12月31日,在此期间已投资满2年及新发生的投资,可按财税〔2018〕55号文件和该公告规定适用税收政策。

创投企业税收优惠政策详见"2.6.3 创投企业"。

2.4.2 扶贫捐赠政策

为支持脱贫攻坚,《财政部 税务总局 国务院扶贫办关于企业扶贫捐赠所得税税前扣除政策的公告》(财政部 税务总局 国务院扶贫办公告2019年第49号)第一条规定:"自2019年1月1日至2022年12月31日,企业通过公益性社会组织或者县级(含县级)以上人民政府及其组成部门和直属机构,用于目标脱贫地区的扶贫捐赠支出,准予在计算企业所得税应纳税所得额时据实扣除。在政策执行期限内,目标脱贫地区实现脱贫的,可继续适用上述政策。"

"目标脱贫地区"包括832个国家扶贫开发工作重点县、集中连片特困地区县和建档立卡贫困村。

若企业既发生扶贫捐赠支出,同时也发生其他公益性捐赠支出,在计算公益性捐赠支出税前扣除限额时,只计算其他公益性捐赠支出的限额,扶贫捐赠支出不计算在内。但需要注意的是,尽管打破了额度限制,仍然必须"通过公益性社会组织或者县级(含县级)以上人民政府及其组成部门和直属机构"进行捐赠,否则不能税前扣除。

企业发生对"目标脱贫地区"的捐赠支出时,应及时要求开具方在公益事业捐赠票据中注明目标脱贫地区的具体名称,并妥善保管该票据。

需要注意与增值税规定的差异。《财政部 税务总局 国务院扶贫办关于扶贫货物捐赠免征增值税政策的公告》(财政部 税务总局 国务院扶贫办公告2019年第55号)规定,单位或者个体工商户将自产、委托加工或购买的货物通过公益性社会组织、县级及以上人民政府及其组成部门和直属机构,或直接无偿捐赠给目标脱贫地区的单位和个人,免征增值税。企业将货物直接捐赠给目标脱贫地区,免征增值税,但在企业所得税上不能税前扣除。

截至2020年11月23日,我国22个省(区、市)的832个贫困县(村)全部实现脱贫摘帽。财政部、税务总局、国务院扶贫办公告2019年第49号规定,在政策执行期限内,目标脱贫地区实现脱贫的,可继续适用上述政策。因此,即使832个贫困县(村)已全部脱贫摘帽,在政策有效期内,企业通过公益组织或者县级（含县级）以上人民政府及其组成部门和直属机构，用于目标脱贫地区的扶贫捐赠支出，仍然可以据实扣除。

该政策执行期限被《财政部　税务总局　人力资源社会保障部　国家乡村振兴局关于延长部分扶贫税收优惠政策执行期限的公告》（财政部　税务总局　人力资源社会保障部　国家乡村振兴局公告2021年第18号）延长至2025年12月31日。

2.4.3　扶持就业

详见"1.8.2　扶持就业"。

2.4.4　支持从事污染防治的第三方企业发展

《财政部　税务总局　国家发展改革委　生态环境部关于从事污染防治的第三方企业所得税政策问题的公告》（财政部　税务总局　国家发展改革委　生态环境部公告2019年第60号）第一条规定，2019年1月1日至2021年12月31日，对符合条件的从事污染防治的第三方企业（以下称第三方防治企业）减按15%的税率征收企业所得税。

所称第三方防治企业应当同时符合以下条件：

（1）在中国境内（不包括港、澳、台地区）依法注册的居民企业；

（2）具有1年以上连续从事环境污染治理设施运营实践，且能够保证设施正常运行；

（3）具有至少5名从事本领域工作且具有环保相关专业中级及以上技术职称的技术人员，或者至少2名从事本领域工作且具有环保相关专业高级及以上技术职称的技术人员；

（4）从事环境保护设施运营服务的年度营业收入占总收入的比例不低于60%；

（5）具备检验能力，拥有自有实验室，仪器配置可满足运行服务范围内常规污染物指标的检测需求；

（6）保证其运营的环境保护设施正常运行，使污染物排放指标能够连续稳定达到国家或者地方规定的排放标准要求；

(7) 具有良好的纳税信用，近三年内纳税信用等级未被评定为 C 级或 D 级。

《财政部　税务总局关于延长部分税收优惠政策执行期限的公告》（财政部　税务总局公告 2022 年第 4 号）将该政策执行期限延长至 2023 年 12 月 31 日。

2.4.5　生产和装配伤残人员专门用品企业

《财政部　税务总局　民政部关于生产和装配伤残人员专门用品企业免征企业所得税的公告》（财政部　税务总局　民政部公告 2021 年第 14 号）第一条规定，自 2021 年 1 月 1 日至 2023 年 12 月 31 日期间，对符合下列条件的居民企业，免征企业所得税：

(1) 生产和装配伤残人员专门用品，且在民政部发布的《中国伤残人员专门用品目录》范围之内。

(2) 以销售本企业生产或者装配的伤残人员专门用品为主，其所取得的年度伤残人员专门用品销售收入（不含出口取得的收入）占企业收入总额 60% 以上。

收入总额，是指《企业所得税法》第六条规定的收入总额。

(3) 企业账证健全，能够准确、完整地向主管税务机关提供纳税资料，且本企业生产或者装配的伤残人员专门用品所取得的收入能够单独、准确核算。

(4) 企业拥有假肢制作师、矫形器制作师资格证书的专业技术人员不得少于 1 人；其企业生产人员如超过 20 人，则其拥有假肢制作师、矫形器制作师资格证书的专业技术人员不得少于全部生产人员的 1/6。

(5) 具有与业务相适应的测量取型、模型加工、接受腔成型、打磨、对线组装、功能训练等生产装配专用设备和工具。

(6) 具有独立的接待室、假肢或者矫形器（辅助器具）制作室和假肢功能训练室，使用面积不少于 115 平方米。

2.4.6 境外机构投资境内债券市场取得的债券利息收入

《财政部 税务总局关于延续境外机构投资境内债券市场企业所得税、增值税政策的公告》(财政部 税务总局公告2021年第34号)规定:"自2021年11月7日起至2025年12月31日止,对境外机构投资境内债券市场取得的债券利息收入暂免征收企业所得税和增值税。上述暂免征收企业所得税的范围不包括境外机构在境内设立的机构、场所取得的与该机构、场所有实际联系的债券利息。"

2.4.7 支持农村饮水安全工程建设

《财政部 税务总局关于继续实行农村饮水安全工程税收优惠政策的公告》(财政部 税务总局公告2019年第67号)第五条规定,对饮水工程运营管理单位从事《公共基础设施项目企业所得税优惠目录》规定的饮水工程新建项目投资经营的所得,自项目取得第一笔生产经营收入所属纳税年度起,第一年至第三年免征企业所得税,第四年至第六年减半征收企业所得税。

《财政部 税务总局关于延长部分税收优惠政策执行期限的公告》(财政部 税务总局公告2021年第6号)将该政策执行期限延长至2023年12月31日。

2.4.8 小额贷款公司

《财政部 税务总局关于小额贷款公司有关税收政策的通知》(财税〔2017〕48号)第二条规定,自2017年1月1日至2019年12月31日,对经省级金融管理部门(金融办、局等)批准成立的小额贷款公司取得的农户小额贷款利息收入,在计算应纳税所得额时,按90%计入收入总额。所称小额贷款,是指单笔且该农户贷款余额总额在10万元(含本数)以下的贷款。

《财政部 税务总局关于延续实施普惠金融有关税收优惠政策的公告》(财政部 税务总局公告2020年第22号)将该政策执行期限延长至2023年12月31日。

2.5 近年出台的其他企业所得税减免税政策

2.5.1 设备、器具一次性税前扣除

2.5.1.1 政策规定

《财政部 税务总局关于设备 器具扣除有关企业所得税政策的通知》（财税〔2018〕54号）和《国家税务总局关于设备 器具扣除有关企业所得税政策执行问题的公告》（国家税务总局公告2018年第46号）对房屋、建筑物以外的设备、器具一次性税前扣除作出规定。

《财政部 税务总局关于延长部分税收优惠政策执行期限的公告》（财政部 税务总局公告2021年第6号）将财税〔2018〕54号文件执行期限延长至2023年12月31日。

企业在2018年1月1日至2023年12月31日期间新购进的设备、器具，单位价值不超过500万元的，允许一次性计入当期成本费用在计算应纳税所得额时扣除，不再分年度计算折旧；单位价值超过500万元的，仍按《企业所得税法实施条例》、《财政部 国家税务总局关于完善固定资产加速折旧企业所得税政策的通知》（财税〔2014〕75号）、《财政部 国家税务总局关于进一步完善固定资产加速折旧企业所得税政策的通知》（财税〔2015〕106号）等相关规定执行。

2.5.1.2 管理要求

购进，包括以货币形式购进或自行建造，其中以货币形式购进的设备、器具包括购进的使用过的设备、器具。以货币形式购进的设备、器具，以购买价款和支付的相关税费以及直接归属于使该资产达到预定用途发生的其他支出确定单位价值；自行建造的设备、器具，以竣工结算前发生的支出确定单位价值。

设备、器具购进时点按以下原则确认：以货币形式购进的设备、器具，除采取分期付款或赊销方式购进外，按发票开具时间确认；以分期付款或赊销方式购进的设备、器具，按设备、器具到货时间确认；自行建造的设备、

器具，按竣工结算时间确认。

政策所说的"新购进"的"新"，只是区别于已购进的设备、器具，并非要求购进全新的设备、器具，以货币形式购进的设备、器具包括企业购进的使用过的设备、器具。

享受税前扣除优惠政策的 500 万元以下设备、器具新购进的时限是 2018 年 1 月 1 日至 2023 年 12 月 31 日。需要注意的是，并不是在设备、器具新购置的次月所属年度一次性税前扣除，而是在设备、器具投入使用月份的次月所属年度一次性税前扣除。若企业新购进设备、器具但未投入使用，则不能一次性税前扣除。

企业选择享受一次性税前扣除政策的，其资产的税务处理可与会计处理不一致。

企业根据自身生产经营核算需要，可自行选择享受一次性税前扣除政策。当年未选择享受一次性税前扣除政策的，以后年度不得再变更。

2.5.2 支持软件和集成电路企业发展

2.5.2.1 优惠方式

软件企业和集成电路企业优惠政策最新依据为《财政部 税务总局 发展改革委 工业和信息化部关于促进集成电路产业和软件产业高质量发展企业所得税政策的公告》（财政部 税务总局 发展改革委 工业和信息化部公告 2020 年第 45 号），优惠方式见表 2-11。

表 2-11　　　　　　　软件和集成电路企业优惠方式

软件和集成电路企业类型	减免方式	备注
软件企业	"二免三减半"	企业减免自获利年度起，项目减免自项目取得第一笔生产经营收入所属纳税年度起
重点软件企业	"五免"	
	接续年度减按 10% 的税率征收企业所得税	
集成电路生产企业（线宽小于 28 纳米的企业），且经营期在 15 年以上	"十免"	
	项目所得"十免"	

续表

软件和集成电路企业类型	减免方式	备注
集成电路生产企业（线宽小于65纳米的企业），且经营期在15年以上	"五免五减半"	企业减免自获利年度起，项目减免自项目取得第一笔生产经营收入所属纳税年度起
	项目所得"五免五减半"	
集成电路生产企业（线宽小于130纳米的企业），且经营期在10年以上	"二免三减半"	
	项目所得"二免三减半"	
集成电路设计企业	"二免三减半"	
重点集成电路设计企业	"五免"	
	接续年度减按10%的税率征收企业所得税	
集成电路封装、测试（含封装测试）企业	"二免三减半"	
集成电路材料（含关键专用材料）企业		
集成电路装备（含专用设备）企业		

2.5.2.2 优惠条件

1. 软件企业

工业和信息化部、发展改革委、财政部、税务总局公告2021年第10号规定了国家鼓励的软件企业条件，国家鼓励的软件企业是指同时符合下列条件的企业：

（1）在中国境内（不包括港、澳、台地区）依法设立，以软件产品开发及相关信息技术服务为主营业务并具有独立法人资格的企业。该企业的设立具有合理商业目的，且不以减少、免除或推迟缴纳税款为主要目的。

（2）汇算清缴年度具有劳动合同关系或劳务派遣、聘用关系，其中具有本科及以上学历的月平均职工人数占企业月平均职工总人数的比例不低于40%，研究开发人员月平均数占企业月平均职工总数的比例不低于25%。

（3）拥有核心关键技术，并以此为基础开展经营活动，汇算清缴年度研究开发费用总额占企业销售（营业）收入总额的比例不低于7%，企业在中国境内发生的研究开发费用金额占研究开发费用总额的比例不低于60%。

（4）汇算清缴年度软件产品开发销售及相关信息技术服务（营业）收入占企业收入总额的比例不低于55%［嵌入式软件产品开发销售（营业）收入占企业收入总额的比例不低于45%］，其中软件产品自主开发销售及相关信息技术服务（营业）收入占企业收入总额的比例不低于45%〔嵌入式软件产品开发销售（营业）收入占企业收入总额的比例不低于40%〕。

（5）主营业务或主要产品具有专利或计算机软件著作权等属于本企业的知识产权。

（6）具有与软件开发相适应的生产经营场所、软硬件设施等开发环境（如合法的开发工具等），建立符合软件工程要求的质量管理体系并持续有效运行。

（7）汇算清缴年度未发生重大安全事故、重大质量事故、知识产权侵权等行为，企业合法经营。

2. 重点软件企业

根据《国家发展改革委等部门关于做好2023年享受税收优惠政策的集成电路企业或项目、软件企业清单制定工作有关要求的通知》（发改高技〔2023〕287号）规定，除符合国家鼓励的软件企业条件外，还应至少符合下列条件中的一项：

（1）专业开发基础软件、研发设计类工业软件的企业，汇算清缴年度软件产品开发销售及相关信息技术服务（营业）收入（其中相关信息技术服务是指实现软件产品功能直接相关的咨询设计、软件运维、数据服务，下同）不低于5000万元；汇算清缴年度研究开发费用总额占企业销售（营业）收入总额的比例不低于7%。

（2）专业开发生产控制类工业软件、新兴技术软件、信息安全软件的企业，汇算清缴年度软件产品开发销售及相关信息技术服务（营业）收入不低于1亿元；应纳税所得额不低于500万元；研究开发人员月平均数占企业月平均职工总数的比例不低于30%；汇算清缴年度研究开发费用总额占企业销售（营业）收入总额的比例不低于8%。

（3）专业开发重点领域应用软件、经营管理类工业软件、公有云服务软件、嵌入式软件的企业，汇算清缴年度软件产品开发销售及相关信息技术服务（营业）收入不低于5亿元，应纳税所得额不低于2500万元；研究开发人员月平均数占企业月平均职工总数的比例不低于30%；汇算清缴年度研究开发费用总额占企业销售（营业）收入总额的比例不低于7%。

3. 集成电路生产企业

线宽小于 28 纳米（含）、线宽小于 65 纳米（含）、线宽小于 130 纳米（含）的集成电路生产企业或项目，发改高技〔2022〕390 号文件规定享受税收优惠政策条件如下：

（1）在中国境内（不包括港、澳、台地区）依法注册并具有独立法人资格的企业；

（2）符合国家布局规划和产业政策；

（3）汇算清缴年度，具有劳动合同关系或劳务派遣、聘用关系，其中具有本科及以上学历月平均职工人数占企业月平均职工总人数的比例不低于30%，研究开发人员月平均数占企业月平均职工总数的比例不低于20%（从事 8 英寸及以下集成电路生产的不低于 15%）；

（4）企业拥有关键核心技术和属于本企业的知识产权，并以此为基础开展经营活动，且汇算清缴年度研究开发费用总额占企业销售（营业）收入（主营业务收入与其他业务收入之和）总额的比例不低于2%；

（5）汇算清缴年度集成电路制造销售（营业）收入占企业收入总额的比例不低于 60%；

（6）具有保证相关工艺线宽产品生产的手段和能力；

（7）汇算清缴年度未发生重大安全、重大质量事故或严重环境违法行为；

（8）对于按照集成电路生产项目享受税收优惠政策的，项目主体企业应符合相应的集成电路生产企业条件，且能够对该项目单独进行会计核算、计算所得，并合理分摊期间费用。

4. 集成电路设计、装备、材料、封装、测试企业

工业和信息化部、发展改革委、财政部、税务总局公告 2021 年第 9 号规定了集成电路设计、装备、材料、封装、测试企业条件如下：

（1）国家鼓励的集成电路设计企业，必须同时满足以下条件：

①在中国境内（不包括港、澳、台地区）依法设立，从事集成电路设计、电子设计自动化（EDA）工具开发或知识产权（IP）和设计并具有独立法人资格的企业；

②汇算清缴年度具有劳动合同关系或劳务派遣、聘用关系的月平均职工

人数不少于20人，其中具有本科及以上学历月平均职工人数占企业月平均职工总人数的比例不低于50%，研究开发人员月平均数占企业月平均职工总数的比例不低于40%；

③汇算清缴年度研究开发费用总额占企业销售（营业）收入（主营业务收入与其他业务收入之和，下同）总额的比例不低于6%；

④汇算清缴年度集成电路设计（含EDA工具、IP和设计服务，下同）销售（营业）收入占企业收入总额的比例不低于60%，其中自主设计销售（营业）收入占企业收入总额的比例不低于50%，且企业收入总额不低于1500万元（含）；

⑤拥有核心关键技术和属于本企业的知识产权，企业拥有与集成电路产品设计相关的已授权发明专利、布图设计登记、计算机软件著作权合计不少于8个；

⑥具有与集成电路设计相适应的软硬件设施等开发环境和经营场所，且必须使用正版的EDA等软硬件工具；

⑦汇算清缴年度未发生严重失信行为，重大安全、重大质量事故或严重环境违法行为。

（2）国家鼓励的集成电路装备企业，必须同时满足以下条件：

①在中国境内（不包括港、澳、台地区）依法设立，从事集成电路专用装备或关键零部件研发、制造并具有独立法人资格的企业；

②汇算清缴年度具有劳动合同关系或劳务派遣、聘用关系且具有大学专科及以上学历月平均职工人数占企业当年月平均职工总人数的比例不低于40%，研究开发人员月平均数占企业当年月平均职工总数的比例不低于20%；

③汇算清缴年度用于集成电路装备或关键零部件研究开发费用总额占企业销售（营业）收入总额的比例不低于5%；

④汇算清缴年度集成电路装备或关键零部件销售收入占企业销售（营业）收入总额的比例不低于30%，且企业销售（营业）收入总额不低于（含）1500万元；

⑤拥有核心关键技术和属于本企业的知识产权，企业拥有与集成电路装备或关键零部件研发、制造相关的已授权发明专利数量不少于5个；

⑥具有与集成电路装备或关键零部件生产相适应的经营场所、软硬件设施等基本条件；

⑦汇算清缴年度未发生严重失信行为，重大安全、重大质量事故或严重环境违法行为。

（3）国家鼓励的集成电路材料企业，必须同时满足以下条件：

①在中国境内（不包括港、澳、台地区）依法设立，从事集成电路专用材料研发、生产并具有独立法人资格的企业；

②汇算清缴年度具有劳动合同关系或劳务派遣、聘用关系且具有大学专科及以上学历月平均职工人数占企业当年月平均职工总人数的比例不低于40%，研究开发人员月平均数占企业当年月平均职工总数的比例不低于15%；

③汇算清缴年度用于集成电路材料研究开发费用总额占企业销售（营业）收入总额的比例不低于5%；

④汇算清缴年度集成电路材料销售收入占企业销售（营业）收入总额的比例不低于30%，且企业销售（营业）收入总额不低于（含）1000万元；

⑤拥有核心关键技术和属于本企业的知识产权，且企业拥有与集成电路材料研发、生产相关的已授权发明专利数量不少于5个；

⑥具有与集成电路材料生产相适应的经营场所、软硬件设施等基本条件；

⑦汇算清缴年度未发生严重失信行为，重大安全、重大质量事故或严重环境违法行为。

（4）国家鼓励的集成电路封装、测试企业，必须同时满足以下条件：

①在中国境内（不包括港、澳、台地区）依法设立，从事集成电路封装、测试并具有独立法人资格的企业；

②汇算清缴年度具有劳动合同关系或劳务派遣、聘用关系且具有大学专科以上学历月平均职工人数占企业当年月平均职工总人数的比例不低于40%，研究开发人员月平均数占企业当年月平均职工总数的比例不低于15%；

③汇算清缴年度研究开发费用总额占企业销售（营业）收入总额的比例不低于3%；

④汇算清缴年度集成电路封装、测试销售（营收）收入占企业收入总额的比例不低于60%，且企业收入总额不低于2000万元（含）；

⑤拥有核心关键技术和属于本企业的知识产权,且企业拥有与集成电路封装、测试相关的已授权发明专利、计算机软件著作权合计不少于5个;

⑥具有与集成电路芯片封装、测试相适应的经营场所、软硬件设施等基本条件;

⑦汇算清缴年度未发生严重失信行为,重大安全、重大质量事故或严重环境违法行为。

5. 重点集成电路设计企业

发改高技〔2023〕287号文件规定,除符合国家鼓励的集成电路设计企业条件外,还应符合以下条件:

(1) 汇算清缴年度具有劳动合同关系或劳务派遣、聘用关系,其中具有本科及以上学历月平均职工人数占企业月平均职工总人数的比例不低于50%,研究开发人员月平均数占企业月平均职工总数的比例不低于40%。

(2) 拥有关键核心技术,并以此为基础开展经营活动,且汇算清缴年度研究开发费用总额占企业销售(营业)收入(主营业务收入与其他业务收入之和)总额的比例不低于6%。

(3) 汇算清缴年度集成电路设计(含EDA工具、IP和设计服务,下同)销售(营业)收入占企业收入总额的比例不低于70%,其中集成电路自主设计销售(营业)收入占企业收入总额的比例不低于60%;对于集成电路设计销售(营业)收入超过50亿元的企业,汇算清缴年度集成电路设计销售(营业)收入占企业收入总额的比例不低于60%,其中集成电路自主设计销售(营业)收入占企业收入总额的比例不低于50%。

(4) 企业拥有核心关键技术和属于本企业的知识产权,企业拥有与集成电路产品设计相关的已授权发明专利(企业为第一权利人)、布图设计登记、计算机软件著作权合计不少于8个。

除以上条件外,还应至少符合下列条件中的一项:

(1) 汇算清缴年度,集成电路设计销售(营业)收入不低于5亿元,应纳税所得额不低于3000万元;对于集成电路设计销售(营业)收入不低于50亿元的企业,可不要求应纳税所得额,但研究开发费用总额占企业销售(营业)收入(主营业务收入与其他业务收入之和)总额的比例不低于8%。

（2）在国家鼓励的重点集成电路设计领域内，汇算清缴年度集成电路设计销售（营业）收入不低于3000万元，应纳税所得额不低于350万元。

以上所称研究开发费用政策口径，按照《财政部　国家税务总局　科技部关于完善研究开发费用税前加计扣除政策的通知》（财税〔2015〕119号）和《国家税务总局关于研发费用税前加计扣除归集范围有关问题的公告》（国家税务总局公告2017年第40号）等规定执行。

2.5.3　支持企业加快技术升级和设备更新

《财政部　国家税务总局关于完善固定资产加速折旧企业所得税政策的通知》（财税〔2014〕75号）和《财政部　国家税务总局关于进一步完善固定资产加速折旧企业所得税政策的通知》（财税〔2015〕106号）规定，六大行业和四个领域重点行业企业2014年1月1日和2015年1月1日后新购进的固定资产，可缩短折旧年限或采取加速折旧的方法。

《财政部　税务总局关于扩大固定资产加速折旧优惠政策适用范围的公告》（财政部　税务总局公告2019年第66号）规定，自2019年1月1日起将固定资产加速折旧优惠的行业范围扩大至全部制造业领域。制造业按照国家统计局《国民经济行业分类》（GB/T 4754—2017）确定。

也就是说，制造业企业（含信息传输、软件和信息技术服务业）新购进的单位价值不超过500万元的除房屋、建筑物以外的设备、器具，可以一次性税前扣除；制造业中小微企业新购进的单位价值500万元以上的设备、器具，可以一次性税前扣除或一次性税前扣除50%，制造业非中小微企业可采用缩短折旧年限或加速折旧的方法。

2.5.4　支持社区家庭服务业发展

为支持养老、托育、家政等社区家庭服务业发展，《财政部　税务总局　发展改革委　民政部　商务部　卫生健康委关于养老、托育、家政等社区家庭服务业税费优惠政策的公告》（财政部　税务总局　发展改革委　民政部　商务部　卫生健康委公告2019年第76号）规定，2019年6月1日至2025年12月31日，为社区提供养老、托育、家政等服务的机构取得的收入，在计算应纳税所得额时，减按90%计入收入总额。

相关条件详见"1.9.6　支持养老、托育、家政等社区家庭服务业发展"。

2.5.5　支持保险企业发展

《财政部　国家税务总局关于企业手续费及佣金支出税前扣除政策的通知》（财税〔2009〕29号）第一条第一款规定："保险企业：财产保险企业按当年全部保费收入扣除退保金等后余额的15%（含本数，下同）计算限额；人身保险企业按当年全部保费收入扣除退保金等后余额的10%计算限额。"

《财政部　税务总局关于保险企业手续费及佣金支出税前扣除政策的公告》（财政部　税务总局公告2019年第72号）废止了该条款，规定自2019年1月1日起，保险企业发生与其经营活动有关的手续费及佣金支出，不超过当年全部保费收入扣除退保金等后余额的18%（含本数）的部分，在计算应纳税所得额时准予扣除；超过部分，允许结转以后年度扣除。并要求保险企业应建立健全手续费及佣金的相关管理制度，同时加强手续费及佣金结转扣除的台账管理。

其他企业的手续费及佣金支出仍然按照财税〔2009〕29号文件第一条第二款规定，按与具有合法经营资格中介服务机构或个人（不含交易双方及其雇员、代理人和代表人等）所签订服务协议或合同确认的收入金额的5%计算限额。

需要注意的是，保险企业超过税前扣除限额的手续费及佣金支出可以结转以后年度扣除，其他企业超过税前扣除限额的手续费及佣金支出不能结转以后年度扣除。

2.5.6　支持文化转制企业发展

《财政部　税务总局　中央宣传部关于继续实施文化体制改革中经营性文化事业单位转制为企业若干税收政策的通知》（财税〔2019〕16号）规定，经营性文化事业单位转制为企业，自转制注册之日起五年内免征企业所得税。2018年12月31日之前已完成转制的企业，自2019年1月1日起可继续免征五年企业所得税。

上述所称"经营性文化事业单位",是指从事新闻出版、广播影视和文化艺术的事业单位。转制包括整体转制和剥离转制。其中,整体转制包括:(图书、音像、电子)出版社、非时政类报刊出版单位、新华书店、艺术院团、电影制片厂、电影(发行放映)公司、影剧院、重点新闻网站等整体转制为企业;剥离转制包括:新闻媒体中的广告、印刷、发行、传输网络等部分,以及影视剧等节目制作与销售机构,从事业体制中剥离出来转制为企业。

上述所称"转制注册之日",是指经营性文化事业单位转制为企业并进行企业法人登记之日。对于经营性文化事业单位转制前已进行企业法人登记,则按注销事业单位法人登记之日,或核销事业编制的批复之日(转制前未进行事业单位法人登记的)确定转制完成并享受该通知所规定的税收优惠政策。

上述所称"2018年12月31日之前已完成转制",是指经营性文化事业单位在2018年12月31日及以前已转制为企业、进行企业法人登记,并注销事业单位法人登记或批复核销事业编制(转制前未进行事业单位法人登记的)。

享受税收优惠政策的转制文化企业应同时符合以下条件:

(1)根据相关部门的批复进行转制。

(2)转制文化企业已进行企业法人登记。

(3)整体转制前已进行事业单位法人登记的,转制后已核销事业编制、注销事业单位法人;整体转制前未进行事业单位法人登记的,转制后已核销事业编制。

(4)已同在职职工全部签订劳动合同,按企业办法参加社会保险。

(5)转制文化企业引入非公有资本和境外资本的,须符合国家法律法规和政策规定;变更资本结构依法应经批准的,需经行业主管部门和国有文化资产监管部门批准。

2.5.7 支持国家铁路建设

《财政部 税务总局关于铁路债券利息收入所得税政策的公告》(财政部税务总局公告2019年第57号)第一条规定,对企业投资者持有2019—2023年发行的铁路债券取得的利息收入,减半征收企业所得税。

至此,企业投资者持有2011—2023年发行的铁路债券取得的利息收入,都减半征收企业所得税。

2.5.8 房地产开发企业预缴

2.5.8.1 2019 年修订预缴申报表

《国家税务总局关于修订 2018 年版企业所得税预缴纳税申报表部分表单及填报说明的公告》(国家税务总局公告 2019 年第 23 号)① 对企业所得税预缴申报表作出部分修订，自 2019 年 7 月 1 日启用。其中，"特定业务计算的应纳税所得额"填报口径发生重大变化，对房地产开发企业产生重要影响。

原 A200000《中华人民共和国企业所得税月（季）度预缴纳税申报表（A 类）》第 4 行"特定业务计算的应纳税所得额"填报说明为："从事房地产开发等特定业务的纳税人，填报按照税收规定计算的特定业务的应纳税所得额。房地产开发企业销售未完工开发产品取得的预售收入，按照税收规定的预计计税毛利率计算的预计毛利额填入此行。企业开发产品完工后，其未完工预售环节按照税收规定的预计计税毛利率计算的预计毛利额在汇算清缴时调整，月（季）度预缴纳税申报时不调整。本行填报金额不得小于本年上期申报金额。"

2019 年修订预缴申报表第 4 行"特定业务计算的应纳税所得额"填报说明为："从事房地产开发等特定业务的纳税人，填报按照税收规定计算的特定业务的应纳税所得额。房地产开发企业销售未完工开发产品取得的预售收入，按照税收规定的预计计税毛利率计算出预计毛利额填入此行。"

2019 年修订预缴申报表"特定业务计算的应纳税所得额"填报说明删除了"企业开发产品完工后，其未完工预售环节按照税收规定的预计计税毛利率计算的预计毛利额在汇算清缴时调整，月（季）度预缴纳税申报时不调整"和"本行填报金额不得小于本年上期申报金额"。这对房地产开发企业影响重大。

按照原填报口径，房地产开发企业未完工产品预售收入结转完工产品收

---

① 全文废止，参见《国家税务总局关于修订〈中华人民共和国企业所得税月（季）度预缴纳税申报表（A 类，2018 年版）〉等报表的公告》(国家税务总局公告 2020 年第 12 号)。

入后,计算的会计利润在预缴申报时要先全额纳税,其已按预计毛利计算预缴的税款只能在年度汇算清缴时抵减,预缴申报时不得作纳税调整。新填报口径意味着房地产开发企业未完工产品预售收入结转完工产品收入后,可以按照实际利润在预缴时对预计毛利额进行纳税调整,这对房地产开发企业是利好,减少了其资金占用。

【例 2 – 11】 房地产开发企业 2019 年第一季度取得 A 项目预售收入 10000 万元,期间费用 200 万元,预缴企业所得税 =(10000 × 15% – 200)× 25% = 325(万元);第二季度 A 项目达到完工条件,结转完工收入 10000 万元,成本 6000 万元,同时取得 B 项目预售收入 4000 万元,期间费用 100 万元。

若按照原填报口径,则第二季度预缴企业所得税 =(10000 – 6000 + 4000 × 15% – 100)× 25% = 1125(万元);若按照新填报口径,则第二季度预缴企业所得税 =(10000 – 6000 – 10000 × 15% + 4000 × 15% – 100)× 25% = 750(万元),该企业少预缴税款 = 1125 – 750 = 375(万元)。

2.5.8.2 2021 版预缴申报表

《国家税务总局关于发布〈中华人民共和国企业所得税月(季)度预缴纳税申报表(A 类)〉的公告》(国家税务总局公告 2021 年第 3 号)大幅简化报表数量,自 2021 年 4 月 1 日起启用。2021 版预缴申报表再度对"特定业务计算的应纳税所得额"进行修订,再度为房地产开发企业减负。

房地产开发企业在预售阶段,预缴的土地增值税,随预缴增值税而缴纳的城市维护建设税、教育费附加、地方教育附加等税费,在会计上记入"应交税费"科目,暂不结转"税金及附加"科目。年度申报表 A105010《视同销售和房地产开发企业特定业务纳税调整明细表》第 25 行"实际发生的税金及附加、土地增值税",填报说明为"房地产企业销售未完工产品实际发生的税金及附加、土地增值税,且在会计核算中未计入当期损益的金额"。该部分实际缴纳但在会计核算中未计入当期损益的税金及附加在汇算清缴时可以税前扣除,但在预缴时能否税前扣除存在争议。

2019年修订版预缴申报表主表第4行"特定业务计算的应纳税所得额"的填报说明规定，该行只能填报预计毛利额。由于预缴申报时的利润总额按照会计制度填报，企业在会计核算中未计入当期损益的税金及附加自然不能在应纳税所得额中扣除。因此，房地产开发企业实际缴纳但在会计核算中未计入当期损益的税金及附加在预缴时不能扣除，待汇算清缴时再扣除。

2021年修订版预缴申报主表第4行"特定业务计算的应纳税所得额"填报说明修改为："房地产开发企业销售未完工开发产品取得的预售收入，按照税收规定的预计计税毛利率计算出预计毛利额，扣除实际缴纳且在会计核算中未计入当期损益的土地增值税等税金及附加后的金额，在此行填报。"该部分税金在预缴时即可扣除，对房地产开发企业是利好，减少了其资金占用，也减少了汇算清缴时的纳税调整。

【例2-12】 某房地产开发企业2021年第一季度取得预售收入10000万元（不含税），发生期间费用200万元，计入损益的税金20万元，已缴纳未计入损益的税金40万元，预计计税毛利率15%。

原填报口径下：该房地产开发企业2021年第一季度预缴企业所得税 =（10000×15% - 200 - 20）×25% = 320（万元）

现填报口径下：该房地产开发企业2021年第一季度预缴企业所得税 =（10000×15% - 200 - 20 - 40）×25% = 310（万元）

2.5.9 叠加享受优惠

《国家税务总局关于进一步明确企业所得税过渡期优惠政策执行口径问题的通知》（国税函〔2010〕157号）第一条第（三）项规定："居民企业取得中华人民共和国企业所得税法实施条例第八十六条、第八十七条、第八十八条和第九十条规定可减半征收企业所得税的所得，是指居民企业应就该部分所得单独核算并依照25%的法定税率减半缴纳企业所得税。"

企业同时享受所得减半优惠和优惠税率，减半部分按照25%法定税率减半。《国家税务总局关于企业所得税年度汇算清缴有关事项的公告》(国家税务总局公告2021年第34号)明确了A107040《减免所得税优惠明细表》第29行"减:项目所得额按法定税率减半征收企业所得税叠加享受减免税优惠"的计算公式。可按五步法计算叠加享受税收优惠的实际应纳税额:

第一步:用法定税率计算应纳税额;

第二步:用优惠税率计算应纳税额;

第三步:得出减免税额;

第四步:计算叠加享受减免税额;

叠加享受减免税额=减免税额×〔(减半项目所得×50%)÷(纳税调整后所得−所得减免)〕

第五步:计算实际应纳税额。

实际应纳税额=法定应纳税额−(减免税额−减免税额与叠加享受减免税额的孰小值)

【例2−13】 甲公司为小型微利企业,纳税调整后所得400万元,其中300万元是所得减半征收的花卉种植项目所得。则:

第一步:

所得减免=300×50%=150(万元)

应纳税所得额=400−150=250(万元)

法定应纳税额=250×25%=62.5(万元)

第二步:

优惠应纳税额=100×12.5%×20%+(250−100)×25%×20%=10(万元)

第三步:

减免税额=62.5−10=52.5(万元)

第四步:

叠加享受减免税额=52.5×〔(300×50%)÷(400−150)〕=31.5(万元)

31.5万元<52.5万元,取31.5万元。

第五步：

实际应纳税额 = 62.5 - (52.5 - 31.5) = 41.5（万元）

【例 2-14】 乙公司为小型微利企业，纳税调整后所得 1000 万元，其中符合减半征收条件的花卉养殖项目所得 1200 万元，符合免税的林木种植项目所得 100 万元；弥补以前年度亏损 200 万元。则：

第一步：

所得减免 = 100 + 1200 × 50% = 700（万元）

应纳税所得额 = 1000 - 700 - 200 = 100（万元）

法定应纳税额 = 100 × 25% = 25（万元）

第二步：

优惠应纳税额 = 100 × 12.5% × 20% = 2.5（万元）

第三步：

减免税额 = 25 - 2.5 = 22.5（万元）

第四步：

叠加享受减免税额 = 22.5 × [（1200 × 50%）÷（1000 - 700）] = 45（万元）

45 万元 > 22.5 万元，取 22.5 万元。

第五步：

实际应纳税额 = 25 - (22.5 - 22.5) = 25（万元）

【例 2-15】 丙公司为小型微利企业，纳税调整后所得 500 万元，其中符合减半征收的花卉养殖项目所得 150 万元，符合免税的林木种植项目所得 300 万元；弥补以前年度亏损 20 万元。则：

情况一：选择享受所得减半优惠政策。

第一步：

所得减免 = 300 + 150 × 50% = 375（万元）

应纳税所得额 = 500 - 375 - 20 = 105（万元）

法定应纳税额 = 105 × 25% = 26.25（万元）

第二步：

优惠应纳税额 =100×12.5%×20% + (105-100) ×25%×20% = 2.75（万元）

第三步：

减免税额 =26.25 - 2.75 = 23.5（万元）

第四步：

计算叠加享受减免税额 =23.5 × [（150×50%）÷（500-375）] = 14.1（万元）

14.1万元 < 23.25万元，取14.1万元。

第五步：

实际应纳税额 =26.25 - (23.5-14.1) = 16.85（万元）

情况二：选择不享受所得减半优惠政策，即不叠加享受。

应纳税所得额 =500 - 300 - 20 = 180（万元）

实际应纳税额 =100×12.5%×20% + (180-100) ×25%×20% = 6.5（万元）

因此，选择不享受所得减半优惠政策更合适。

2.6 其他重要企业所得税优惠政策

2.6.1 高新技术企业

2.6.1.1 税收优惠方式

《企业所得税法》第二十八条第二款规定："国家需要重点扶持的高新技术企业，减按15%的税率征收企业所得税。"

2.6.1.2 高新技术企业认定标准

《科技部 财政部 国家税务总局关于修订印发〈高新技术企业认定管理办法〉的通知》（国科发火〔2016〕32号，以下简称《高新技术企业认定管理办法》）规定了高新技术企业须同时满足的条件；《科技部 财政部 国家税务总局关于修订印发〈高新技术企业认定管理工作指引〉的通知》(国科发火〔2016〕195号,以下简称《工作指引》)规定了相关指标标准。具体如下:

1. 企业申请认定时须注册成立一年以上。"注册成立一年以上"是指企业须注册成立365个日历天数以上;"当年""最近一年"和"近一年"都是指企业申报前1个会计年度;"近三个会计年度"是指企业申报前的连续3个会计年度(不含申报年);"申请认定前一年内"是指申请前的365天之内(含申报年)。

2. 企业通过自主研发、受让、受赠、并购等方式,获得对其主要产品(服务)在技术上发挥核心支持作用的知识产权的所有权。

(1) 高新技术企业认定所指的知识产权须在中国境内授权或审批审定,并在中国法律的有效保护期内。知识产权权属人应为申请企业。

(2) 不具备知识产权的企业不能认定为高新技术企业。

(3) 高新技术企业认定中,对企业知识产权情况采用分类评价方式,其中,发明专利(含国防专利)、植物新品种、国家级农作物品种、国家新药、国家一级中药保护品种、集成电路布图设计专有权等按Ⅰ类评价;实用新型专利、外观设计专利、软件著作权等(不含商标)按Ⅱ类评价。

(4) 按Ⅱ类评价的知识产权在申请高新技术企业时,仅限使用一次。

(5) 在申请高新技术企业及高新技术企业资格存续期内,知识产权有多个权属人时,只能由一个权属人在申请时使用。

(6) 申请认定时专利的有效性以企业申请认定前获得授权证书或授权通知书并能提供缴费收据为准。

(7) 发明、实用新型、外观设计、集成电路布图设计专有权可在国家知识产权局网站(http://www.sipo.gov.cn)查询专利标记和专利号;国防专利须提供国家知识产权局授予的国防专利证书;植物新品种可在农业部植物新品种保护办公室网站(http://www.cnpvp.cn)和国家林业局植物新品种保护办公室网站(http://www.cnpvp.net)查询。

国家级农作物品种是指农业部国家农作物品种审定委员会审定公告的农作物品种;国家新药须提供国家食品药品监督管理局签发的新药证书;国家

一级中药保护品种须提供国家食品药品监督管理局签发的中药保护品种证书；软件著作权可在国家版权局中国版权保护中心网站（http：//www.ccopyright.com.cn）查询软件著作权标记（亦称版权标记）。

3. 对企业主要产品（服务）发挥核心支持作用的技术属于《国家重点支持的高新技术领域》规定的范围。

高新技术产品（服务），是指对其发挥核心支持作用的技术属于《国家重点支持的高新技术领域》规定范围的产品（服务）。主要产品（服务），是指高新技术产品（服务）中，拥有在技术上发挥核心支持作用的知识产权的所有权，且收入之和在企业同期高新技术产品（服务）收入中超过50%的产品（服务）。

4. 企业从事研发和相关技术创新活动的科技人员占企业当年职工总数的比例不低于10%。

企业科技人员占比是企业科技人员数与职工总数的比值。

（1）科技人员。企业科技人员，是指直接从事研发和相关技术创新活动，以及专门从事上述活动的管理和提供直接技术服务的，累计实际工作时间在183天以上的人员，包括在职、兼职和临时聘用人员。

（2）职工总数。企业职工总数包括企业在职、兼职和临时聘用人员。在职人员可以通过企业是否签订了劳动合同或缴纳社会保险费来鉴别；兼职、临时聘用人员全年须在企业累计工作183天以上。

（3）统计方法。企业当年职工总数、科技人员数均按照全年月平均数计算：

月平均数 =（月初数 + 月末数）÷ 2

全年月平均数 = 全年各月平均数之和 ÷ 12

年度中间开业或者终止经营活动的，以其实际经营期作为一个纳税年度确定上述相关指标。

5. 企业近三个会计年度（实际经营期不满3年的按实际经营时间计算，下同）的研究开发费用总额占同期销售收入总额的比例符合如下要求：

一是最近一年销售收入小于5000万元（含）的企业，比例不低于5%；

二是最近一年销售收入在5000万元至2亿元（含）的企业，比例不低于4%；

三是最近一年销售收入在2亿元以上的企业，比例不低于3%。

其中，企业在中国境内发生的研究开发费用总额占全部研究开发费用总额的比例不低于60%。

(1) 企业研究开发活动确定。

研究开发活动，是指为获得科学与技术（不包括社会科学、艺术或人文学）新知识，创造性运用科学技术新知识，或实质性改进技术、产品（服务）、工艺而持续进行的具有明确目标的活动。不包括企业对产品（服务）的常规性升级或对某项科研成果直接应用等活动（如直接采用新的材料、装置、产品、服务、工艺或知识等）。

(2) 研究开发费用的归集范围。

①人员人工费用。

人员人工费用包括企业科技人员的工资薪金、基本养老保险费、基本医疗保险费、失业保险费、工伤保险费、生育保险费和住房公积金，以及外聘科技人员的劳务费用。

②直接投入费用。

直接投入费用，是指企业为实施研究开发活动而实际发生的相关支出。包括：

——直接消耗的材料、燃料和动力费用；

——用于中间试验和产品试制的模具、工艺装备开发及制造费，不构成固定资产的样品、样机及一般测试手段购置费，试制产品的检验费；

——用于研究开发活动的仪器、设备的运行维护、调整、检验、检测、维修等费用，以及通过经营租赁方式租入的用于研发活动的固定资产租赁费。

③折旧费用与长期待摊费用。

折旧费用，是指用于研究开发活动的仪器、设备和在用建筑物的折旧费。

长期待摊费用，是指研发设施的改建、改装、装修和修理过程中发生的长期待摊费用。

④无形资产摊销费用。

无形资产摊销费用，是指用于研究开发活动的软件、知识产权、非专利技术（专有技术、许可证、设计和计算方法等）的摊销费用。

⑤设计费用。

设计费用，是指为新产品和新工艺进行构思、开发和制造，进行工序、技术规范、规程制定、操作特性方面的设计等发生的费用，包括为获得创新性、创意性、突破性产品进行的创意设计活动发生的相关费用。

⑥装备调试费用与试验费用。

装备调试费用，是指工装准备过程中研究开发活动所发生的费用，包括研制特殊、专用的生产机器，改变生产和质量控制程序，或制定新方法及标准等活动所发生的费用。为大规模批量化和商业化生产所进行的常规性工装准备和工业工程发生的费用不能计入归集范围。

试验费用包括新药研制的临床试验费、勘探开发技术的现场试验费、田间试验费等。

⑦委托外部研究开发费用。

委托外部研究开发费用，是指企业委托境内外其他机构或个人进行研究开发活动所发生的费用（研究开发活动成果为委托方企业拥有，且与该企业的主要经营业务紧密相关）。

委托外部研究开发费用的实际发生额应按照独立交易原则确定，按照实际发生额的80%计入委托方研发费用总额。

⑧其他费用。

其他费用，是指上述费用之外与研究开发活动直接相关的其他费用，包括技术图书资料费、资料翻译费、专家咨询费、高新科技研发保险费，研发成果的检索、论证、评审、鉴定、验收费用，知识产权的申请费、注册费、代理费，会议费、差旅费、通讯费等。此项费用一般不得超过研究开发总费用的20%，另有规定的除外。

（3）企业在中国境内发生的研究开发费用。

企业在中国境内发生的研究开发费用，是指企业内部研究开发活动实际支出的全部费用与委托境内其他机构或个人进行的研究开发活动所支出的费用之和，不包括委托境外机构或个人完成的研究开发活动所发生的费用。受托研发的境外机构是指依照外国和地区（含港澳台）法律成立的企业和其他取得收入的组织；受托研发的境外个人是指外籍（含港澳台）个人。

（4）企业研究开发费用归集办法。

企业应正确归集研发费用，由具有资质并符合《工作指引》相关条件的中介机构进行专项审计或鉴证。

企业的研究开发费用是以单个研发活动为基本单位分别进行测度并加总计算的。企业应对包括直接研究开发活动和可以计入的间接研究开发活动所发生的费用进行归集，并填写《高新技术企业认定申请书》中的"企业年度研究开发费用结构明细表"。

企业应按照"企业年度研究开发费用结构明细表"设置高新技术企业认定专用研究开发费用辅助核算账目，提供相关凭证及明细表，并按《工作指引》要求进行核算。

（5）销售收入。

销售收入为主营业务收入与其他业务收入之和。

主营业务收入与其他业务收入按照企业所得税年度纳税申报表的口径计算。

6. 近一年高新技术产品（服务）收入占企业同期总收入的比例不低于60%。高新技术产品（服务）收入占比是指高新技术产品（服务）收入与同期总收入的比值。

（1）高新技术产品（服务）收入。高新技术产品（服务）收入，是指企业通过研发和相关技术创新活动，取得的产品（服务）收入与技术性收入的总和。对企业取得上述收入发挥核心支持作用的技术应属于《技术领域》规定的范围。其中，技术性收入包括：

①技术转让收入，是指企业技术创新成果通过技术贸易、技术转让所获得的收入；

②技术服务收入，是指企业利用自己的人力、物力和数据系统等为社会和本企业外的用户提供技术资料、技术咨询与市场评估、工程技术项目设计、数据处理、测试分析及其他类型的服务所获得的收入；

③接受委托研究开发收入，是指企业承担社会各方面委托研究开发、中间试验及新产品开发所获得的收入。

企业应正确计算高新技术产品（服务）收入，由具有资质并符合《工作指引》相关条件的中介机构进行专项审计或鉴证。

（2）总收入。总收入，是指收入总额减去不征税收入。

收入总额与不征税收入按照《企业所得税法》及其实施条例的规定计算。

7. 企业创新能力评价应达到相应要求。企业创新能力主要从知识产权、科技成果转化能力、研究开发组织管理水平、企业成长性四项指标进行评价。各级指标均按整数打分，满分为 100 分，综合得分达到 70 分以上（不含 70 分）为符合认定要求。

8. 企业申请认定前一年内未发生重大安全、重大质量事故或严重环境违法行为。

2.6.1.3 高新技术企业申请

企业对照《高新技术企业认定管理办法》进行自我评价。认为符合认定条件的在"高新技术企业认定管理工作网"注册登记，向认定机构提出认定申请。申请时提交下列材料：

（1）高新技术企业认定申请书；

（2）证明企业依法成立的相关注册登记证件；

（3）知识产权相关材料、科研项目立项证明、科技成果转化、研究开发的组织管理等相关材料；

（4）企业高新技术产品（服务）的关键技术和技术指标、生产批文、认证认可和相关资质证书、产品质量检验报告等相关材料；

（5）企业职工和科技人员情况说明材料；

（6）经具有资质的中介机构出具的企业近三个会计年度研究开发费用和近一个会计年度高新技术产品（服务）收入专项审计或鉴证报告，并附研究开发活动说明材料；

（7）经具有资质的中介机构鉴证的企业近三个会计年度的财务会计报告（包括会计报表、会计报表附注和财务情况说明书）；

（8）近三个会计年度企业所得税年度纳税申报表。

认定企业由领导小组办公室在"高新技术企业认定管理工作网"公示 10 个工作日，无异议的，予以备案，并在"高新技术企业认定管理工作网"公告，由认定机构向企业颁发统一印制的《高新技术企业证书》；有异议的，由认定机构进行核实处理。

2.6.1.4 高新技术企业后续管理

1. 每年填报情况

《高新技术企业认定管理办法》第十三条规定:"企业获得高新技术企业资格后,应每年5月底前在'高新技术企业认定管理工作网'填报上一年度知识产权、科技人员、研发费用、经营收入等年度发展情况报表。"企业自己填报相关情况,有关部门实行随机抽查和重点检查。

2. 企业发生变化要报告

《高新技术企业认定管理办法》第十七条规定:"高新技术企业发生更名或与认定条件有关的重大变化(如分立、合并、重组以及经营业务发生变化等)应在三个月内向认定机构报告。经认定机构审核符合认定条件的,其高新技术企业资格不变,对于企业更名的,重新核发认定证书,编号与有效期不变;不符合认定条件的,自更名或条件变化年度起取消其高新技术企业资格。"因此,高新技术企业条件发生变化的,应在规定时间内向认定机构报告。

《高新技术企业认定管理办法》第十九条第一款规定:"已认定的高新技术企业有下列行为之一的,由认定机构取消其高新技术企业资格:

"(1)在申请认定过程中存在严重弄虚作假行为的;

"(2)发生重大安全、重大质量事故或有严重环境违法行为的;

"(3)未按期报告与认定条件有关重大变化情况,或累计两年未填报年度发展情况报表的。"

企业发生以上三种行为的,会被取消高新技术企业资格,并被追缴税款。

《高新技术企业认定管理办法》第十六条规定:"对已认定的高新技术企业,有关部门在日常管理过程中发现其不符合认定条件的,应提请认定机构复核。复核后确认不符合认定条件的,由认定机构取消其高新技术企业资格,并通知税务机关追缴其不符合认定条件年度起已享受的税收优惠。"若税务机关在日常管理中发现高新技术企业不符合相关条件,应提请认定机构复核,由认定机构取消其高新技术企业资格,并通知税务机关追缴。

关于追缴税款的起点,《高新技术企业认定管理办法》第十九条第二款规定:"对被取消高新技术企业资格的企业,由认定机构通知税务机关按《税收征收管理法》及有关规定，追缴其自发生上述行为之日所属年度起已享受的高新技术企业税收优惠。"

《国家税务总局关于实施高新技术企业所得税优惠政策有关问题的公告》（国家税务总局公告2017年第24号）第二条规定："对取得高新技术企业资格且享受税收优惠的高新技术企业，税务部门如在日常管理过程中发现其在高新技术企业认定过程中或享受优惠期间不符合《认定办法》第十一条规定的认定条件的，应提请认定机构复核。复核后确认不符合认定条件的，由认定机构取消其高新技术企业资格，并通知税务机关追缴其证书有效期内自不符合认定条件年度起已享受的税收优惠。"

国家税务总局公告2017年第24号第二条解决了高新技术企业在享受优惠期间是否需要符合认定条件的争议。《高新技术企业认定管理办法》第十六条所称"认定条件"，既包括高新技术企业认定时的条件，也包括享受税收优惠期间的条件。因此，税务机关后续管理的范围为高新技术企业认定过程中和享受优惠期间。

2.6.2 技术先进型服务企业

2.6.2.1 技术先进型服务企业（服务外包类）

《财政部 税务总局 商务部 科技部 国家发展改革委关于将技术先进型服务企业所得税政策推广至全国实施的通知》（财税〔2017〕79号）第一条规定："对经认定的技术先进型服务企业，减按15%的税率征收企业所得税。"

技术先进型服务企业必须同时符合以下条件：

（1）在中国境内（不包括港、澳、台地区）注册的法人企业；

（2）从事《技术先进型服务业务认定范围（试行）》中的一种或多种技术先进型服务业务，采用先进技术或具备较强的研发能力；

（3）具有大专以上学历的员工占企业职工总数的50%以上；

（4）从事《技术先进型服务业务认定范围（试行）》中的技术先进型服务业务取得的收入占企业当年总收入的50%以上；

（5）从事离岸服务外包业务取得的收入不低于企业当年总收入的35%。

从事离岸服务外包业务取得的收入,是指企业根据境外单位与其签订的委托合同,由本企业或其直接转包的企业为境外单位提供《技术先进型服务业务认定范围(试行)》中所规定的信息技术外包服务(ITO)、技术性业务流程外包服务(BPO)和技术性知识流程外包服务(KPO),而从上述境外单位取得的收入。

2.6.2.2　技术先进型服务企业(服务贸易类)

《财政部　税务总局　商务部　科技部　国家发展改革委关于将服务贸易创新发展试点地区技术先进型服务企业所得税政策推广至全国实施的通知》(财税〔2018〕44号)第一条规定:"自2018年1月1日起,对经认定的技术先进型服务企业(服务贸易类),减按15%的税率征收企业所得税。"

所称技术先进型服务企业(服务贸易类)须符合的条件及认定管理事项,按照财税〔2017〕79号文件相关规定执行。其中,企业须满足的技术先进型服务业务领域范围按照财税〔2018〕44号文件所附《技术先进型服务业务领域范围(服务贸易类)》执行。

2.6.3　创投企业

2.6.3.1　投资于未上市的中小高新技术企业的创业投资企业

1. 优惠方式

《企业所得税法》第三十一条规定:"创业投资企业从事国家需要重点扶持和鼓励的创业投资,可以按投资额的一定比例抵扣应纳税所得额。"

《企业所得税法实施条例》第九十七条规定:"企业所得税法第三十一条所称抵扣应纳税所得额,是指创业投资企业采取股权投资方式投资于未上市的中小高新技术企业2年以上的,可以按照其投资额的70%在股权持有满2年的当年抵扣该创业投资企业的应纳税所得额;当年不足抵扣的,可以在以后纳税年度结转抵扣。"

《国家税务总局关于实施创业投资企业所得税优惠问题的通知》(国税发〔2009〕87号)第一条规定:"创业投资企业是指依照《创业投资企业管理暂行办法》(国家发展和改革委员会等10部委令2005年第39号,以下简称《暂行办法》)和《外商投资创业投资企业管理规定》(商务部等5部委令

2003年第2号）在中华人民共和国境内设立的专门从事创业投资活动的企业或其他经济组织。"

2. 优惠条件

创业投资企业税收优惠应按照《国家税务总局关于实施创业投资企业所得税优惠问题的通知》（国税发〔2009〕87号）规定执行。

（1）经营范围符合要求。经营范围符合《暂行办法》规定，且工商登记为"创业投资有限责任公司""创业投资股份有限公司"等专业性法人创业投资企业。

（2）完成备案。按照《暂行办法》规定的条件和程序完成备案，经备案管理部门年度检查核实，投资运作符合《暂行办法》的有关规定。

（3）采取股权投资方式投资。享受税收优惠的创业投资的业务范围限于股权投资方式。根据《暂行办法》的规定，创业投资企业的经营范围包括：①创业投资业务；②代理其他创业投资企业等机构或个人的创业投资业务；③创业投资咨询业务；④为创业企业提供创业管理服务业务；⑤参与设立创业投资企业与创业投资管理顾问机构。对于创业投资企业其他业务范围的所得，不得享受此处规定的抵扣应纳税所得额的优惠。

（4）创业投资于未上市的中小高新技术企业2年以上。需要符合以下要求：

①未上市。

②中小高新技术企业。

创业投资企业投资的中小高新技术企业，除应按照《高新技术企业认定管理办法》（国科发火〔2016〕32号）和《高新技术企业认定管理工作指引》（国科发火〔2016〕195号）的规定，通过高新技术企业认定以外，还应符合职工人数不超过500人，年销售（营业）额不超过2亿元，资产总额不超过2亿元的条件。中小企业接受创业投资之后，经认定符合高新技术企业标准的，应自其被认定为高新技术企业的年度起，计算创业投资企业的投资期限。该期限内中小企业接受创业投资后，企业规模超过中小企业标准，但仍符合高新技术企业标准的，不影响创业投资企业享受有关税收优惠。

③投资时间在2年以上。

【例 2-16】 甲创业投资公司，2023 年利润总额 500 万元，投资于一个未上市的中小高新技术企业，投资额 400 万元。没有其他纳税调整项目，满 2 年的当年：

（1）甲公司应纳税所得额为 500 万元。

（2）甲公司可抵扣的应纳税所得额 = 400 × 70% = 280（万元）

（3）甲公司本年度应纳税所得额 = 500 - 280 = 220（万元）

（4）甲公司本年度应纳所得税额 = 220 × 25% = 55（万元）

2.6.3.2 投资于初创科技型企业的创业投资企业

1. 优惠方式

《财政部　税务总局关于创业投资企业和天使投资个人有关税收政策的通知》（财税〔2018〕55 号）第一条规定："公司制创业投资企业采取股权投资方式直接投资于种子期、初创期科技型企业（以下简称初创科技型企业）满 2 年（24 个月，下同）的，可以按照投资额的 70% 在股权持有满 2 年的当年抵扣该公司制创业投资企业的应纳税所得额；当年不足抵扣的，可以在以后纳税年度结转抵扣。"

2. 优惠条件

公司制创业投资企业税收优惠应按照财税〔2018〕55 号文件和《国家税务总局关于创业投资企业和天使投资个人税收政策有关问题的公告》（国家税务总局公告 2018 年第 43 号）规定执行。

（1）初创科技型企业应同时符合以下条件：

①在中国境内（不包括港、澳、台地区）注册成立、实行查账征收的居民企业。

②接受投资时，从业人数不超过 300 人，其中具有大学本科以上学历的从业人数不低于 30%；资产总额和年销售收入均不超过 5000 万元。

从业人数，包括与企业建立劳动关系的职工人员及企业接受的劳务派遣人员。从业人数及资产总额指标，按照初创科技型企业接受投资前连续 12 个月的平均数计算，不足 12 个月的，按实际月数平均计算。具体计算公式如下：

月平均数＝（月初数＋月末数）÷2

接受投资前连续 12 个月平均数＝接受投资前连续 12 个月平均数之和÷12

销售收入，包括主营业务收入与其他业务收入；年销售收入指标，按照企业接受投资前连续 12 个月的累计数计算，不足 12 个月的，按实际月数累计计算。

③接受投资时设立时间不超过 5 年（60 个月，下同）。

④接受投资时以及接受投资后 2 年内未在境内外证券交易所上市。

⑤接受投资当年及下一纳税年度，研发费用总额占成本费用支出的比例不低于 20%。

研发费用总额占成本费用支出的比例，是指企业接受投资当年及下一纳税年度的研发费用总额合计占同期成本费用总额合计的比例。研发费用口径，按照《财政部　国家税务总局　科技部关于完善研究开发费用税前加计扣除政策的通知》（财税〔2015〕119 号）规定执行；成本费用，包括主营业务成本、其他业务成本、销售费用、管理费用、财务费用。

（2）创业投资企业，应同时符合以下条件：

①在中国境内（不含港、澳、台地区）注册成立、实行查账征收的居民企业或合伙创投企业，且不属于被投资初创科技型企业的发起人；

②符合《创业投资企业管理暂行办法》（发展改革委等 10 部门令第 39 号）规定或者《私募投资基金监督管理暂行办法》（证监会令第 105 号）关于创业投资基金的特别规定，按照上述规定完成备案且规范运作；

③投资后 2 年内，创业投资企业及其关联方持有被投资初创科技型企业的股权比例合计应低于 50%。

（3）投资时间应满 2 年。

公司制创业投资企业投资于初创科技型企业的实缴投资满 2 年，投资时间从初创科技型企业接受投资并完成工商变更登记的日期算起。

2.6.3.3　投资于未上市的中小高新技术企业的有限合伙制创业投资企业的法人合伙人

投资于未上市的中小高新技术企业的有限合伙制创业投资企业的法人合

伙人税收优惠，应按照《财政部　国家税务总局关于将国家自主创新示范区有关税收试点政策推广到全国范围实施的通知》（财税〔2015〕116号）和《国家税务总局关于有限合伙制创业投资企业法人合伙人企业所得税有关问题的公告》（国家税务总局公告2015年第81号）规定执行。

1. 优惠方式

自2015年10月1日起，全国范围内的有限合伙制创业投资企业采取股权投资方式投资于未上市的中小高新技术企业满2年（24个月）的，该有限合伙制创业投资企业的法人合伙人可按照其对未上市中小高新技术企业投资额的70%抵扣该法人合伙人从该有限合伙制创业投资企业分得的应纳税所得额，当年不足抵扣的，可以在以后纳税年度结转抵扣。

2. 优惠条件

有限合伙制创业投资企业，是指依照《中华人民共和国合伙企业法》《创业投资企业管理暂行办法》和《外商投资创业投资企业管理规定》（外经贸部　科技部　工商总局　税务总局　外汇管理局令2003年第2号，根据2015年10月28日《商务部关于修改部分规章和规范性文件的规定》修正）设立的专门从事创业投资活动的有限合伙企业。

有限合伙制创业投资企业的法人合伙人，是指依照《企业所得税法》及其实施条例以及相关规定，实行查账征收企业所得税的居民企业。

这里所称满2年，是指2015年10月1日起，有限合伙制创业投资企业投资于未上市中小高新技术企业的实缴投资满2年，同时，法人合伙人对该有限合伙制创业投资企业的实缴出资也应满2年。

3. 优惠计算

有限合伙制创业投资企业的法人合伙人对未上市中小高新技术企业的投资额，按照有限合伙制创业投资企业对中小高新技术企业的投资额和合伙协议约定的法人合伙人占有限合伙制创业投资企业的出资比例计算确定。

其中，有限合伙制创业投资企业对中小高新技术企业的投资额按实缴投资额计算；法人合伙人占有限合伙制创业投资企业的出资比例按法人合伙人对有限合伙制创业投资企业的实缴出资额占该有限合伙制创业投资企业的全部实缴出资额的比例计算。

如果法人合伙人投资于多个符合条件的有限合伙制创业投资企业,可合并计算其可抵扣的投资额和应分得的应纳税所得额。当年不足抵扣的,可结转以后纳税年度继续抵扣;当年抵扣后有结余的,应按照《企业所得税法》的规定计算缴纳企业所得税。

【例 2-17】 甲公司占有限合伙制创业投资企业乙的出资比例为 60%,乙企业投资于未上市中小高新技术企业满 2 年,投资额 1000 万元。假设 2023 年,甲公司应纳税所得额为 300 万元,其中来源于乙企业的应纳税所得额为 180 万元。

(1) 甲公司可以抵扣的投资额 = 1000 × 60% × 70% = 420(万元)

(2) 甲公司只能抵扣从乙分得的部分即 180 万元。

(3) 2017 年度甲公司应纳税所得额 = 300 - 180 = 120(万元)

(4) 结转以后年度抵扣的投资额 = 420 - 180 = 240(万元)

2.6.3.4 投资于初创科技型企业的有限合伙制创业投资企业的法人合伙人

投资于初创科技型企业的有限合伙制创业投资企业的法人合伙人税收优惠应按照财税〔2018〕55 号文件和国家税务总局公告 2018 年第 43 号规定执行。

1. 优惠方式

有限合伙制创业投资企业采取股权投资方式直接投资于初创科技型企业满 2 年的,该合伙创投企业的法人合伙人可以按照对初创科技型企业投资额的 70% 抵扣法人合伙人从合伙创投企业分得的所得;当年不足抵扣的,可以在以后纳税年度结转抵扣。

2. 优惠条件

初创科技型企业满 2 年等条件同投资于初创科技型企业的公司制创业投资企业。

3. 优惠计算

有限合伙制创业投资企业的法人合伙人对初创科技型企业的投资额,按照创业投资企业或天使投资个人对初创科技型企业的实缴投资额确定。合伙创投企业的合伙人对初创科技型企业的投资额,按照合伙创投企业对初创科技型企业的实缴投资额和合伙协议约定的合伙人占合伙创投企业的出资比例计算确定。合伙人从合伙创投企业分得的所得,按照《财政部 国家税务总局关于合伙企业合伙人所得税问题的通知》(财税〔2008〕159号)规定计算。出资比例,按投资满2年当年年末各合伙人对合伙创投企业的实缴出资额占所有合伙人全部实缴出资额的比例计算。

法人合伙人投资于多个符合条件的合伙创投企业,可合并计算其可抵扣的投资额和分得的所得。当年不足抵扣的,可结转以后纳税年度继续抵扣;当年抵扣后有结余的,应按照《企业所得税法》的规定计算缴纳企业所得税。

4. 管理措施

税务机关在公司制创业投资企业、合伙创业投资企业合伙人享受优惠政策后续管理中,对初创科技型企业是否符合规定条件有异议的,可以转请初创科技型企业主管税务机关提供相关资料,主管税务机关应积极配合。

创业投资企业、合伙创投企业合伙人、初创科技型企业提供虚假情况、故意隐瞒已投资抵扣情况或采取其他手段骗取投资抵扣,不缴或者少缴应纳税款的,按《税收征收管理法》有关规定处理。

投资于初创科技型企业的投资企业,包括公司制创业投资企业和合伙创业投资企业的法人合伙人企业所得税优惠政策自2017年1月1日起在试点地区执行,试点地区包括京津冀、上海、广东、安徽、四川、武汉、西安、沈阳8个全面创新改革试验区域和苏州工业园区;自2018年1月1日起,优惠政策推广到全国。

2.6.4 免税收入

2.6.4.1 国债利息收入

《企业所得税法》第二十六条第(一)项规定:"国债利息收入"为免税收入。《企业所得税法实施条例》第八十二条规定:"企业所得税法第二十六条第(一)项所称国债利息收入,是指企业持有国务院财政部门发行的国债取得的利息收入。"

需要注意的是,企业取得的国债利息收入为免税收入,国债转让收益为应税收入，不能混同于免税收入。

2.6.4.2 股息、红利收入

《企业所得税法》第二十六条第（二）项规定，"符合条件的居民企业之间的股息、红利等权益性投资收益"为免税收入。

《企业所得税法实施条例》第八十三条规定："企业所得税法第二十六条第（二）项所称符合条件的居民企业之间的股息、红利等权益性投资收益，是指居民企业直接投资于其他居民企业取得的投资收益。企业所得税法第二十六条第（二）项和第（三）项所称股息、红利等权益性投资收益，不包括连续持有居民企业公开发行并上市流通的股票不足12个月取得的投资收益。"

一个企业对另一企业进行权益性投资时，投资企业要从被投资企业取得股息、红利等权益性投资收益。由于股息、红利是从被投资企业税后利润中分配的，如果将股息、红利全额并入投资企业的应税收入中征收企业所得税，就会出现对同一经济来源所得的重复征税。因此，对股息、红利免税是各国的普遍做法。

《国家税务总局关于贯彻落实企业所得税法若干税收问题的通知》（国税函〔2010〕79号）第四条规定："企业权益性投资取得股息、红利等收入，应以被投资企业股东会或股东大会作出利润分配或转股决定的日期，确定收入的实现。被投资企业将股权（票）溢价所形成的资本公积转为股本的，不作为投资方企业的股息、红利收入，投资方企业也不得增加该项长期投资的计税基础。"

需要注意的是，居民企业直接投资于其他居民企业取得的投资收益属于免税收入，间接投资取得的投资收益不属于免税收入，投资于个人独资企业、合伙企业、外国企业获得的股息、红利不是免税收入。企业持有上市公司公开发行的股票不足12个月取得的投资收益不能免税，但持有非上市公司股权不足12个月取得的投资收益可以免税，没有时间限制。

2.6.5 所得减免

2.6.5.1 农、林、牧、渔业项目所得减免

《企业所得税法》第二十七条第（一）项规定："从事农、林、牧、渔业

项目的所得"可以免征、减征企业所得税。

《企业所得税法实施条例》第八十六条规定：

"企业所得税法第二十七条第（一）项规定的企业从事农、林、牧、渔业项目的所得，可以免征、减征企业所得税，是指：

"（一）企业从事下列项目的所得，免征企业所得税：

"（1）蔬菜、谷物、薯类、油料、豆类、棉花、麻类、糖料、水果、坚果的种植；

"（2）农作物新品种的选育；

"（3）中药材的种植；

"（4）林木的培育和种植；

"（5）牲畜、家禽的饲养；

"（6）林产品的采集；

"（7）灌溉、农产品初加工、兽医、农技推广、农机作业和维修等农、林、牧、渔服务业项目；

"（8）远洋捕捞。

"（二）企业从事下列项目的所得，减半征收企业所得税：

"（1）花卉、茶以及其他饮料作物和香料作物的种植；

"（2）海水养殖、内陆养殖。

"企业从事国家限制和禁止发展的项目，不得享受本条规定的企业所得税优惠。"

农产品初加工范围依照《财政部 国家税务总局关于发布享受企业所得税优惠政策的农产品初加工范围（试行）的通知》（财税〔2008〕149号）和《财政部 国家税务总局关于享受企业所得税优惠的农产品初加工有关范围的补充通知》（财税〔2011〕26号）执行。

采取"公司＋农户"经营模式从事牲畜、家禽的饲养的企业，根据《国家税务总局关于"公司＋农户"经营模式企业所得税优惠问题的公告》（国家税务总局公告2010年第2号）规定："目前，一些企业采取'公司＋农户'经营模式从事牲畜、家禽的饲养，即公司与农户签订委托养殖合同，向农户提供畜禽苗、饲料、兽药及疫苗等（所有权〈产权〉仍属于公司），农户将畜禽养大成为成品后交付公司回收。鉴于采取'公司+农户'经营模式的企业，虽不直接从事畜禽的养殖，但系委托农户饲养，并承担诸如市场、管理、采购、销售等经营职责及绝大部分经营管理风险，公司和农户是劳务外包关系。为此，对此类以'公司+农户'经营模式从事农、林、牧、渔业项目生产的企业，可以按照《中华人民共和国企业所得税法实施条例》第八十六条的有关规定，享受减免企业所得税优惠政策。"

2.6.5.2 国家重点扶持的公共基础设施项目所得减免

《企业所得税法》第二十七条第（二）项规定："从事国家重点扶持的公共基础设施项目投资经营的所得"可以免征、减征企业所得税。

《企业所得税法实施条例》第八十七条规定："企业所得税法第二十七条第（二）项所称国家重点扶持的公共基础设施项目，是指《公共基础设施项目企业所得税优惠目录》规定的港口码头、机场、铁路、公路、城市公共交通、电力、水利等项目。企业从事前款规定的国家重点扶持的公共基础设施项目的投资经营的所得，自项目取得第一笔生产经营收入所属纳税年度起，第一年至第三年免征企业所得税，第四年至第六年减半征收企业所得税。企业承包经营、承包建设和内部自建自用本条规定的项目，不得享受本条规定的企业所得税优惠。"

《财政部 国家税务总局 国家发展改革委关于公布公共基础设施项目企业所得税优惠目录（2008年版）的通知》（财税〔2008〕116号）发布了《公共基础设施项目企业所得税优惠目录（2008年版）》。

2.6.5.3 环境保护、节能节水项目所得减免

《企业所得税法》第二十七条第（三）项规定："从事符合条件的环境保护、节能节水项目的所得"可以免征、减征企业所得税。

《企业所得税法实施条例》第八十八条规定："企业所得税法第二十七条第（三）项所称符合条件的环境保护、节能节水项目，包括公共污水处理、公共垃圾处理、沼气综合开发利用、节能减排技术改造、海水淡化等。项目的具体条件和范围由国务院财政、税务主管部门商国务院有关部门制订，报国务院批准后公布施行。企业从事前款规定的符合条件的环境保护、节能节水项目的所得，自项目取得第一笔生产经营收入所属纳税年度起，第一年至

第三年免征企业所得税,第四年至第六年减半征收企业所得税。"

《财政部 税务总局 发展改革委 生态环境部关于公布〈环境保护、节能节水项目企业所得税优惠目录(2021年版)〉及〈资源综合利用企业所得税优惠目录(2021年版)〉的公告》(财政部 税务总局 发展改革委 生态环境部公告2021年第36号)发布了《环境保护、节能节水项目企业所得税优惠目录(2021年版)》,自2021年1月1日起施行。

2.6.5.4 技术转让所得

《企业所得税法》第二十七条第(四)项规定:"符合条件的技术转让所得"可以免征、减征企业所得税。

《企业所得税法实施条例》第九十条规定:"企业所得税法第二十七条第(四)项所称符合条件的技术转让所得免征、减征企业所得税,是指一个纳税年度内,居民企业技术转让所得不超过500万元的部分,免征企业所得税;超过500万元的部分,减半征收企业所得税。"

需要注意的是,若高新技术企业享受技术转让所得减半征收优惠,只能按照25%法定税率减半,不能按照15%优惠税率减半。《国家税务总局关于进一步明确企业所得税过渡期优惠政策执行口径问题的通知》(国税函〔2010〕157号)第一条第(三)项规定:"居民企业取得中华人民共和国企业所得税法实施条例第八十六条、第八十七条、第八十八条和第九十条规定可减半征收企业所得税的所得,是指居民企业应就该部分所得单独核算并依照25%的法定税率减半缴纳企业所得税。"

【例2-18】 某高新技术企业2023年纳税调整后所得为2000万元,其中700万元为技术转让所得。技术转让所得超过500万元的部分,应按照25%的法定税率减半,而不是按照高新技术企业15%的税率减半。该企业应纳所得税额=(2000-700)×15%+(700-500)×50%×25%=220(万元)。

2.6.5.5 注意事项

《企业所得税法实施条例》第一百零二条规定:"企业同时从事适用不同

企业所得税待遇的项目的,其优惠项目应当单独计算所得,并合理分摊企业的期间费用;没有单独计算的,不得享受企业所得税优惠。"

期间费用的分摊,可采用投资额、销售收入、资产额、人员工资等合理计算分摊比例。

2.6.6 残疾人员工资加计扣除

2.6.6.1 税收优惠方式

《企业所得税法》第三十条第(二)项规定:"安置残疾人员及国家鼓励安置的其他就业人员所支付的工资"可以在计算应纳税所得额时加计扣除。

《企业所得税法实施条例》第九十六条规定:"企业所得税法第三十条第(二)项所称企业安置残疾人员所支付的工资的加计扣除,是指企业安置残疾人员的,在按照支付给残疾职工工资据实扣除的基础上,按照支付给残疾职工工资的100%加计扣除。残疾人员的范围适用《中华人民共和国残疾人保障法》的有关规定。企业所得税法第三十条第(二)项所称企业安置国家鼓励安置的其他就业人员所支付的工资的加计扣除办法,由国务院另行规定。"

2.6.6.2 优惠条件

《财政部 国家税务总局关于安置残疾人员就业有关企业所得税优惠政策问题的通知》(财税〔2009〕70号)规定:

(1)企业安置残疾人员的,在按照支付给残疾职工工资据实扣除的基础上,可以在计算应纳税所得额时按照支付给残疾职工工资的100%加计扣除。企业就支付给残疾职工的工资,在进行企业所得税预缴申报时,允许据实计算扣除;在年度终了进行企业所得税年度申报和汇算清缴时,再依照该通知第一条第一款的规定计算加计扣除。

(2)残疾人员的范围适用《中华人民共和国残疾人保障法》的有关规定。

(3)企业享受安置残疾职工工资100%加计扣除应同时具备如下条件:

①依法与安置的每位残疾人签订了1年以上(含1年)的劳动合同或服务协议,并且安置的每位残疾人在企业实际上岗工作。

②为安置的每位残疾人按月足额缴纳了企业所在区县人民政府根据国家

政策规定的基本养老保险、基本医疗保险、失业保险和工伤保险等社会保险。

③定期通过银行等金融机构向安置的每位残疾人实际支付了不低于企业所在区县适用的经省级人民政府批准的最低工资标准的工资。

④具备安置残疾人上岗工作的基本设施。

⑤企业应在年度终了进行企业所得税年度申报和汇算清缴时,向主管税务机关报送该通知第四条规定的相关资料、已安置残疾职工名单及其《中华人民共和国残疾人证》或《中华人民共和国残疾军人证(1级至8级)》复印件和主管税务机关要求提供的其他资料,办理享受企业所得税加计扣除优惠的备案手续。

⑥在企业汇算清缴结束后,主管税务机关在对企业进行日常管理、纳税评估和纳税检查时,应对安置残疾人员企业所得税加计扣除优惠的情况进行核实。

2.6.7 专用设备投资额的税额抵免

《企业所得税法》第三十四条规定:"企业购置用于环境保护、节能节水、安全生产等专用设备的投资额,可以按一定比例实行税额抵免。"

《企业所得税法实施条例》第一百条规定:"企业所得税法第三十四条所称税额抵免,是指企业购置并实际使用《环境保护专用设备企业所得税优惠目录》《节能节水专用设备企业所得税优惠目录》和《安全生产专用设备企业所得税优惠目录》规定的环境保护、节能节水、安全生产等专用设备的,该专用设备的投资额的10%可以从企业当年的应纳税额中抵免;当年不足抵免的,可以在以后5个纳税年度结转抵免。享受前款规定的企业所得税优惠的企业,应当实际购置并自身实际投入使用前款规定的专用设备;企业购置上述专用设备在5年内转让、出租的,应当停止享受企业所得税优惠,并补缴已经抵免的企业所得税税款。"

2018年1月1日以后,按照《财政部 国家税务总局 应急管理部关于印发〈安全生产专用设备企业所得税优惠目录(2018年版)〉的通知》(财税〔2018〕84号)发布的《安全生产专用设备企业所得税优惠目录(2018年版)》执行。

2.6.8 加速折旧

2.6.8.1 双倍余额递减法

双倍余额递减法,是指在不考虑固定资产预计净残值的情况下,根据每期期初固定资产原值减去累计折旧后的金额和双倍的直线法折旧率计算固定资产折旧的一种方法。应用这种方法计算折旧额时,因为每年年初固定资产净值没有减去预计净残值,所以在计算固定资产折旧额时,应在其折旧年限到期前的两年期间,将固定资产净值减去预计净残值后的余额平均摊销。计算公式如下:

年折旧率 = 2 ÷ 预计使用寿命(年) × 100%

月折旧率 = 年折旧率 ÷ 12

月折旧额 = 月初固定资产账面净值 × 月折旧率

【例 2 - 19】 某设备原值为 120 万元,预计净残值率为 4%,预计使用年限为 5 年,按双倍余额递减法计算,每年折旧额如下:

年折旧率 = 2 ÷ 5 × 100% = 40%

第一年应提折旧 = 120 × 40% = 48(万元)

第二年应提折旧 = (120 - 48) × 40% = 28.8(万元)

第三年应提折旧 = (120 - 48 - 28.8) × 40% = 17.28(万元)

从第四年起改按直线法计提折旧:

第四年、第五年每年应提折旧 = (120 - 48 - 28.8 - 17.28 - 120 × 4%) ÷ 2 = 10.56(万元)

2.6.8.2 年数总和法

年数总和法,又称年限合计法,是指将固定资产的原值减去预计净残值后的余额,乘以一个以固定资产尚可使用寿命为分子、以预计使用寿命逐年数字之和为分母的逐年递减的分数计算每年的折旧额。计算公式如下:

年折旧率 = 尚可使用年限 ÷ 预计使用寿命的年数总和 × 100%

月折旧率 = 年折旧率 ÷ 12

月折旧额 =（固定资产原值 - 预计净残值）× 月折旧率

【例 2-20】 某设备原值为 120 万元，预计净残值率为 4%，预计使用年限为 5 年，按年数总和法计算，每年折旧额如下：

第一年应提折旧 =（120 - 120 × 4%）× 5 ÷ 15 = 38.4（万元）
第二年应提折旧 =（120 - 120 × 4%）× 4 ÷ 15 = 30.72（万元）
第三年应提折旧 =（120 - 120 × 4%）× 3 ÷ 15 = 23.04（万元）
第四年应提折旧 =（120 - 120 × 4%）× 2 ÷ 15 = 15.36（万元）
第五年应提折旧 =（120 - 120 × 4%）× 1 ÷ 15 = 7.68（万元）

2.6.8.3 缩短折旧年限

《企业所得税法实施条例》第九十八条第二款规定："采取缩短折旧年限方法的，最低折旧年限不得低于本条例第六十条规定折旧年限的 60%。"

《国家税务总局关于固定资产加速折旧税收政策有关问题的公告》（国家税务总局公告 2014 年第 64 号）第四条规定："企业采取缩短折旧年限方法的，对其购置的新固定资产，最低折旧年限不得低于企业所得税法实施条例第六十条规定的折旧年限的 60%；企业购置已使用过的固定资产，其最低折旧年限不得低于实施条例规定的最低折旧年限减去已使用年限后剩余年限的 60%。最低折旧年限一经确定，一般不得变更。"

因此，企业若采用缩短折旧年限的方法，须注意 60% 的限制。

2.6.9 资源综合利用

《企业所得税法》第三十三条规定："企业综合利用资源，生产符合国家产业政策规定的产品所取得的收入，可以在计算应纳税所得额时减计收入。"

《企业所得税法实施条例》第九十九条规定："企业所得税法第三十三条所称减计收入，是指企业以《资源综合利用企业所得税优惠目录》规定的资源作为主要原材料，生产国家非限制和禁止并符合国家和行业相关标准的产品取得的收入，减按 90% 计入收入总额。前款所称原材料占生产产品材料的比例不得低于《资源综合利用企业所得税优惠目录》规定的标准。"

《财政部 税务总局 发展改革委 生态环境部关于公布〈环境保护、节能节水项目企业所得税优惠目录（2021年版）〉以及〈资源综合利用企业所得税优惠目录（2021年版）〉的公告》（财政部 税务总局 发展改革委 生态环境部公告2021年第36号）发布了《资源综合利用企业所得税优惠目录（2021年版）》（以下简称《目录》），自2021年1月1日起施行。

企业以《目录》中所列资源为主要原材料，生产《目录》内符合国家或行业相关标准的产品取得的收入，在计算应纳税所得额时，减按90%计入当年收入总额。享受上述税收优惠时，《目录》内所列资源占产品原料的比例应符合《目录》规定的标准。

2.6.10 高新技术企业和科技型中小企业十年弥补亏损

2.6.10.1 优惠方式

自2018年1月1日起，当年具备高新技术企业或科技型中小企业资格[①]（以下统称资格）的企业，其具备资格年度之前5个年度发生的尚未弥补完的亏损，准予结转以后年度弥补，最长结转年限由5年延长至10年。政策依据为《财政部 税务总局关于延长高新技术企业和科技型中小企业亏损结转年限的通知》（财税〔2018〕76号）和《国家税务总局关于延长高新技术企业和科技型中小企业亏损结转弥补年限有关企业所得税处理问题的公告》（国家税务总局公告2018年第45号）。

2.6.10.2 一般规定

具备资格的企业，其具备资格年度之前5个年度发生的尚未弥补完的亏损，是指当年具备资格的企业，其前5个年度无论是否具备资格，所发生的尚未弥补完的亏损。

2018年具备资格的企业，无论2013—2017年是否具备资格，其2013年至2017年发生的尚未弥补完的亏损，均准予结转以后年度弥补，最长结转年

---

① 科技型中小企业认定标准参见《科技部 财政部 国家税务总局关于印发〈科技型中小企业评价办法〉的通知》（国科发政〔2017〕115号）和《科技部火炬中心关于印发〈科技型中小企业评价工作指引（试行）〉的通知》（国科火字〔2017〕144号）。

限为 10 年。2018 年以后年度具备资格的企业，依此类推，进行亏损结转弥补税务处理。

【例 2-21】 某公司 2018 年具备资格，2013 年亏损 300 万元，2014 年亏损 200 万元，2015 年亏损 100 万元，2016 年所得为 0，2017 年所得 200 万元，2018 年所得为 50 万元。按照政策规定，无论该公司在 2013—2017 年是否具备资格，2013 年亏损 300 万元，用 2017 年所得 200 万元、2018 年所得 50 万元弥补后，如果 2019—2023 年有所得仍可继续弥补；2014 年企业亏损 200 万元，依次用 2019—2024 年所得弥补；2015 年企业亏损 100 万元，依次用 2019—2025 年所得弥补。

【例 2-22】 接【例 2-21】，该公司 2019 年起不具备资格，2019 年亏损 100 万元。其之前 2013—2015 年尚未弥补完的亏损的最长结转年限为 10 年并不受影响。如果该公司在 2024 年之前任一年度重新具备资格，按照政策规定，2019 年亏损 100 万元准予向以后 10 年结转弥补，即准予依次用 2020—2029 年所得弥补。如果 2024 年其还不具备资格，按照政策规定，2019 年亏损 100 万元只准予向以后 5 年结转弥补，即依次用 2020—2024 年所得弥补，尚未弥补完的亏损，不允许用 2025—2029 年所得弥补。

2.6.10.3 重组

企业发生符合特殊性税务处理规定的合并或分立重组事项的，其尚未弥补完的亏损，按照《财政部 国家税务总局关于企业重组业务企业所得税处理若干问题的通知》（财税〔2009〕59 号）和国家税务总局公告 2018 年第 45 号有关规定进行税务处理：

（1）合并企业承继被合并企业尚未弥补完的亏损的结转年限，按照被合并企业的亏损结转年限确定；

（2）分立企业承继被分立企业尚未弥补完的亏损的结转年限，按照被分立企业的亏损结转年限确定；

（3）合并企业或分立企业具备资格的，其承继被合并企业或被分立企业尚未弥补完的亏损的结转年限,按照财税〔2018〕76号文件和国家税务总局公告2018年第45号规定处理。

【例2-23】 2018年甲公司吸收合并乙公司,适用特殊性税务处理规定。其中,甲公司不具备资格,其尚未弥补完的2016年亏损,准予向以后5年结转弥补。乙公司具备资格,其尚未弥补完的2016年亏损,准予向以后10年结转弥补。吸收合并后甲公司尚未弥补完的2016年亏损,包括合并前甲公司尚未弥补完的亏损和乙公司尚未弥补完的亏损,按照政策规定应当分别处理,即合并后甲公司尚未弥补完的2016年亏损,其中,合并前甲公司尚未弥补完的亏损,只准予用2018—2021年的所得弥补;合并前乙公司尚未弥补完的亏损,按照财税〔2009〕59号文件第六条第(四)项有关规定计算后,准予用2018—2026年的所得弥补。如合并后甲公司2018年具备资格,合并后甲公司尚未弥补完的2016年亏损,包括合并前甲公司尚未弥补完的亏损和乙公司尚未弥补完的亏损,均准予用2018—2026年的所得弥补。

【例2-24】 2018年甲公司分立新设乙公司和丙公司,适用特殊性税务处理规定。其中,甲公司具备资格,其尚未弥补完的2016年亏损,准予向以后10年结转弥补。分立新设的乙公司和丙公司分别承继甲公司尚未弥补完的2016年亏损。按照政策规定,分立后乙公司和丙公司分别承继甲公司尚未弥补完的2016年亏损,按照财税〔2009〕59号文件第六条第(五)项有关规定计算后,无论分立后乙公司和丙公司是否具备资格,均准予用2018—2026年的所得弥补。

3 个人所得税优惠政策

3.1 专项附加扣除

3.1.1 子女教育

3.1.1.1 概述

《国务院关于印发个人所得税专项附加扣除暂行办法的通知》(国发〔2018〕41号)第五条规定:"纳税人的子女接受全日制学历教育的相关支出,按照每个子女每月1000元的标准定额扣除。"

父母,是指生父母、继父母、养父母;子女,是指婚生子女、非婚生子女、继子女、养子女。

3.1.1.2 子女教育支出可以扣除的情况

子女教育支出可以扣除的情况主要包括:

(1) 纳税人的每个子女自年满3岁起,每月扣除1000元;每个子女都可以扣除1000元,如纳税人有两个孩子,可扣除2000元(1000×2),没有数额限制,纳税人有N个孩子,可扣除1000元×N。

(2) 子女自年满3岁,无论是否上幼儿园,父母都可以扣除。

(3) 子女休学、参军等,只要保留学籍,父母仍可以扣除。

(4) 子女寒、暑假期间,父母也可以扣除,但该寒、暑假应在连续学历之间。如子女大学毕业考取研究生,二者之间的暑假,父母可以扣除。

(5) 子女接受学历教育,即使未取得毕业证书,父母也可以扣除。

（6）私立学校，只要国家承认学历，父母也可以扣除。

（7）子女为外籍，父母也可以扣除。

（8）对于离异重组等情况的家庭子女而言，具体扣除方法由父母双方协商决定，一个孩子扣除总额不能超过1000元/月，扣除人不能超过2个。

3.1.1.3 子女教育支出不能扣除的情况

子女教育支出不能扣除的情况主要包括：

（1）子女自年满3岁前，父母不能按照子女教育扣除，应按照3岁以下婴幼儿照护扣除。

（2）子女到了入学年龄，没有入学，没有学籍，父母不能扣除。

（3）子女的学历非全日制，如子女读在职研究生，虽有学历，但非全日制，则父母不能扣除。

（4）境外非正规大学不能扣除。

（5）学历教育应连续计算，若中断，则不能扣除，如子女大学毕业，一年后考取研究生，大学毕业至研究生入学这一年父母不能扣除。

（6）若父母间分摊，只能按照各自50%分摊，不能约定其他比例。

3.1.1.4 扣除方法

父母可以任意一方全部扣除，也可以父母各自扣除50%。分摊扣除是按每个子女确定扣除比例。具体扣除方式在一个纳税年度内不能变更。

学前教育阶段，为子女年满3岁当月至小学入学前一月。学历教育，为子女接受全日制学历教育入学的当月至全日制学历教育结束的当月。

【例3-1】 纳税人的子女于2022年9月年满3岁，则该纳税人自2022年9月起每月可以扣除1000元，2022年全年可以扣除4000元（1000×4）；2023年全年可以扣除12000元。

【例3-2】 纳税人有两个子女，正在上学，则有下列三种扣除方法：

（1）父亲扣除2000元/月，母亲不扣除；

（2）母亲扣除2000元/月，父亲不扣除；

（3）父亲、母亲分别扣除1000元/月。

【例 3-3】 夫妻离异，一方抚养子女，另一方也可以扣除；夫妻离异，再组建家庭，既可以扣除自己子女的，也可以扣除对方子女的。需要注意的是，子女教育专项附加扣除是按子女扣除，即使亲生父母、继父母都符合扣除条件，但不能每人都扣除。总之，一个子女至多只能扣除 1000 元/月。如甲、乙有一个孩子，后甲、乙离婚，孩子归乙抚养，如果甲、乙与丙、丁各自组建家庭，则甲、乙、丙、丁都符合扣除条件，但只能其中一人每月扣除 1000 元，或两人每月分别扣除 500 元，不能四个人都扣除。

【例 3-4】 某员工 2023 年 1 月新入职 A 单位开始领工资，其 3 月才首次向单位报送正在上幼儿园的 4 岁女儿相关信息。则 3 月该员工可在 A 单位发工资时扣除的子女教育支出金额为 3000 元（1000 元/月 × 3 个月）。

3.1.1.5 填报信息及留存资料

1. 填报信息

纳税人享受子女教育专项附加扣除，应当填报配偶及子女的姓名、身份证件类型及号码、子女当前受教育阶段及起止时间、子女就读学校以及本人与配偶之间扣除分配比例等信息。

2. 留存资料

国内学历无留存资料。子女在境外接受教育的，应当留存境外学校录取通知书、留学签证等境外教育佐证资料。

3.1.2 继续教育

3.1.2.1 概述

国发〔2018〕41 号文件第八条规定："纳税人在中国境内接受学历（学位）继续教育的支出，在学历（学位）教育期间按照每月 400 元定额扣除。同一学历（学位）继续教育的扣除期限不能超过 48 个月。纳税人接受技能人员职业资格继续教育、专业技术人员职业资格继续教育的支出，在取得相关证书的当年，按照 3600 元定额扣除。"

3.1.2.2 继续教育支出可以扣除的情况

1. 学历（学位）继续教育

（1）学历和学位教育都可以扣除，如同等学力教育，只有学位没有学历，也可以扣除。

（2）继续教育，即使未取得学历、学位证书，也可以扣除。

（3）同一学历，期间可以转换专业，如纳税人在某专业学习48个月后又转换专业继续学习，仍然可以扣除。

（4）即使休学，只要保留学籍，仍可以扣除。

（5）寒、暑假期间，也可以扣除，但该寒、暑假应在连续学历之间。

（6）非全日制学历（学位）继续教育，也可以扣除，如读非全日制在职研究生，也可以扣除。

（7）本科及以下学历（学位）继续教育，可以由本人扣除，也可以由其父母扣除，但不能重复扣除。

（8）参加自学考试，按照《高等教育自学考试暂行条例》的有关规定，高等教育自学考试应考者取得一门课程的单科合格证书后，省考委即应为其建立考籍管理档案。具有考籍管理档案的考生，可以享受继续教育专项附加扣除。

2. 职业资格继续教育

（1）在取得相关证书的年度扣除，以证书上的发证日期为准。

（2）发证日期为2019年1月1日后的证书才可以扣除。如证书上的发证日期为2018年12月31日，纳税人2019年1月3日取得，不能扣除。

（3）可以扣除的证书，以人力资源和社会保障部发布的《国家职业资格目录》内证书为准。该目录不断更新，目前最新版本是人力资源和社会保障部2021年12月发布的《国家职业资格目录（2021年版）》。

（4）学历（学位）继续教育和职业资格继续教育可以叠加扣除，如纳税人在继续教育的同时取得资格证书，当年合计可扣除8400元（400×12+3600）。

3.1.2.3 继续教育支出不能扣除的情况

1. 学历（学位）继续教育

（1）同一学历（学位）学习超过48个月的继续教育不能扣除。

（2）继续教育应连续计算，若中断，则不能扣除。如大学毕业，一年后考取研究生，则大学毕业至研究生入学这一年不能扣除。

（3）本科以上的学历（学位）继续教育，只能由本人扣除，不能由其父母扣除。

（4）在中国境外接受继续教育，不能扣除。

2. 职业资格继续教育

（1）职业资格继续教育一年只能扣除3600元，即使同一年度内取得多个证书，也只能扣除3600元。

（2）取得相关证书的当年扣除，以后年度不能再扣除。

（3）不在《国家职业资格目录》内的证书不能扣除。

（4）取得中国境外的职业资格证书，不能扣除。

（5）职业资格继续教育只能由本人扣除，不能由其父母扣除。

3.1.2.4 扣除方法

本科及以下学历（学位）继续教育，可以由本人按照继续教育支出扣除，也可以由其父母按照子女教育支出扣除，但不能本人和父母同时扣除。

职业资格继续教育既可以在取得证书的当月及以后月份扣除，也可以在汇算清缴时扣除。

学历（学位）继续教育，为在中国境内接受学历（学位）继续教育入学的当月至学历（学位）继续教育结束的当月，同一学历（学位）继续教育的扣除期限最长不得超过48个月。技能人员职业资格继续教育、专业技术人员职业资格继续教育，为取得相关证书的当年。

【例3-5】 一对夫妻有一子一女，儿子在读全日制研究生，当年取得注册会计师证书；女儿在读大学三年级，则儿子、女儿的子女教育由父母扣除，扣除方法同【例3-2】，职业资格继续教育3600元只能由儿子本人扣除。

3.1.2.5 填报信息及留存资料

1. 填报信息

纳税人享受继续教育专项附加扣除，接受学历（学位）继续教育的，应当填报教育起止时间、教育阶段等信息；接受技能人员或者专业技术人员职业资格继续教育的，应当填报证书名称、证书编号、发证机关、发证（批准）时间等信息。

2. 留存资料

纳税人接受技能人员职业资格继续教育、专业技术人员职业资格继续教育的，应当留存职业资格相关证书等资料。

3.1.3 大病医疗

3.1.3.1 概述

国发〔2018〕41 号文件第十一条规定："在一个纳税年度内，纳税人发生的与基本医保相关的医药费用支出，扣除医保报销后个人负担（指医保目录范围内的自付部分）累计超过 15000 元的部分，由纳税人在办理年度汇算清缴时，在 80000 元限额内据实扣除。"

3.1.3.2 医疗支出可以扣除的情况

医疗支出可以扣除的情况主要包括：

（1）医保目录范围内的自付部分才能扣除。

（2）不限定大病定义，只以金额为标准。

（3）个人的大病医疗金额可以叠加，如某人一年得了三场病，医保目录范围内的自付部分均为 6000 元，则超过了 15000 元，可扣除 3000 元（6000×3－15000）。

（4）个人负担超过 15000 元的医药费用支出部分，可以按照每年 80000 元标准限额据实扣除。即若个人医保目录范围内自付 95000 元，则可扣除 80000 元（95000－15000），如图 3－1 所示。

图 3－1 医疗支出扣除示意

3.1.3.3 医疗支出不能扣除的情况

医疗支出不能扣除的情况主要包括:

(1) 医保目录范围外的自费部分不能扣除。

(2) 医保目录范围内的自费部分 15000 元以内和超过 95000 元的部分不能扣除。

(3) 多人不能叠加,如一家三口,一年内每人都得了一场病,每人医保目录范围内的自付部分均为 6000 元,则每人都不能扣除。

(4) 大病医疗是专项附加扣除里唯一据实限额扣除的项目,若医保目录范围内的自付部分个人负担超过 15000 元不足 95000 元的,据实扣除,不能按 80000 元扣除。

(5) 大病医疗是专项附加扣除里唯一只能在汇算清缴时扣除的项目,预扣预缴时不能扣除。

(6) 若子女已成年,即使没有经济来源,父母也不能扣除其大病医疗。

3.1.3.4 扣除方法

大病医疗专项附加扣除可以由本人扣除,也可以由其配偶扣除;未成年子女的大病医疗,可由父母任意一方扣除,不能分摊。

扣除时间为医疗保障信息系统记录的医药费用实际支出的当年。

【例 3 - 6】 某人 2023 年医保目录范围内的自付部分为 80000 元,则当年汇算清缴时可以扣除 = 80000 - 15000 = 65000(元)。

【例 3 - 7】 某人 2023 年医保目录范围内的自付部分为 100000 元,100000 - 15000 = 85000(元),则当年汇算清缴时可以扣除 80000 元。

3.1.3.5 填报信息及留存资料

1. 填报信息

纳税人享受大病医疗专项附加扣除,应当填报患者姓名、身份证件类型及号码、与纳税人关系、与基本医保相关的医药费用总金额、医保目录范围内个人负担的自付金额等信息。

2. 留存资料

大病患者医药服务收费及医保报销相关票据原件或复印件，或者医疗保障部门出具的纳税年度医药费用清单等资料。

3.1.4 住房贷款利息

3.1.4.1 概述

国发〔2018〕41 号文件第十四条规定："纳税人本人或者配偶单独或者共同使用商业银行或者住房公积金个人住房贷款为本人或者其配偶购买中国境内住房，发生的首套住房贷款利息支出，在实际发生贷款利息的年度，按照每月 1000 元的标准定额扣除，扣除期限最长不超过 240 个月。纳税人只能享受一次首套住房贷款的利息扣除。本办法所称首套住房贷款是指购买住房享受首套住房贷款利率的住房贷款。"

如果纳税人难以确定自有住房贷款是否符合扣除条件，可以通过查阅贷款合同（协议），或向办理贷款的银行、住房公积金中心咨询等方式确认。

《中国人民银行办公厅 财政部办公厅 税务总局办公厅关于做好个人所得税住房贷款利息专项附加扣除相关信息归集工作的通知》（银办发〔2019〕71 号）规定，依托人民银行征信系统（以下简称征信系统），在目前已采集的商业性个人住房贷款信息基础上，增加采集"贷款合同编号"和"是否为首套住房贷款"两个数据项。其中，"是否为首套住房贷款"的判断以差别化住房信贷政策的发布时间为分界点。2003 年 6 月 6 日，中国人民银行发布《关于加强房地产信贷业务管理的通知》（银发〔2003〕121 号），开始执行差别化住房信贷政策，要求全国各地区的商业银行对借款人购买第一套自住住房和第二套（含）以上住房，执行差别化的首付款比例和利率政策。贷款发放日期在 2003 年 6 月 6 日（含）之后的，根据当时发放贷款的历史时点的差别化住房信贷政策以及所在地区在该历史时点发布的相关住房信贷政策执行标准判断"是否为首套住房贷款"。

住房贷款利息和住房租金只能二选一扣除，不能同时扣除。

3.1.4.2 住房贷款利息可以扣除的情况

住房贷款利息可以扣除的情况主要包括：

（1）每月实际还款利息不足 1000 元，也可以按照每月 1000 元扣除。

（2）2019 年 1 月 1 日前购买的首套住房也可以扣除。如纳税人 2019 年 1 月 1 日前购买一套首套住房，正在还贷，2019 年 1 月 1 日起可以按照每月 1000 元扣除。

（3）与是否取得房屋产权证无关。即使未取得房屋产权证，也可以扣除。

（4）采用组合贷款方式购买的住房，如公积金中心或者商业银行其中之一，是按照首套房屋贷款利率发放的贷款，则可以享受住房贷款利息扣除。

3.1.4.3 住房贷款利息不能扣除的情况

住房贷款利息不能扣除的情况主要包括：

（1）非住房不能扣除。

（2）非首套住房不能扣除。

（3）只能扣除首套住房，如某人在北京市购买一套住房，在天津市购买一套住房，只能扣除一套。

（4）非本人或配偶为本人或配偶购买的住房不能扣除，如以父母的名义买房，自己还贷，不能扣除；夫妻二人购买一套首套住房，房屋产权证上写子女的名字，不能扣除；夫妻二人购买一套首套住房，房屋产权证上写女方的名字，男方还贷，离婚后男方继续还贷，由于女方已不是其配偶，男方不能扣除。

（5）房贷利息超过 240 个月不能扣除。

3.1.4.4 扣除方法

扣除时间为贷款合同约定开始还款的当月至贷款全部归还或贷款合同终止的当月（扣除期限最长不超过 240 个月）。

经夫妻双方约定，可以选择由其中一方扣除，具体扣除方式在一个纳税年度内不能变更。

夫妻双方婚前分别购买住房发生的首套住房贷款，婚后其贷款利息支出可以选择其中一套购买的住房，由购买方按扣除标准的 100% 扣除，也可以由夫妻双方对各自购买的住房分别按扣除标准的 50% 扣除，具体扣除方式在一个纳税年度内不能变更。

【例 3-8】 夫妻二人结婚前各自购买一套首套住房，各自还贷，各自每月扣除 1000 元。结婚后，要么夫妻其中一人每月扣除 1000 元，另一人不扣除；要么夫妻二人各扣除 500 元。总之，结婚后，不能夫妻再各自每月扣除 1000 元。

3.1.4.5 填报信息及留存资料

1. 填报信息

纳税人享受住房贷款利息专项附加扣除，应当填报住房权属信息、住房坐落地址、贷款方式、贷款银行、贷款合同编号、贷款期限、首次还款日期等信息；纳税人有配偶的，填写配偶姓名、身份证件类型及号码。

2. 留存资料

住房贷款合同、贷款还款支出凭证等资料。

3.1.5 住房租金

3.1.5.1 概述

国发〔2018〕41号文件第十七条规定："纳税人在主要工作城市没有自有住房而发生的住房租金支出，可以按照以下标准定额扣除：（一）直辖市、省会（首府）城市、计划单列市以及国务院确定的其他城市，扣除标准为每月1500元；（二）除第一项所列城市以外，市辖区户籍人口超过100万的城市，扣除标准为每月1100元；市辖区户籍人口不超过100万的城市，扣除标准为每月800元。纳税人的配偶在纳税人的主要工作城市有自有住房的，视同纳税人在主要工作城市有自有住房。市辖区户籍人口，以国家统计局公布的数据为准。"

住房贷款利息和住房租金只能二选一扣除，不能同时扣除。

3.1.5.2 住房租金可以扣除的情况

住房租金可以扣除的情况主要包括：

（1）每月实际房租不足定额，也可以按照每月定额扣除。

（2）主要工作城市为其全部行政区域范围，包括郊区。

（3）转租的住房也可以扣除。

（4）非主要工作城市有住房，在主要工作城市租房，也可以扣除。如纳税人在北京有住房，任职受雇在天津，在天津租房，可以扣除。

（5）如果任职受雇所在地与实际工作地不符，以实际工作地为主要工作城市。如纳税人公司所在地为保定，被派往分公司所在地北京工作，纳税人及其配偶在北京都没有住房，在北京租房居住，按照北京市的标准享受住房租金扣除。

（6）纳税人在主要工作城市无住房，在其他城市租房，也可以扣除。如纳税人主要工作地在北京，在北京郊区租房居住，按照北京市的标准享受住房租金扣除。

（7）夫妻双方主要工作城市不同，且都无住房，可以分别扣除。

3.1.5.3　住房租金不能扣除的情况

住房租金不能扣除的情况主要包括：

（1）非住房不能扣除。

（2）纳税人在主要工作城市有住房，不能扣除住房租金。如纳税人在北京南部有住房，工作在北京北部，在单位附近租房，不能扣除。

（3）纳税人的配偶在主要工作城市有住房，视同纳税人有住房。如夫妻二人，女方在北京南部有住房，男方工作在北京北部，在单位附近租房，不能扣除。

（4）非签订租赁住房合同的承租人不能扣除。如夫妻租房，男方与房东签订租赁住房合同，后男方辞职无收入，女方有收入，除非由女方重新签订租赁住房合同，否则女方不能扣除。

3.1.5.4　扣除方法

扣除时间为租赁合同（协议）约定的房屋租赁期开始的当月至租赁期结束的当月。提前终止合同（协议）的，以实际租赁期限为准。

夫妻双方主要工作城市相同的，只能由一方扣除住房租金支出。

住房租金支出由签订租赁住房合同的承租人扣除。

纳税人及其配偶在一个纳税年度内不能同时分别享受住房贷款利息和住房租金专项附加扣除。

【例 3-9】 夫妻共同在天津市购买首套住房，正在偿还住房贷款，后来男方到北京工作并租房，可选择以下三种扣除方法：

(1) 男方每月扣除住房贷款利息 1000 元，女方不扣除；

(2) 女方每月扣除住房贷款利息 1000 元，男方不扣除；

(3) 男方每月扣除租房租金 1500 元。

但不能男方扣除租房租金，女方扣除住房贷款利息。

既在非主要工作城市有住房贷款利息，又在直辖市、省会城市、计划单列市、市辖区户籍人口超过 100 万的其他城市租房，显然选择扣除房租更合适。

3.1.5.5 填报信息及留存资料

1. 填报信息

纳税人享受住房租金专项附加扣除，应当填报主要工作城市、租赁住房坐落地址、出租人姓名及身份证件类型和号码或者出租方单位名称及纳税人识别号（社会统一信用代码）、租赁起止时间等信息；纳税人有配偶的，填写配偶姓名、身份证件类型及号码。

2. 留存资料

住房租赁合同或协议等资料。

3.1.6 赡养老人

3.1.6.1 概述

国发〔2018〕41 号文件第二十二条规定："纳税人赡养一位及以上被赡养人的赡养支出，统一按照以下标准定额扣除：（一）纳税人为独生子女的，按照每月 2000 元的标准定额扣除；（二）纳税人为非独生子女的，由其与兄弟姐妹分摊每月 2000 元的扣除额度，每人分摊的额度不能超过每月 1000 元。可以由赡养人均摊或者约定分摊，也可以由被赡养人指定分摊。约定或者指定分摊的须签订书面分摊协议，指定分摊优先于约定分摊。具体分摊方式和额度在一个纳税年度内不能变更。"

3.1.6.2 赡养老人支出可以扣除的情况

赡养老人支出可以扣除的情况主要包括：

（1）任意一个老人年满60岁，子女就可以扣除。

（2）无论老人有无经济来源，子女都可以扣除。

（3）父母已去世，实际承担对祖父母、外祖父母赡养义务的孙子女、外孙子女可以扣除。

（4）生父母有两个子女，将其中一个过继给养父母，养父母家没有其他子女，被过继的子女在新家庭中属于独生子女。留在原家庭的孩子，如没有兄弟姐妹与其一起承担赡养生父母的义务，也可以按照独生子女标准享受扣除。

（5）非独生子女的兄弟姐妹均已去世，其可在第二年按照独生子女标准享受扣除。

3.1.6.3 赡养老人支出不能扣除的情况

赡养老人支出不能扣除的情况主要包括：

（1）无论赡养几个老人，都只能每月扣除2000元。

（2）赡养岳父母，不能扣除。

（3）非独生子女，即使老人由一人赡养，也必须与其他子女分摊，不能实际赡养人全部扣除。

3.1.6.4 扣除方法

扣除时间为被赡养人年满60周岁的当月至赡养义务终止的年末。

纳税人为独生子女的，按照每月2000元的标准定额扣除；纳税人为非独生子女的，由其与兄弟姐妹分摊每月2000元的扣除额度，每人分摊的额度不能超过每月1000元。可以由赡养人均摊或者约定分摊，也可以由被赡养人指定分摊。约定或者指定分摊的须签订书面分摊协议，指定分摊优先于约定分摊。具体分摊方式和额度在一个纳税年度内不能变更。

与其他分摊方式不同的是，非独生子女的，赡养老人必须分摊，不能由一个子女全部扣除。即使有子女无收入，也必须分摊。与其他附加扣除可以选择分摊不同，赡养老人是强制分摊，若平价分摊，则无需签订书面分摊协议，若非平价分摊，则应签订书面分摊协议。

【例3-10】 假设某人的父亲于2022年9月年满60周岁,则该人2022年9月起每月可以扣除2000元,2022年全年可以扣除8000元(2000×4);2023年全年可以扣除24000元。若该人的父亲于2024年10月不幸离世,且无其他符合条件的老人,则该人2024年全年仍然可以扣除24000元;2025年及以后不能扣除。

【例3-11】 某老人有三个子女,可以有以下三种分摊方法:

(1)平均分摊:三个子女每人每月分别扣除666.67元,不用签订书面分摊协议。

(2)约定分摊:三个子女约定老大每月扣除1000元,老二、老三每月分别扣除500元;若老三没有收入,则约定老大、老二每月分别扣除1000元,老三扣除0元,应签订书面分摊协议。

(3)指定分摊:老人指定老二每月扣除1000元,老大每月扣除800元,老三每月扣除200元,应签订书面分摊协议。

指定分摊与约定分摊不一致的,以指定分摊为准。

3.1.6.5 填报信息及留存资料

1. 填报信息

纳税人享受赡养老人专项附加扣除,应当填报纳税人是否为独生子女、月扣除金额、被赡养人姓名及身份证件类型和号码、与纳税人关系;有共同赡养人的,需填报分摊方式、共同赡养人姓名及身份证件类型和号码等信息。

2. 留存资料

约定或指定分摊的书面分摊协议等资料。

3.1.7 3岁以下婴幼儿照护

3.1.7.1 政策规定

《国务院关于设立3岁以下婴幼儿照护个人所得税专项附加扣除的通知》(国发〔2022〕8号)规定,自2022年1月1日起,纳税人照护3岁以下婴幼儿子女的相关支出,按照每个婴幼儿每月1000元的标准定额扣除。

3.1.7.2 扣除方法

与子女教育一样，父母可以选择由其中一方按扣除标准的100%扣除，也可以选择由双方分别按扣除标准的50%扣除，具体扣除方式在一个纳税年度内不能变更。

父母，包括生父母、继父母、养父母，父母之外的其他人担任未成年人的监护人的。

婴幼儿子女，包括婚生子女、非婚生子女、养子女、继子女等受到本人监护的3岁以下婴幼儿。

有多个婴幼儿的父母，可以对不同的婴幼儿选择不同的扣除方式。即对婴幼儿甲可以选择由一方按照每月1000元的标准扣除，对婴幼儿乙可以选择由双方分别按照每月500元的标准扣除。

对于存在重组情况的家庭，具体扣除方法由父母双方协商决定，一个孩子扣除总额不能超过每月1000元，扣除主体不能超过两人。

扣除期间为婴幼儿出生的当月至年满3周岁的前一个月。

3.1.7.3 填报信息及留存资料

1. 填报信息

纳税人享受3岁以下婴幼儿照护专项附加扣除，应当填报配偶及子女的姓名、身份证件类型（如居民身份证、子女出生医学证明等）及号码，以及本人与配偶之间扣除分配比例等信息。

纳税人暂未取得婴幼儿的出生医学证明和居民身份证号，可选择"其他个人证件"，并在备注中如实填写相关情况，不影响纳税人享受扣除。后续纳税人取得婴幼儿的出生医学证明或者居民身份证号的，及时补充更新即可。如果婴幼儿名下是中国护照、外国护照、港澳居民来往内地通行证、台湾居民来往大陆通行证等身份证件信息，也可以作为填报证件。

2. 留存资料

子女的出生医学证明等资料。

3.1.8 申报征收

3.1.8.1 扣除时间

享受子女教育、继续教育、住房贷款利息或者住房租金、赡养老人专项附加扣除、3 岁以下婴幼儿照护专项附加扣除的纳税人，自符合条件开始，可以向支付工资、薪金所得的扣缴义务人提供上述专项附加扣除有关信息，由扣缴义务人在预扣预缴时扣除；也可以在次年 3 月 1 日至 6 月 30 日内，向汇缴地主管税务机关办理汇算清缴申报时扣除。

纳税人同时从两处以上取得工资、薪金所得，并由扣缴义务人办理上述专项附加扣除的，对同一专项附加扣除项目，一个纳税年度内，纳税人只能选择从其中一处扣除。

享受大病医疗专项附加扣除的纳税人，由其在次年 3 月 1 日至 6 月 30 日内，自行向汇算清缴地主管税务机关办理汇算清缴申报时扣除。

3.1.8.2 报送资料

纳税人向扣缴义务人提供专项附加扣除信息的，扣缴义务人按月预扣预缴税款时应当按照规定予以扣除，不得拒绝。

纳税人选择在扣缴义务人发放工资、薪金所得时享受专项附加扣除的，首次享受时应当填写并向扣缴义务人报送《个人所得税专项附加扣除信息表》（以下简称《扣除信息表》）；纳税年度中间相关信息发生变化的，纳税人应当更新《扣除信息表》相应栏次，并及时报送给扣缴义务人。

更换工作单位的纳税人，需要由新任职、受雇扣缴义务人办理专项附加扣除的，应当在入职的当月，填写并向扣缴义务人报送《扣除信息表》。

纳税人次年需要由扣缴义务人继续办理专项附加扣除的，应当于每年 12 月对次年享受专项附加扣除的内容进行确认，并报送至扣缴义务人。纳税人未及时确认的，扣缴义务人于次年 1 月起暂停扣除，待纳税人确认后再行办理专项附加扣除。

纳税人选择在汇算清缴申报时享受专项附加扣除的，应当填写并向汇算清缴地主管税务机关报送《扣除信息表》。

3.1.8.3 注意事项

专项附加扣除额一个纳税年度扣除不完的,不能结转以后年度扣除。

纳税人需要留存备查的相关资料应当留存5年。

专项附加扣除只能在工资、薪金所得预扣预缴时扣除。劳务报酬所得、稿酬所得、特许权使用费所得预扣预缴时不能享受专项附加扣除,只能待次年汇算清缴计算综合所得时再享受专项附加扣除。

利息、股息、红利所得,财产租赁所得,财产转让所得,偶然所得,不能享受专项附加扣除;非居民个人,不能享受专项附加扣除;取得经营所得的个人,只有在没有综合所得的情况下,才能享受专项附加扣除,且在办理汇算清缴时减除。

纳税人应当对报送的专项附加扣除信息的真实性、准确性、完整性负责。扣缴义务人发现纳税人提供的信息与实际情况不符的,可以要求纳税人修改,纳税人拒绝修改的,扣缴义务人应当报告税务机关。

3.2 优化预扣预缴方法

3.2.1 首次取得工资、薪金所得

《国家税务总局关于完善调整部分纳税人个人所得税预扣预缴方法的公告》(国家税务总局公告2020年第13号)第一条规定:"对一个纳税年度内首次取得工资、薪金所得的居民个人,扣缴义务人在预扣预缴个人所得税时,可按照5000元/月乘以纳税人当年截至本月月份数计算累计减除费用。"

纳税人在年度中间首次取得工资、薪金所得,扣缴义务人在预扣预缴个人所得税时,可按照5000元/月乘以纳税人当年截至本月月份数计算累计减除费用。即虽然纳税人在此之前从未取得工资、薪金所得,但仍然可以将首次取得的工资、薪金所得减除5000元/月乘以当年截至本月月份数,减少纳税人的预扣预缴个人所得税额。

【例3-12】 大学生甲2023年7月毕业后进入某公司工作,公司发

放 7 月份工资、计算当期应预扣预缴的个人所得税时，可减除费用 35000 元（5000 元/月×7 个月）。

国家税务总局公告 2020 年第 13 号第四条规定："本公告所称首次取得工资、薪金所得的居民个人，是指自纳税年度首月起至新入职时，未取得工资、薪金所得或者未按照累计预扣法预扣预缴过连续性劳务报酬所得个人所得税的居民个人。"

在入职新单位前取得过工资、薪金所得或者按照累计预扣法预扣预缴过连续性劳务报酬所得个人所得税的纳税人不包括在内。如果纳税人仅是在新入职前偶然取得劳务报酬、稿酬、特许权使用费所得的，则不受影响，仍然可适用该公告规定。

【例 3-13】 纳税人乙 2023 年 1—3 月一直未找到工作，没有取得工资、薪金所得，仅有一笔 8000 元的劳务报酬且按照单次收入适用 20%的预扣率预扣预缴了个人所得税。4 月初乙找到新工作并开始领薪，那么新入职单位在为乙计算并预扣预缴 4 月份工资、薪金所得个人所得税时，可以扣除自年初开始计算的累计减除费用 20000 元（5000 元/月×4 个月）。

3.2.2 学生实习取得劳务报酬所得

国家税务总局公告 2020 年第 13 号第二条规定："正在接受全日制学历教育的学生因实习取得劳务报酬所得的，扣缴义务人预扣预缴个人所得税时，可按照《国家税务总局关于发布〈个人所得税扣缴申报管理办法（试行）〉的公告》（2018 年第 61 号）规定的累计预扣法计算并预扣预缴税款。"

累计预扣法预扣预缴个人所得税的具体计算公式为：

本期应预扣预缴税额 =（累计收入额 - 累计减除费用）×预扣率 - 速算扣除数 - 累计减免税额 - 累计已预扣预缴税额

其中，累计减除费用按照 5000 元/月乘以纳税人在本单位开始实习月份起至本月的实习月份数计算。

【例 3-14】 学生丙 2023 年 3 月在某公司实习取得劳务报酬 3000 元，扣缴单位在为其预扣预缴劳务报酬所得个人所得税时：

采用原预扣预缴法：预扣预缴税款 =（3000 - 800）× 20% = 440（元）；

采用累计预扣法：丙劳务报酬扣除 5000 元减除费用后无需预缴税款，比原预扣法少预缴 440 元。如丙年内再无其他综合所得，也无需办理年度汇算清缴。

按照上述两项规定预扣预缴个人所得税的纳税人，应当及时向扣缴义务人申明并如实提供相关佐证资料或承诺书，并对相关资料及承诺书的真实性、准确性、完整性负责。如新入职的毕业大学生，可以向单位出示毕业证或者派遣证等佐证资料；实习生取得实习单位支付的劳务报酬所得，如采取累计预扣法预扣预缴税款的，可以向实习单位出示学生证等佐证资料；其他年中首次取得工资、薪金所得的纳税人，如确实没有其他佐证资料的，可以提供承诺书。

相关资料或承诺书，纳税人及扣缴义务人需留存备查。

3.2.3 全年工资、薪金收入不超过 6 万元的居民个人

《国家税务总局关于进一步简便优化部分纳税人个人所得税预扣预缴方法的公告》（国家税务总局公告 2020 年第 19 号）第一条规定，对上一完整纳税年度内每月均在同一单位预扣预缴工资、薪金所得个人所得税且全年工资、薪金收入不超过 6 万元的居民个人，扣缴义务人在预扣预缴本年度工资、薪金所得个人所得税时，累计减除费用自 1 月份起直接按照全年 6 万元计算扣除。即，在纳税人累计收入不超过 6 万元的月份，暂不预扣预缴个人所得税；在其累计收入超过 6 万元的当月及年内后续月份，再预扣预缴个人所得税。对按照累计预扣法预扣预缴劳务报酬所得个人所得税的居民个人，扣缴义务人比照上述规定执行。

扣缴义务人应当按规定办理全员全额扣缴申报，并在《个人所得税扣缴申报表》相应纳税人的备注栏注明"上年各月均有申报且全年收入不超过 6

万元"字样。

该政策主要优化了两类纳税人的预扣预缴方法：

一是上一完整纳税年度各月均在同一单位扣缴申报了工资、薪金所得个人所得税且全年工资、薪金收入不超过 6 万元的居民个人。具体来说需要同时满足三个条件：①上一纳税年度 1—12 月均在同一单位任职且预扣预缴申报了工资、薪金所得个人所得税；②上一纳税年度 1—12 月的累计工资、薪金收入（包括全年一次性奖金等各类工资、薪金所得，且不扣减任何费用及免税收入）不超过 6 万元；③本纳税年度自 1 月起，仍在该单位任职受雇并取得工资、薪金所得。

二是按照累计预扣法预扣预缴劳务报酬所得个人所得税的居民个人，如保险营销员和证券经纪人。同样需要同时满足三个条件：①上一纳税年度 1—12 月均在同一单位取酬且按照累计预扣法预扣预缴申报了劳务报酬所得个人所得税；②上一纳税年度 1—12 月的累计劳务报酬（不扣减任何费用及免税收入）不超过 6 万元；③本纳税年度自 1 月起，仍在该单位取得按照累计预扣法预扣预缴税款的劳务报酬所得。

【例 3 – 15】 居民个人丁自 2022 年 1 月起一直在 A 公司工作，A 公司 2022 年 1—12 月每月均为丁办理了全员全额扣缴明细申报，假设丁 2022 年工资、薪金收入合计 54000 元，则丁 2023 年可适用该政策。

【例 3 – 16】 居民个人戊 2022 年 3—12 月在 B 公司工作，且全年工资、薪金收入 54000 元。假设戊 2023 年仍在 B 公司工作，但因其上年并非都在 B 公司，则不适用该政策。

对于符合上述政策规定的纳税人，扣缴义务人在预扣预缴本纳税年度个人所得税时，累计减除费用自 1 月起直接按照全年 6 万元计算扣除。即在纳税人累计收入不超过 6 万元的月份，不用预扣预缴个人所得税；在其累计收入超过 6 万元的当月及年内后续月份，再预扣预缴个人所得税。同时，扣缴义务人仍应按税法规定办理全员全额扣缴申报。

【例 3-17】 居民个人己为 C 公司员工，2022 年 1—12 月在 C 公司取得工资、薪金收入 50000 元，C 公司为其办理了 2022 年 1—12 月的工资、薪金所得个人所得税全员全额明细申报。2023 年，C 公司 1 月向其发放 10000 元工资，2—12 月每月发放 4000 元工资。在不考虑"三险一金"等各项扣除的情况下，按照原预扣预缴方法，己 2023 年 1 月需预缴个人所得税 150 元［（10000－5000）×3%］，其他月份无需预缴个人所得税。全年因其年收入不足 6 万元，故通过汇算清缴可退税 150 元。采用新预扣预缴方法后，己自 2023 年 1 月起即可直接扣除全年累计减除费用 6 万元且无需预缴税款，年度终了也无需办理汇算清缴。

【例 3-18】 居民个人庚为 D 公司员工，2022 年 1—12 月在 D 公司取得工资、薪金收入 50000 元，D 公司为其办理了 2022 年 1—12 月的工资、薪金所得个人所得税全员全额明细申报。2023 年，D 公司每月向其发放工资 8000 元，庚每月按国家标准缴付"三险一金"2000 元。在不考虑其他扣除的情况下，按照原预扣预缴方法，庚 2023 年每月需预缴个人所得税 30 元［（8000－5000－2000）×3%］。采用新预扣预缴方法后，2023 年 1—7 月，庚因其累计收入 56000 元（8000×7）不足 6 万元而无需缴税；从 8 月起，庚累计收入超过 6 万元，每月需要预扣预缴的税款计算如下：

（1）8 月预扣预缴税款 =（8000×8－2000×8－60000）×3%－0 < 0，无需预缴税款。

（2）9 月预扣预缴税款 =（8000×9－2000×9－60000）×3%－0 < 0，无需预缴税款。

（3）10 月预扣预缴税款 =（8000×10－2000×10－60000）×3%－0 = 0，无需预缴税款。

（4）11 月预扣预缴税款 =（8000×11－2000×11－60000）×3%－0 = 180（元）。

（5）12 月预扣预缴税款 =（8000×12－2000×12－60000）×3%－180 = 180（元）。

需要说明的是，对符合条件的纳税人，如扣缴义务人预计本年度发放给其的收入将超过6万元、纳税人需要《纳税记录》或者本人有多处所得合并后全年收入预计超过6万元等原因，扣缴义务人与纳税人可在当年1月份税款扣缴申报前经双方确认后，按照原预扣预缴方法计算并预缴个人所得税。如【例3-18】中，假设D公司预计2023年为庚全年发放工资96000元，可在2023年1月工资发放前和庚确认后，按照原预扣预缴方法每月扣缴申报30元税款。

3.3 公益捐赠税收政策

个人通过中华人民共和国境内公益性社会组织、县级以上人民政府及其部门等国家机关，向教育、扶贫、济困等公益慈善事业的捐赠（以下简称公益捐赠），发生的公益捐赠支出，可以按照《中华人民共和国个人所得税法》（以下简称《个人所得税法》）有关规定在计算应纳税所得额时扣除。

《财政部 税务总局关于公益慈善事业捐赠个人所得税政策的公告》（财政部 税务总局公告2019年第99号）对个人公益捐赠支出扣除作出详细规定。

3.3.1 扣除方法

现行个人所得税的所得分为三类：综合所得（工资、薪金所得，劳务报酬所得，稿酬所得，特许权使用费所得）、分类所得（财产租赁所得、财产转让所得、利息股息红利所得、偶然所得）和经营所得。个人发生的公益捐赠支出可以在综合所得、分类所得或者经营所得中扣除。在当期一个所得项目扣除不完的公益捐赠支出，可以按规定在其他所得项目中继续扣除。

由于综合所得、经营所得按年度纳税，分类所得按次纳税，因此，个人（指居民个人，下同）发生的公益捐赠支出，在综合所得、经营所得中扣除的，扣除限额分别为当年综合所得、当年经营所得应纳税所得额的30%；在分类所得中扣除的，扣除限额为当月分类所得应纳税所得额的30%。

个人根据各项所得的收入、公益捐赠支出、适用税率等情况，自行决定在综合所得、分类所得、经营所得中扣除的公益捐赠支出的顺序。

个人同时发生按30%扣除和全额扣除的公益捐赠支出，自行选择扣除次序。

3.3.1.1 在综合所得中扣除

个人在综合所得中扣除公益捐赠支出的，应按照以下规定处理：

（1）个人取得工资薪金所得的，可以选择在预扣预缴时扣除，也可以选择在年度汇算清缴时扣除。

个人选择在预扣预缴时扣除的，应按照累计预扣法计算扣除限额，其捐赠当月的扣除限额为截至当月累计应纳税所得额的30%（全额扣除的从其规定，下同）。个人从两处以上取得工资薪金所得，选择其中一处扣除，选择后当年不得变更。

（2）个人取得劳务报酬所得、稿酬所得、特许权使用费所得的，预扣预缴时不扣除公益捐赠支出，统一在汇算清缴时扣除。

（3）个人取得全年一次性奖金、股权激励等所得，且按规定采取不并入综合所得而单独计税方式处理的，公益捐赠支出扣除比照分类所得的扣除规定处理。

【例3-19】 甲先生2023年每月应发工资均为10000元，每月减除费用5000元，"三险一金"等专项扣除为1500元，享受子女教育专项附加扣除1000元，3月发生限额扣除的公益捐赠3000元，选择在预扣预缴时扣除。则：

（1）2023年3月应纳税所得额 = 10000×3 - 5000×3 - 1500×3 - 1000×3 = 7500（元）

（2）公益捐赠扣除限额 = 7500×30% = 2250（元）

（3）2023年3月应纳税额 =（7500 - 2250）×3% - 75×2[①] = 7.5（元）

（4）未扣除的金额 = 3000 - 2250 = 750（元），下月继续扣除。

[①] 1月、2月的应纳税额均为75元。

【例 3 – 20】 接【例 3 – 19】，假设甲先生选择在汇算清缴时扣除该公益捐赠。则：

（1）2023 年度应纳税所得额 = 10000 × 12 – 5000 × 12 – 1500 × 12 – 1000 × 12 = 30000（元）

（2）公益捐赠扣除限额 = 30000 × 30% = 9000（元）

（3）2023 年度应纳税额 =（30000 – 3000）× 3% = 810（元）

（4）2023 年度已预扣预缴个人所得税 900 元，应退税 90 元。

3.3.1.2 在分类所得中扣除

个人发生的公益捐赠支出，可在捐赠当月取得的分类所得中扣除。当月分类所得应扣除未扣除的公益捐赠支出，可以按照以下规定追补扣除：

（1）扣缴义务人已经代扣但尚未解缴税款的，个人可以向扣缴义务人提出追补扣除申请，退还已扣税款。

（2）扣缴义务人已经代扣且解缴税款的，个人可以在公益捐赠之日起 90 日内提请扣缴义务人向征收税款的税务机关办理更正申报追补扣除，税务机关和扣缴义务人应当予以办理。

（3）个人自行申报纳税的，可以在公益捐赠之日起 90 日内向主管税务机关办理更正申报追补扣除。

个人捐赠当月有多项多次分类所得的，应先在其中一项一次分类所得中扣除。已经在分类所得中扣除的公益捐赠支出，不再调整到其他所得中扣除。

【例 3 – 21】 乙先生 2023 年 3 月取得财产转让所得 200 万元，股息收入 100 万元，偶然所得 50 万元，当月发生限额扣除的公益捐赠 100 万元。则：

由于三者税率均为 20%，先扣谁后扣谁都是一样的。

（1）财产转让所得：

公益捐赠扣除限额 = 200 × 30% = 60（万元）

应纳税额 =（200 – 60）× 20% = 28（万元）

（2）股息收入：

公益捐赠扣除限额 = 100 × 30% = 30（万元）

应纳税额 = (100 - 30) × 20% = 14（万元）

（3）偶然所得：

公益捐赠扣除限额 = 50 × 30% = 15（万元）

应纳税额 = (50 - 10) × 20% = 8（万元）

【例 3-22】 接【例 3-20】，假设 2023 年 3 月甲先生彩票中奖 10000 元，其选择将公益捐赠 3000 元在偶然所得中扣除。则：

（1）公益捐赠扣除限额 = 10000 × 30% = 3000（元）

（2）偶然所得应纳税额 = (10000 - 3000) × 20% = 1400（元）

对比可以看出，若将公益捐赠选择在分类所得中扣除，甲先生少缴税款 600 元（10000 × 20% - 1400），若选择在综合所得中扣除，甲先生少缴税款 90 元（30000 × 3% - 810）。

【例 3-23】 丙先生 2023 年度取得综合所得 80 万元，减除费用 6 万元，缴纳"三险一金"15 万元，专项附加扣除 5.4 万元，6 月彩票中奖 10 万元，当即公益捐赠 3 万元。则：

（1）若选择在分类所得中扣除：

公益捐赠扣除限额 = 10 × 30% = 3（万元）

偶然所得应纳税额 = (10 - 3) × 20% = 1.4（万元）

丙先生少缴税款 = 10 × 20% - 1.4 = 0.6（万元）

（2）若选择在综合所得中扣除：

应纳税所得额 = 80 - (6 - 15 + 5.4) = 53.6（万元）

公益捐赠扣除限额 = 53.6 × 30% = 16.08（万元）

应纳税额 = (53.6 - 3) × 30% - 5.292 = 9.888（万元）

丙先生少缴税款 = (53.6 × 30% - 5.292) - 9.888 = 0.9（万元）

3.3.1.3 在经营所得中扣除

在经营所得中扣除公益捐赠支出,应按以下规定处理:

(1)个体工商户发生的公益捐赠支出,在其经营所得中扣除。

(2)个人独资企业、合伙企业发生的公益捐赠支出,其个人投资者应当按照捐赠年度合伙企业的分配比例(个人独资企业分配比例为百分之百),计算归属于每一个人投资者的公益捐赠支出,个人投资者应将其归属的个人独资企业、合伙企业公益捐赠支出和本人需要在经营所得扣除的其他公益捐赠支出合并,在其经营所得中扣除。

(3)在经营所得中扣除公益捐赠支出的,可以选择在预缴税款时扣除,也可以选择在汇算清缴时扣除。

(4)经营所得采取核定征收方式的,不扣除公益捐赠支出。

3.3.2 非货币捐赠

如果个人捐赠的是货币性资产,按照实际捐赠金额确定;如果捐赠的是非货币性资产,则:

(1)捐赠股权、房产的,按照个人持有股权、房产的财产原值确定;

(2)捐赠除股权、房产以外的其他非货币性资产的,按照非货币性资产的市场价格确定。

3.3.3 管理规定

境内公益性社会组织,包括依法设立或登记并按规定条件和程序取得公益性捐赠税前扣除资格的慈善组织、其他社会组织和群众团体。

(1)公益性社会组织、国家机关在接受个人捐赠时,应当按照规定开具捐赠票据;个人索取捐赠票据的,应予以开具。

个人发生公益捐赠时不能及时取得捐赠票据的,可以暂时凭公益捐赠银行支付凭证扣除,并向扣缴义务人提供公益捐赠银行支付凭证复印件。个人应在捐赠之日起90日内向扣缴义务人补充提供捐赠票据,如果个人未按规定提供捐赠票据的,扣缴义务人应在30日内向主管税务机关报告。

机关、企事业单位统一组织员工开展公益捐赠的,纳税人可以凭汇总开具的捐赠票据和员工明细单扣除。

（2）个人通过扣缴义务人享受公益捐赠扣除政策，应当告知扣缴义务人符合条件可扣除的公益捐赠支出金额，并提供捐赠票据的复印件，其中捐赠股权、房产的还应出示财产原值证明。扣缴义务人应当按照规定在预扣预缴、代扣代缴税款时予扣除，并将公益捐赠扣除金额告知纳税人。

个人自行办理或扣缴义务人为个人办理公益捐赠扣除的，应当在申报时一并报送《个人所得税公益慈善事业捐赠扣除明细表》。个人应留存捐赠票据，留存期限为5年。

3.3.4 注意事项

纳税人必须通过境内公益性社会组织、县级以上人民政府及其部门等国家机关进行捐赠，才能税前扣除，通过非取得公益性捐赠税前扣除资格的公益性社会组织，或直接捐赠的[①]，不能扣除。

公益捐赠在综合所得、经营所得中可以按年扣除，而在分类所得只能在捐赠当月的分类所得中扣除。因此，若纳税人取得分类所得，一经决定，不能反悔。如纳税人在捐赠当月预计自己综合所得税负较低，便在分类所得中扣除公益捐赠支出，但后来由于收入增加导致综合所得税负上升，纳税人不能将该公益捐赠支出调整到综合所得中扣除；同理，若纳税人在捐赠当月预计自己综合所得税负较高，便未在分类所得中扣除公益捐赠支出，但后来由于收入下降导致综合所得税负较低，纳税人也不能将该公益捐赠支出调整到分类所得中扣除。

企业发生符合条件的捐赠支出，超过企业所得税税前扣除限额的，可以结转以后3年扣除。在现行《个人所得税法》政策体系框架下，尚无结转以后年度扣除的相关规定，因此，个人捐赠支出不可以结转以后年度扣除。

[①] 2020年1月1日至2021年12月31日，直接向承担疫情防治任务的医院捐赠应对疫情物品允许个人所得税税前全额扣除。

3.4 汇算清缴

3.4.1 汇算清缴时间

根据《个人所得税法》第十一条第一款规定:"居民个人取得综合所得,按年计算个人所得税;有扣缴义务人的,由扣缴义务人按月或者按次预扣预缴税款;需要办理汇算清缴的,应当在取得所得的次年三月一日至六月三十日内办理汇算清缴。"

《国家税务总局关于办理 2022 年度个人所得税综合所得汇算清缴事项的公告》(国家税务总局公告 2023 年第 3 号)对 2022 年度个人所得税汇算清缴作出详细规定。

3.4.2 汇算的内容

2022 年度终了后,居民个人(以下称纳税人)需要汇总 2022 年 1 月 1 日至 12 月 31 日取得的工资、薪金,劳务报酬,稿酬,特许权使用费四项所得的收入额,减除费用 6 万元以及专项扣除、专项附加扣除、依法确定的其他扣除和符合条件的公益慈善事业捐赠后,适用综合所得个人所得税税率并减去速算扣除数,计算年度汇算最终应纳税额,再减去 2022 年度已预缴税额,得出应退或应补税额,向税务机关申报并办理退税或补税。具体计算公式如下:

应退或应补税额 = [(综合所得收入额 - 60000 元 - "三险一金"等专项扣除 - 子女教育等专项附加扣除 - 依法确定的其他扣除 - 符合条件的公益慈善事业捐赠)×适用税率 - 速算扣除数] - 已预缴税额

汇算不涉及财产租赁等分类所得,以及纳税人按规定选择不并入综合所得计算纳税的所得。

3.4.3 无需办理年度汇算的纳税人

一般来讲,只要纳税人平时已预缴税额与年度应纳税额不一致,都需要办理年度汇算。为切实减轻纳税人负担，持续释放改革红利，国家税务总局公告 2023 年第 3 号第二条规定，纳税人在 2022 年已依法预缴个人所得税且符合下列情形之一的，无需办理年度汇算：

（1）汇算需补税但综合所得收入全年不超过 12 万元的；

（2）汇算需补税金额不超过 400 元的；

（3）已预缴税额与汇算应纳税额一致的；

（4）符合汇算退税条件但不申请退税的。

《财政部 税务总局关于个人所得税综合所得汇算清缴涉及有关政策问题的公告》（财政部 税务总局公告 2019 年第 94 号）第一条规定，2019 年 1 月 1 日至 2020 年 12 月 31 日居民个人取得的综合所得，年度综合所得收入不超过 12 万元且需要汇算清缴补税的，或者年度汇算清缴补税金额不超过 400 元的，居民个人可免于办理个人所得税综合所得汇算清缴。居民个人取得综合所得时存在扣缴义务人未依法预扣预缴税款的情形除外。《财政部 税务总局关于延续实施全年一次性奖金等个人所得税优惠政策的公告》（财政部 税务总局公告 2021 年第 42 号）将该政策执行期限延长至 2023 年 12 月 31 日。

3.4.4 需要办理年度汇算的纳税人

符合下列情形之一的，纳税人需办理年度汇算：

（1）已预缴税额大于汇算应纳税额且申请退税的。主要包括：

①2022 年综合所得年收入额不足 6 万元，但平时预缴过个人所得税的；

②2022 年有符合享受条件的专项附加扣除，但预缴税款时没有申报扣除的；

③因 2022 年中就业、退职或者部分月份没有收入等原因，减除费用 6 万元、"三险一金"等专项扣除、子女教育等专项附加扣除、企业（职业）年金以及商业健康保险、税收递延型养老保险等扣除不充分的；

④没有任职受雇单位，仅取得劳务报酬、稿酬、特许权使用费所得，需要通过年度汇算办理各种税前扣除的；

⑤纳税人取得劳务报酬、稿酬、特许权使用费所得，年度中间适用的预扣预缴率高于全年综合所得年适用税率的；

⑥预缴税款时,未申报享受或者未足额享受综合所得税收优惠的,如残疾人减征个人所得税优惠等;

⑦有符合条件的公益慈善事业捐赠支出,但预缴税款时未办理扣除的,等等。

(2) 2022年内取得的综合所得收入超过12万元且需要补税金额超过400元的。主要包括:

①在两个以上单位任职受雇并领取工资、薪金,预缴税款时重复扣除了减除费用(5000元/月);

②除工资、薪金外,纳税人还有劳务报酬、稿酬、特许权使用费所得,各项综合所得的收入加总后,导致适用综合所得年税率高于预扣预缴率,等等。

需要注意的是,因适用所得项目错误或者扣缴义务人未依法履行扣缴义务,造成2022年度内少申报或者未申报综合所得的,纳税人应当依法据实办理年度汇算。

【例3-24】 某纳税人2022年度每月取得工资10000元,"三险一金"每月扣除800元,专项附加扣除每月2000元,其他扣除每月200元,全年已预扣预缴税款720元;每月取得劳务报酬3000元,已预扣预缴税款5280元;取得一笔稿酬5000元,已预缴税款560元;取得一笔特许权使用费15000元,已预缴税款2400元。则:

(1) 2022年度综合所得 = 10000×12 + (3000×12 + 5000×70% + 15000)×80% = 163600(元)

(2) 2022年度可扣除金额 = 60000 + (800 + 2000 + 200)×12 = 96000(元)

(3) 2022年度应缴纳个人所得税 = (163600 - 96000)×10% - 2520 = 4240(元)

(4) 2022年度合计已预缴税额 = 720 + 5280 + 560 + 2400 = 8960(元)

(5) 2022年度应退个人所得税额 = 8960 - 4240 = 4720(元)

只要纳税人因为平时扣除不足或未申报扣除等原因导致多预缴了税款，无论收入高低，无论退税额多少，纳税人都可以申请退税。

情况一：2022 年度综合所得年收入额不足 6 万元，但平时预缴过个人所得税的。

【例 3-25】 某纳税人 2022 年 1 月领取工资 10000 元，个人缴付"三险一金" 2000 元，假设没有专项附加扣除，预缴个人所得税 90 元 [（10000-5000-2000）×3%]；其他月份每月工资 4000 元，无需预缴个人所得税。全年来看，因纳税人年收入额不足 60000 元无需缴税，因此预缴的 90 元税款可以申请退还。

情况二：2022 年度有符合享受条件的专项附加扣除，但预缴税款时没有申报扣除的。

【例 3-26】 2022 年，某纳税人每月工资 10000 元、个人缴付"三险一金" 2000 元，有两个上小学的孩子，按规定可以每月享受 2000 元（全年 24000 元）的子女教育专项附加扣除。但因其在预缴环节未填报，使得计算个人所得税时未减除子女教育专项附加扣除，全年预缴个人所得税 1080 元 [（10000×12-5000×12-2000×12）×3%]。其在年度汇算时填报了相关信息后可补充扣除 24000 元（2000×12），扣除后全年应纳个人所得税 360 元 [（10000×12-5000×12-2000×12-2000×12）×3%]，按规定其可以申请退税 720 元（1080-360）。

情况三：因年中就业、退职或者部分月份没有收入等原因，减除费用 6 万元、"三险一金"等专项扣除、子女教育等专项附加扣除、企业（职业）年金以及商业健康保险、税收递延型养老保险等扣除不充分的。

【例 3-27】 某纳税人于 2022 年 8 月退休，退休前每月工资 10000

元、个人缴付"三险一金"2000元，退休后领取基本养老金。假设没有专项附加扣除，1—8月预缴个人所得税720元[（10000×8－5000×8－2000×8）×3%]；后4个月基本养老金按规定免征个人所得税。全年来看，该纳税人仅扣除了40000元（8×5000）减除费用，未扣除60000元减除费用。年度汇算足额扣除后，该纳税人可申请退税600元[720－（10000×8－5000×12－2000×8）×3%]。

情况四：没有任职受雇单位，仅取得劳务报酬、稿酬、特许权使用费所得，需要通过年度汇算办理各种税前扣除的。

情况五：纳税人取得劳务报酬、稿酬、特许权使用费所得，年度中间适用的预扣率高于全年综合所得年适用税率的。

【例3－28】 2022年，某纳税人每月固定一处取得劳务报酬10000元，适用20%预扣率后预缴个人所得税1600元（10000×80%×20%），全年19200元（1600×12）；全年劳务报酬120000元，减除60000元费用（不考虑其他扣除）后，适用3%的综合所得税率，全年应纳税款1080元[（10000×12×80%－60000）×3%]。因此，该纳税人可申请18120元（19200－1080）退税。

情况六：预缴税款时，未申报享受或者未足额享受综合所得税收优惠的，如残疾人减征个人所得税优惠等。

情况七：有符合条件的公益慈善事业捐赠支出，但预缴税款时未办理扣除的。

3.4.5 可享受的税前扣除

下列在2022年内发生的，纳税人可在汇算期间填报扣除或补充扣除：

（1）纳税人及其配偶、未成年子女符合条件的大病医疗支出；

（2）纳税人符合条件的3岁以下婴幼儿照护、子女教育、继续教育、住

房贷款利息或住房租金、赡养老人专项附加扣除,以及减除费用、专项扣除、依法确定的其他扣除;

(3) 符合条件的公益慈善事业捐赠;

(4) 符合条件的个人养老金扣除。

同时取得综合所得和经营所得的纳税人,可在综合所得或经营所得中申报减除费用6万元、专项扣除、专项附加扣除以及依法确定的其他扣除,但不得重复申报减除。

3.4.6 办理时间

2022年度汇算办理时间为2023年3月1日至6月30日。在中国境内无住所的纳税人在3月1日前离境的,可以在离境前办理。

3.4.7 办理方式

纳税人可自主选择下列办理方式:

(1) 自行办理。

(2) 通过任职受雇单位(含按累计预扣法预扣预缴其劳务报酬所得个人所得税的单位)代为办理。

纳税人提出代办要求的,单位应当代为办理,或者培训、辅导纳税人完成年度汇算申报和退(补)税。

由单位代为办理的,纳税人应在2023年4月30日前与单位以书面或者电子等方式进行确认,补充提供2022年在本单位以外取得的综合所得收入、相关扣除、享受税收优惠等信息资料,并对所提交信息的真实性、准确性、完整性负责。纳税人未与单位确认请其代为办理的,单位不得代办。

(3) 委托受托人(含涉税专业服务机构或其他单位及个人)办理,纳税人需与受托人签订授权书。

单位或受托人为纳税人办理汇算后,应当及时将办理情况告知纳税人。纳税人发现汇算申报信息存在错误的,可以要求单位或受托人更正申报,也可以自行更正申报。

3.4.8 办理渠道

纳税人可优先通过手机个人所得税 App、自然人电子税务局办理汇算，税务机关将为纳税人提供申报表项目预填服务；不方便通过上述方式办理的，也可以通过邮寄方式或到办税服务厅办理。

选择邮寄申报的，纳税人需将申报表寄送至按国家税务总局公告2023年第3号第九条确定的主管税务机关所在省、自治区、直辖市和计划单列市税务局公告的地址。

3.4.9 申报信息及资料留存

纳税人办理汇算的，适用个人所得税年度自行纳税申报表，如需修改本人相关基础信息，新增享受扣除或者税收优惠的，还应按规定一并填报相关信息。纳税人需仔细核对，确保所填信息真实、准确、完整。

纳税人、代办汇算的单位，需各自将专项附加扣除、税收优惠材料等汇算相关资料，自汇算期结束之日起留存5年。

存在股权（股票）激励（含境内企业以境外企业股权为标的对员工进行的股权激励）、职务科技成果转化现金奖励等情况的单位，应当按照规定报告、备案。

3.4.10 受理申报的税务机关

按照方便就近原则，负责受理纳税人汇算申报的税务机关，主要分为下列三种情形：

（1）汇算期内，纳税人自行办理或受托人为纳税人代办汇算。

①有任职受雇单位的，向其任职受雇单位所在地主管税务机关申报；有两处及以上任职受雇单位的，选择向其中一处申报。按照累计预扣法为纳税人预扣预缴劳务报酬所得个人所得税的单位视同为纳税人的任职受雇单位，这部分纳税人需向单位所在地的主管税务机关办理年度汇算。

【例3-29】 某纳税人2022年上半年在A地某公司任职，下半年到 B 地某单位从事保险营销员工作，该单位按累计预扣法为其预扣预缴劳务报酬所得个人所得税，上述两个单位均视为李先生的任职受雇单位，其可以在 A 地税务局或者 B 地税务局之间选择办理年度汇算。

② 没有任职受雇单位的，向其户籍所在地、经常居住地或者主要收入来源地主管税务机关申报。纳税人已在中国境内申领居住证的，以居住证登载的居住地住址为经常居住地；没有申领居住证的，以当前实际居住地址为经常居住地；纳税人也可以选择主要收入来源地即一个纳税年度内向纳税人累计发放劳务报酬、稿酬及特许权使用费金额最大的扣缴义务人所在地主管税务机关为受理申报机关。纳税人没有任职受雇单位且取得境外所得的，也可以选择向主要收入来源地主管税务机关申报。

【例 3-30】 某纳税人户籍所在地为 A 地，经常居住地为 B 地，没有任职受雇单位。2022 年从 C 地某单位、D 地某单位分别取得劳务报酬 10 万元和 5 万元，全年没有其他综合所得，那么其主要收入来源地主管税务机关是 C 地税务局。该纳税人可以在 A 地税务局、B 地税务局或者 C 地税务局之间，选择一处申报办理年度汇算。

（2）汇算期内，若由任职受雇单位在汇算期内为纳税人代办汇算，则向单位的主管税务机关申报。

（3）汇算结束后，为便于纳税服务和征收管理，税务部门将为尚未办理年度汇算的纳税人确定主管税务机关。

3.4.11 年度汇算的退税、补税

1. 办理退税

纳税人申请汇算退税，应当提供其在中国境内开设的符合条件的银行账户。税务机关按规定审核后，按照国库管理有关规定办理税款退库。纳税人未提供本人有效银行账户，或者提供的信息资料有误的，税务机关将通知纳税人更正，纳税人按要求更正后依法办理退税。

为方便办理退税，2022年综合所得全年收入额不超过6万元且已预缴个人所得税的纳税人，可选择使用个人所得税App及网站提供的简易申报功能，便捷办理汇算退税。

申请2022年度汇算退税的纳税人，如存在应当办理2021年及以前年度汇算补税但未办理，或者经税务机关通知2021年及以前年度汇算申报存在疑点但未更正或说明情况的，需在办理2021年及以前年度汇算申报补税、更正申报或者说明有关情况后依法申请退税。

2. 办理补税

纳税人办理汇算补税的，可以通过网上银行、办税服务厅POS机刷卡、银行柜台、非银行支付机构等方式缴纳。邮寄申报并补税的，纳税人需通过个人所得税App及网站或者主管税务机关办税服务厅及时关注申报进度并缴纳税款。

汇算需补税的纳税人，汇算期结束后未足额补缴税款的，税务机关将依法加收滞纳金，并在其个人所得税《纳税记录》中予以标注。

纳税人因申报信息填写错误造成汇算多退或少缴税款的，纳税人主动或经税务机关提醒后及时改正的，税务机关可以按照"首违不罚"原则免予处罚。

3.4.12 汇算服务

汇算开始前，纳税人可登录个人所得税App及网站，查看自己的综合所得和纳税情况，核对银行卡、专项附加扣除涉及人员身份信息等基础资料，为汇算做好准备。

为合理有序引导纳税人办理汇算，提升纳税人办理体验，主管税务机关将分批分期通知提醒纳税人在确定的时间段内办理。同时，税务部门推出预约办理服务，有汇算初期（3月1日至3月20日）办理需求的纳税人，可以根据自身情况，在2月16日后通过个人所得税App及网站预约上述时间段中的任意一天办理。3月21日至6月30日，纳税人无需预约，可以随时办理。

对符合汇算退税条件且生活负担较重的纳税人，税务机关提供优先退税服务。独立完成汇算存在困难的年长、行动不便等特殊人群提出申请，税务机关可提供个性化便民服务。

3.5 个人养老金

3.5.1 递延纳税优惠政策

《财政部 税务总局关于个人养老金有关个人所得税政策的公告》（财政部 税务总局公告2022年第34号）第一条规定，自2022年1月1日起，对个人养老金实施递延纳税优惠政策。

在缴费环节，个人向个人养老金资金账户的缴费，按照12000元/年的限额标准，在综合所得或经营所得中据实扣除；在投资环节，计入个人养老金资金账户的投资收益暂不征收个人所得税；在领取环节，个人领取的个人养老金，不并入综合所得，单独按照3%的税率计算缴纳个人所得税，其缴纳的税款计入"工资、薪金所得"项目。

3.5.2 申报要求

个人缴费享受税前扣除优惠时，以个人养老金信息管理服务平台出具的扣除凭证为扣税凭据。取得工资薪金所得、按累计预扣法预扣预缴个人所得税劳务报酬所得的，其缴费可以选择在当年预扣预缴或次年汇算清缴时在限额标准内据实扣除。选择在当年预扣预缴的，应及时将相关凭证提供给扣缴单位。扣缴单位应按照财政部、税务总局公告2022年第34号有关要求，为纳税人办理税前扣除有关事项。取得其他劳务报酬、稿酬、特许权使用费等所得或经营所得的，其缴费在次年汇算清缴时在限额标准内据实扣除。个人按规定领取个人养老金时，由开立个人养老金资金账户所在市的商业银行机构代扣代缴其应缴的个人所得税。

3.5.3 先行城市

该政策自2022年1月1日起在个人养老金先行城市（地区）实施。根据《人力资源社会保障部办公厅 财政部办公厅 国家税务总局办公厅关于公布个人养老金先行城市（地区）的通知》（人社厅函〔2022〕169号）规定，31个省36个城市为个人养老金先行城市（地区）。个人养老金先行城市（地区）名单见表3-1。

表3-1　　　　　　个人养老金先行城市（地区）名单

序号	省（自治区、直辖市）	先行城市（地区）
1	北京市	北京市
2	天津市	天津市
3	河北省	石家庄市
		雄安新区
4	山西省	晋城市
5	内蒙古自治区	呼和浩特市
6	辽宁省	沈阳市
		大连市
7	吉林省	长春市
8	黑龙江省	哈尔滨市
9	上海市	上海市
10	江苏省	苏州市
11	浙江省	杭州市
		宁波市
12	安徽省	合肥市
13	福建省	福建省
14	江西省	南昌市
15	山东省	青岛市
		东营市
16	河南省	郑州市
17	湖北省	武汉市
18	湖南省	长沙市
19	广东省	广州市
		深圳市
20	广西壮族自治区	南宁市
21	海南省	海口市
22	重庆市	重庆市

续表

序号	省（自治区、直辖市）	先行城市（地区）
23	四川省	成都市
24	贵州省	贵阳市
25	云南省	玉溪市
26	西藏自治区	拉萨市
27	陕西省	西安市
28	甘肃省	庆阳市
29	青海省	西宁市
30	宁夏回族自治区	银川市
31	新疆维吾尔自治区	乌鲁木齐市

3.5.4 汇算清缴

纳税人使用个人所得税 App 扫描年度缴费凭证上的二维码即可生成年度扣除信息并自动填报，在办理汇算时享受个人养老金税前扣除。

3.6 个体工商户

《财政部 税务总局关于进一步支持小微企业和个体工商户发展有关税费政策的公告》（财政部 税务总局公告2023年第12号）和《国家税务总局关于进一步落实支持个体工商户发展个人所得税优惠政策有关事项的公告》（国家税务总局公告2023年第12号）规定，自2023年1月1日至2027年12月31日，对个体工商户年应纳税所得额不超过200万元的部分，减半征收个人所得税。个体工商户在享受现行其他个人所得税优惠政策的基础上，可叠加享受本条优惠政策。

个体工商户在预缴税款时即可享受，其年应纳税所得额暂按截至本期申报所属期末的情况进行判断，并在年度汇算清缴时按年计算、多退少补。若个体工商户从两处以上取得经营所得，需在办理年度汇总纳税申报时，合并个体工商户经营所得年应纳税所得额，重新计算减免税额，多退少补。

个体工商户按照以下方法计算减免税额：

减免税额 =（经营所得应纳税所得额不超过 200 万元部分的应纳税额 - 其他政策减免税额 × 经营所得应纳税所得额不超过 200 万元部分 ÷ 经营所得应纳税所得额）× 50%

【例 3 - 31】 纳税人甲同时经营个体工商户 A 和个体工商户 B，年应纳税所得额分别为 80 万元和 150 万元，那么甲在年度汇总纳税申报时，可以享受减半征收个人所得税政策的应纳税所得额为 200 万元。

【例 3 - 32】 纳税人乙经营个体工商户 C，年应纳税所得额为 80000 元（适用税率 10%，速算扣除数 1500），同时可以享受残疾人政策减免税额 2000 元，那么乙该项政策的减免税额 =［（80000 × 10% - 1500）- 2000］× 50% = 2250 元。

【例 3 - 33】 纳税人丙经营个体工商户 D，年应纳税所得额为 2400000 元（适用税率 35%，速算扣除数 65500），同时可以享受残疾人政策减免税额 6000 元，那么丙该项政策的减免税额 =［（2000000 × 35% - 65500）- 6000 × 2000000 ÷ 2400000］× 50% = 314750 元。

3.7 延长执行期限的所得税优惠政策

3.7.1 全年一次性奖金

《财政部 税务总局关于个人所得税法修改后有关优惠政策衔接问题的通知》（财税〔2018〕164 号）第一条第（一）项规定，居民个人取得全年一次性奖金，符合《国家税务总局关于调整个人取得全年一次性奖金等计算征收个人所得税方法问题的通知》（国税发〔2005〕9 号）规定的，在 2021 年 12 月 31 日前，不并入当年综合所得，以全年一次性奖金收入除以 12 个月得到的数额，按照该通知所附按月换算后的综合所得税率表，确定适用税率和速算扣除数，单独计算纳税。计算公式为：

应纳税额＝全年一次性奖金收入×适用税率－速算扣除数

居民个人取得全年一次性奖金，也可以选择并入当年综合所得计算纳税。

《财政部 税务总局关于延续实施全年一次性奖金等个人所得税优惠政策的公告》（财政部 税务总局公告2021年第42号）将该政策执行期限延长至2023年12月31日。

【例3－34】 某居民个人2023年的工资、薪金所得（没有其他综合所得）为8万元，减除费用为6万元，自行缴纳"三险一金"为1.5万元，子女教育专项附加扣除为1.2万元（1000×12），赡养老人专项附加扣除为2.4万元（2000×12），住房租赁专项附加扣除为1.8万元（1500×12），取得年终奖4万元。则：

（1）取得年终奖不并入当年综合所得。

①工资、薪金所得（综合所得）缴纳个人所得税＝8－（6＋1.5＋1.2＋2.4＋1.8）＝－4.9（万元），不需要缴纳个人所得税。

②年终奖所得缴纳个人所得税：

先确定税率：4÷12＝0.33（万元），适用税率为10%，速算扣除数为210元；

再计算年终奖所得缴纳个人所得税：40000×10%－210＝3790（元）。

③合计缴纳个人所得税＝0＋3790＝3790（元）

（2）取得年终奖并入当年综合所得。

工资、薪金所得（综合所得）缴纳个人所得税＝(8＋4)－(6＋1.5＋1.2＋2.4＋1.8)＝－0.9（万元），不需要缴纳个人所得税。

【例3－35】 某居民个人2023年的工资、薪金所得（没有其他综合所得）为80万元，减除费用为6万元，自行缴纳"三险一金"15万元，子女教育专项附加扣除为1.2万元（1000×12），赡养老人专项附加扣除为 2.4 万元（2000×12），住房租赁专项附加扣除为 1.8 万元（1500×12），取得年终奖 40 万元。则：

（1）取得年终奖不并入当年综合所得。

①工资、薪金所得（综合所得）缴纳个人所得税：

应纳税所得额 = 80 − (6 + 15 + 1.2 + 2.4 + 1.8) = 53.6（万元）

应纳税额 = 53.6 × 30% − 5.292 = 10.788（万元）

②年终奖所得缴纳个人所得税：

先确定税率：40 ÷ 12 = 3.33（万元），适用税率为 25%，速算扣除数为 2660 元；

再计算年终奖所得缴纳个人所得税：40 × 25% − 0.266 = 9.734（万元）。

③合计缴纳个人所得税 = 10.788 + 9.734 = 20.522（万元）

（2）取得年终奖并入当年综合所得。

工资、薪金所得（综合所得）缴纳个人所得税：

应纳税所得额 = (80 + 40) − (6 + 15 + 1.2 + 2.4 + 1.8) = 93.6（万元）

应纳税额 = 93.6 × 35% − 8.592 = 24.168（万元）

取得年终奖不并入当年综合所得缴纳个人所得税 20.522 万元；取得年终奖并入当年综合所得缴纳个人所得税 24.168 元，两者缴纳个人所得税相差 3.646 万元。

对部分中低收入者而言，如将全年一次性奖金并入当年工资、薪金所得，扣除基本减除费用、专项扣除、专项附加扣除等后，可能根本无需缴税或者缴纳很少税款。在此情况下，如果将全年一次性奖金采取单独计税方式，反而会产生应纳税款或者增加税负。同时，如单独适用全年一次性奖金政策，可能在税率换档时会出现税负突然增加的"临界点"现象。因此，财税〔2018〕164 号文件专门规定，居民个人取得全年一次性奖金的，可以自行选择计税方式，请纳税人自行判断是否将全年一次性奖金并入综合所得计税。也请扣缴单位在发放奖金时注意把握，以便于纳税人享受减税红利。

纳税人取得的全年一次性奖金，无论是单独计税，还是并入综合所得，在年度汇算清缴时均可以重新选择计税方法。

3.7.2 上市公司股权激励

财税〔2018〕164号文件第二条第（一）项规定，居民个人取得股票期权、股票增值权、限制性股票、股权奖励等股权激励（以下简称股权激励），符合《财政部 国家税务总局关于个人股票期权所得征收个人所得税问题的通知》（财税〔2005〕35号）、《财政部 国家税务总局关于股票增值权所得和限制性股票所得征收个人所得税有关问题的通知》（财税〔2009〕5号）、《财政部 国家税务总局关于将国家自主创新示范区有关税收试点政策推广到全国范围实施的通知》（财税〔2015〕116号）第四条、《财政部 国家税务总局关于完善股权激励和技术入股有关所得税政策的通知》（财税〔2016〕101号）第四条第（一）项规定的相关条件的，在2021年12月31日前，不并入当年综合所得，全额单独适用综合所得税率表，计算纳税。计算公式为：

应纳税额＝股权激励收入×适用税率－速算扣除数

《财政部 税务总局关于延续实施全年一次性奖金等个人所得税优惠政策的公告》（财政部 税务总局公告2021年第42号）将该政策执行期限延长至2022年12月31日，《财政部 税务总局关于延续实施有关个人所得税优惠政策的公告》（财政部 税务总局公告2023年第2号）又将该政策执行期限延长至2023年12月31日。

由于改革后综合所得的税率表为年度税率表，股权激励所得直接适用年度税率表，客观上相当于原来按12个月分摊计税的政策效果。因此，在过渡期内，个人取得上市公司股权激励所得，不并入当年综合所得，全额单独适用综合所得税率表，计算纳税。

上述公式中的股权激励收入，为减除行权成本后的收入余额。

居民个人一个纳税年度内取得两次以上（含两次）股权激励的，应合并按上述规定计算纳税。

个人取得两次（项）以上股权激励所得时，将纳税年度内各次（项）股权激励所得合并，按照上述公式计算应纳税额，减去本年度此前股权激励所得已纳税额的差额，为本次（项）股权激励所得的应纳税额。

3.7.3　中央企业负责人任期激励

根据财税〔2018〕164号文件第一条第（二）项规定，中央企业负责人取得年度绩效薪金延期兑现收入和任期奖励，符合《国家税务总局关于中央企业负责人年度绩效薪金延期兑现收入和任期奖励征收个人所得税问题的通知》（国税发〔2007〕118号）规定的，在2021年12月31日前，参照全年一次性奖金政策执行。

《财政部　税务总局关于延续实施外籍个人津补贴等有关个人所得税优惠政策的公告》（财政部　税务总局公告2021年第43号）将该政策执行期限延长至2023年12月31日。

3.7.4　外籍个人有关津补贴优惠

根据财税〔2018〕164号文件第七条第（一）项规定，2019年1月1日至2021年12月31日期间，外籍个人符合居民个人条件的，可以选择享受个人所得税专项附加扣除，也可以选择按照《财政部　国家税务总局关于个人所得税若干政策问题的通知》（财税〔1994〕20号）、《国家税务总局关于外籍个人取得有关补贴征免个人所得税执行问题的通知》（国税发〔1997〕54号）和《财政部　国家税务总局关于外籍个人取得港澳地区住房等补贴征免个人所得税的通知》（财税〔2004〕29号）规定，享受住房补贴、语言训练费、子女教育费等津补贴免税优惠政策，但不得同时享受。外籍个人一经选择，在一个纳税年度内不得变更。

财政部、税务总局公告2021年第43号将该政策执行期限延长至2023年12月31日。

按照财税〔1994〕20号文件第二条规定，外籍个人以非现金形式或实报实销形式取得的住房补贴、伙食补贴、搬迁费、洗衣费；外籍个人按合理标准取得的境内、外出差补贴；外籍个人取得的探亲费、语言训练费、子女教育费等，经当地税务机关审核批准为合理的部分，暂免征收个人所得税。

3.7.5　沪港通、深港通投资所得

《财政部　税务总局　证监会关于继续执行沪港、深港股票市场交易互联

互通机制和内地与香港基金互认有关个人所得税政策的公告》（财政部 税务总局 证监会公告 2019 年第 93 号）规定，对内地个人投资者通过沪港通、深港通投资香港联交所上市股票取得的转让差价所得和通过基金互认买卖香港基金份额取得的转让差价所得，自 2019 年 12 月 5 日起至 2022 年 12 月 31 日止，继续暂免征收个人所得税。

《财政部 税务总局关于延续实施有关个人所得税优惠政策的公告》（财政部 税务总局公告 2023 年第 2 号）将该政策执行期限延长至 2023 年 12 月 31 日。

3.7.6 参加新冠肺炎疫情防控的医务人员和防疫工作者

3.7.6.1 医务人员和防疫工作者取得的临时性工作补助和奖金

《财政税 税务总局关于支持新型冠状病毒感染的肺炎疫情防控有关个人所得税政策的公告》（财政部 税务总局公告 2020 年第 10 号）第一条规定，自 2020 年 1 月 1 日起，对参加疫情防治工作的医务人员和防疫工作者按照政府规定标准取得的临时性工作补助和奖金，免征个人所得税。政府规定标准包括各级政府规定的补助和奖金标准。

对省级及省级以上人民政府规定的对参与疫情防控人员的临时性工作补助和奖金，比照执行。

其中，参加疫情防治工作的医务人员和防疫工作者的确定的政府规定标准，包括各级政府出台的标准。对于上述以外的其他参与疫情防控人员，应按照省级及省级以上人民政府规定有关标准执行。

《中央应对新型冠状病毒感染肺炎疫情工作领导小组关于全面落实进一步保护关心爱护医务人员若干措施的通知》（国发明电〔2020〕5 号），明确提出要提高疫情防治人员薪酬待遇，按照国发明电〔2020〕5 号文件规定，在疫情防控期间，对于疫情防治人员取得的临时性工作补助、卫生防疫津贴和核增的一次性绩效工资，可以按照上述公告规定享受免征个人所得税的优惠政策。

若单位发给上述人员的补贴与省级人民政府规定的标准不完全一致（大于或者小于省级标准），那么，对于上述人员实际取得临时性补贴和奖金，在相应级别政府规定标准的范围内，可以免征个人所得税。

3.7.6.2 单位发给个人的实物

财政部、税务总局公告 2020 年第 10 号第二条规定，自 2020 年 1 月 1 日起，单位发给个人用于预防新型冠状病毒感染的肺炎的药品、医疗用品和防护用品等实物（不包括现金），不计入工资、薪金收入，免征个人所得税。

原则上，只要是与预防新型冠状病毒感染的肺炎直接相关的药品、医疗用品、防护用品物资，如口罩、护目镜、消毒液、手套、防护服等，都可以享受免税规定。

需要注意的是，此处仅限于实物，如果单位发给个人用于购买预防新型冠状病毒感染的肺炎的药品、医疗用品和防护用品等的现金，则征收个人所得税。

《财政部 税务总局关于延长部分税收优惠政策执行期限的公告》（财政部 税务总局公告 2022 年第 4 号）将该政策执行期限延长至 2023 年 12 月 31 日。

3.7.6.3 纳税申报

对于财政部、税务总局公告 2020 年第 10 号第一条的优惠政策，考虑到目前相关人员正在疫情防治一线，其单位同样承担较重防治任务，为切实减轻有关人员及其单位负担，此次对上述人员取得的临时性工作补助和奖金享受免征个人所得税优惠时，支付单位无需申报，仅将发放人员名单及金额留存备查即可。

3.8 其他重要个人所得税优惠政策

3.8.1 法律援助补贴

《财政部 税务总局关于法律援助补贴有关税收政策的公告》（财政部 税务总局公告 2022 年第 25 号）规定，自 2022 年 1 月 1 日起，对法律援助人员按照《中华人民共和国法律援助法》规定获得的法律援助补贴，免征个人所得税。法律援助机构向法律援助人员支付法律援助补贴时，应当为获得补贴的法律援助人员办理个人所得税劳务报酬所得免税申报。

3.8.2 保险营销员、证券经纪人佣金收入

保险营销员、证券经纪人取得的佣金收入，属于劳务报酬所得，以不含增值税的收入减除20%的费用后的余额为收入额，收入额减去展业成本及附加税费后，并入当年综合所得，计算缴纳个人所得税。保险营销员、证券经纪人展业成本按照收入额的25%计算。扣缴义务人向保险营销员、证券经纪人支付佣金收入时，应按照《个人所得税扣缴申报管理办法（试行）》（国家税务总局公告2018年第61号发布）规定的累计预扣法计算预扣税款。

对保险营销员、证券经纪人取得的佣金收入，扣缴单位应当按照累计预扣法计算预扣个人所得税。结合《个人所得税法》及其实施条例有关规定，累计预扣法预扣预缴个人所得税的具体计算公式为：

本期应预扣预缴税额 =（累计预扣预缴应纳税所得额 × 预扣率 - 速算扣除数）- 累计减免税额 - 累计已预扣预缴税额

累计预扣预缴应纳税所得额 = 累计收入额 - 累计减除费用 - 累计其他扣除

其中，累计收入额按照不含增值税的收入减除20%的费用后的余额计算；累计减除费用按照5000元/月乘以纳税人当年截至本月在本单位的从业月份数计算；累计其他扣除按照展业成本、附加税费和依法确定的其他扣除之和计算，其中展业成本按照收入额的25%计算。

上述公式中的预扣率、速算扣除数，比照国家税务总局公告2018年第61号所附的《个人所得税预扣率表一》执行。

3.8.3 个人领取企业年金、职业年金

个人达到国家规定的退休年龄，领取的企业年金、职业年金，符合《财政部 人力资源社会保障部 国家税务总局关于企业年金 职业年金个人所得税有关问题的通知》（财税〔2013〕103号）规定的，不并入综合所得，全额单独计算应纳税款。其中按月领取的，适用月度税率表计算纳税；按季领取的，平均分摊计入各月，按每月领取额适用月度税率表计算纳税；按年领取的，适用综合所得税率表计算纳税。

个人因出境定居而一次性领取的年金个人账户资金,或个人死亡后,其指定的受益人或法定继承人一次性领取的年金个人账户余额,适用综合所得税率表计算纳税。对个人除上述特殊原因外一次性领取年金个人账户资金或余额的,适用月度税率表计算纳税。

3.8.4 解除劳动关系、提前退休、内部退养的一次性补偿收入

3.8.4.1 解除劳动关系

个人与用人单位解除劳动关系取得一次性补偿收入(包括用人单位发放的经济补偿金、生活补助费和其他补助费),在当地上年职工平均工资3倍数额以内的部分,免征个人所得税;超过3倍数额的部分,不并入当年综合所得,单独适用综合所得税率表,计算纳税。

计算公式如下:

应纳税额 = 超过3倍以上数额的一次性补偿金 × 适用税率 − 速算扣除数

与原政策相比,不再除以个人在本企业的工作年限数。

3.8.4.2 提前退休

个人办理提前退休手续而取得的一次性补贴收入,应按照办理提前退休手续至法定离退休年龄之间实际年度数平均分摊,确定适用税率和速算扣除数,单独适用综合所得税率表,计算纳税。计算公式:

应纳税额 = {[(一次性补贴收入 ÷ 办理提前退休手续至法定退休年龄的实际年度数) − 费用扣除标准] × 适用税率 − 速算扣除数} × 办理提前退休手续至法定退休年龄的实际年度数

与原政策相比没有变化。

3.8.4.3 内部退养

个人办理内部退养手续而取得的一次性补贴收入,按照《国家税务总局关于个人所得税有关政策问题的通知》(国税发〔1999〕58号)规定计算纳税。

3.8.5 单位低价向职工售房

单位按低于购置或建造成本价格出售住房给职工,职工因此而少支出的

差价部分，符合《财政部 国家税务总局关于单位低价向职工售房有关个人所得税问题的通知》(财税〔2007〕13号)第二条规定的，不并入当年综合所得，以差价收入除以12个月得到的数额，按照月度税率表确定适用税率和速算扣除数，单独计算纳税。计算公式为：

应纳税额＝职工实际支付的购房价款低于该房屋的购置或建造成本价格的差额×适用税率－速算扣除数

3.8.6 社会保障类减免

3.8.6.1 工资、薪金

《个人所得税法》第四条第一款第（三）项、第（四）项规定，"按照国家统一规定发给的补贴、津贴""福利费、抚恤金、救济金"免征个人所得税。

《中华人民共和国个人所得税法实施条例》(以下简称《个人所得税法实施条例》)第十条规定："个人所得税法第四条第一款第三项所称按照国家统一规定发给的补贴、津贴，是指按照国务院规定发给的政府特殊津贴、院士津贴，以及国务院规定免予缴纳个人所得税的其他补贴、津贴。"第十一条规定："个人所得税法第四条第一款第四项所称福利费，是指根据国家有关规定，从企业、事业单位、国家机关、社会组织提留的福利费或者工会经费中支付给个人的生活补助费；所称救济金，是指各级人民政府民政部门支付给个人的生活困难补助费。"

《财政部 国家税务总局关于工伤职工取得的工伤保险待遇有关个人所得税政策的通知》(财税〔2012〕40号)规定："对工伤职工及其近亲属按照《工伤保险条例》(国务院令第586号)规定取得的工伤保险待遇，免征个人所得税。该通知第一条所称的工伤保险待遇，包括工伤职工按照《工伤保险条例》(国务院令第586号)规定取得的一次性伤残补助金、伤残津贴、一次性工伤医疗补助金、一次性伤残就业补助金、工伤医疗待遇、住院伙食补助费、外地就医交通食宿费用、工伤康复费用、辅助器具费用、生活护理费等，以及职工因工死亡，其近亲属按照《工伤保险条例》(国务院令第586号)规定取得的丧葬补助金、供养亲属抚恤金和一次性工亡补助金等。"

《财政部 国家税务总局关于生育津贴和生育医疗费有关个人所得税政策

的通知》（财税〔2008〕8 号）第一条规定："生育妇女按照县级以上人民政府根据国家有关规定制定的生育保险办法，取得的生育津贴、生育医疗费或其他属于生育保险性质的津贴、补贴，免征个人所得税。"

3.8.6.2　残疾、孤老人员和烈属

《个人所得税法》第五条第一款第（一）项规定："残疾、孤老人员和烈属的所得"可减征个人所得税。

《国家税务总局关于明确残疾人所得征免个人所得税范围的批复》（国税函〔1999〕329 号）规定："可减征个人所得税的残疾、孤老人员和烈属的所得仅限于劳动所得，具体所得项目为：工资、薪金所得；个体工商户的生产经营所得；对企事业单位的承包经营、承租经营所得；劳务报酬所得；稿酬所得；特许权使用费所得。税法第二条所列的其他各项所得，不属减征照顾的范围。"

3.8.6.3　退休人员

1. 普通退休人员

《个人所得税法》第四条第一款第（七）项规定："按照国家统一规定发给干部、职工的安家费、退职费、基本养老金或者退休费、离休费、离休生活补助费"免征个人所得税。

需要注意的是，《国家税务总局关于离退休人员取得单位发放离退休工资以外奖金补贴征收个人所得税的批复》（国税函〔2008〕723 号）规定："离退休人员除按规定领取离退休工资或养老金外，另从原任职单位取得的各类补贴、奖金、实物，不属于《中华人民共和国个人所得税法》第四条规定可以免税的退休工资、离休工资、离休生活补助费。根据《中华人民共和国个人所得税法》及其实施条例的有关规定，离退休人员从原任职单位取得的各类补贴、奖金、实物，应在减除费用扣除标准后，按'工资、薪金所得'应税项目缴纳个人所得税。"

2. 高级专家

《财政部　国家税务总局关于个人所得税若干政策问题的通知》（财税字〔1994〕20 号）第二条第（七）项规定："达到离休、退休年龄，但确因工作需要，适当延长离休退休年龄的高级专家（指享受国家发放的政府特殊津贴的专家、学者），其在延长离休退休期间的工资、薪金所得，视同退休工资、离休工资免征个人所得税。"

《财政部 国家税务总局关于高级专家延长离休退休期间取得工资薪金所得有关个人所得税问题的通知》（财税〔2008〕7号）规定，财税字〔1994〕20号文件第二条第（七）项所称延长离休退休年龄的高级专家是指享受国家发放的政府特殊津贴的专家、学者和中国科学院、中国工程院院士。

需要注意的是，对高级专家从其劳动人事关系所在单位取得的，单位按国家有关规定向职工统一发放的工资、薪金、奖金、津贴、补贴等收入，视同离休、退休工资，免征个人所得税；除此以外各种名目的津补贴收入等，以及高级专家从其劳动人事关系所在单位之外的其他地方取得的培训费、讲课费、顾问费、稿酬等各种收入，依法计征个人所得税。

3.8.6.4 军人军属

1. 复员费

《个人所得税法》第四条第一款第（六）项规定，"军人的转业费、复员费、退役金"免征个人所得税。

2. 军转干部

《财政部 国家税务总局关于自主择业的军队转业干部有关税收政策问题的通知》（财税〔2003〕26号）第一条规定："从事个体经营的军队转业干部，经主管税务机关批准，自领取税务登记证之日起，3年内免征营业税和个人所得税。"

3. 退役士兵

详见"1.8.2.1 退役士兵"。

4. 随军家属

《财政部 国家税务总局关于随军家属就业有关税收政策的通知》（财税〔2000〕84号）第二条规定："对从事个体经营的随军家属，自领取税务登记证之日起，3年内免征营业税和个人所得税。"

3.8.6.5 创业就业

详见"1.8.2.2 重点群体"。

3.8.6.6 科技人员科技成果转化

《财政部 税务总局 科技部关于科技人员取得职务科技成果转化现金奖

励有关个人所得税政策的通知》（财税〔2018〕58号）第一条规定："依法批准设立的非营利性研究开发机构和高等学校（以下简称非营利性科研机构和高校）根据《中华人民共和国促进科技成果转化法》规定，从职务科技成果转化收入中给予科技人员的现金奖励，可减按50%计入科技人员当月'工资、薪金所得'，依法缴纳个人所得税。"

需要注意的是，科研机构、高等学校转化职务科技成果以股份或出资比例等股权形式给予科技人员个人奖励，暂不征收个人所得税；以现金形式的奖励，减按50%纳税。不要混淆。

3.8.6.7 破产

《财政部 国家税务总局关于个人与用人单位解除劳动关系取得的一次性补偿收入征免个人所得税问题的通知》（财税〔2001〕157号）第三条规定："企业依照国家有关法律规定宣告破产，企业职工从该破产企业取得的一次性安置费收入，免征个人所得税。"

3.8.7 住房类减免

3.8.7.1 个人转让自用5年以上家庭唯一生活用房

自用5年以上家庭唯一生活用房，即人们常说的"满五唯一"。

财税字〔1994〕20号文件第二条第（六）项规定，"个人转让自用达五年以上、并且是唯一的家庭生活用房取得的所得"暂免征收个人所得税。

《财政部 国家税务总局 建设部关于个人出售住房所得征收个人所得税有关问题的通知》（财税字〔1999〕278号）第四条规定："对个人转让自用5年以上、并且是家庭唯一生活用房取得的所得、继续免征个人所得税。"

《国家税务总局关于个人转让房屋有关税收征管问题的通知》（国税发〔2007〕33号）第三条规定：

"自用5年以上"，是指个人购房至转让房屋的时间达5年以上。

（1）个人购房日期的确定。个人按照国家房改政策购买的公有住房，以其购房合同的生效时间、房款收据开具日期或房屋产权证上注明的时间，依照孰先原则确定；个人购买的其他住房，以其房屋产权证注明日期或契税完税凭证注明日期，按照孰先原则确定。

（2）个人转让房屋的日期，以销售发票上注明的时间为准。

"家庭唯一生活用房"是指在同一省、自治区、直辖市范围内纳税人（有配偶的为夫妻双方）仅拥有一套住房。

需要注意的是，国税发〔2007〕33 号文件第二条规定："个人出售商业用房取得的所得，应按规定缴纳个人所得税，不得享受 1 年内换购住房退还保证金和自用 5 年以上的家庭唯一生活用房免税的政策。"

3.8.7.2 个人出租住房

《财政部 国家税务总局关于廉租住房 经济适用住房和住房租赁有关税收政策的通知》（财税〔2008〕24 号）第二条第（一）项规定："对个人出租住房取得的所得减按 10% 的税率征收个人所得税。"

需要注意的是，个人出租商业用房的所得不能减按 10% 税率征收个人所得税。

3.8.7.3 拆迁补偿

《财政部 国家税务总局关于城镇房屋拆迁有关税收政策的通知》（财税〔2005〕45 号）第一条规定："对被拆迁人按照国家有关城镇房屋拆迁管理办法规定的标准取得的拆迁补偿款，免征个人所得税。"

3.8.7.4 棚户区改造

《财政部 国家税务总局关于棚户区改造有关税收政策的通知》（财税〔2013〕101 号）第五条规定："个人取得的拆迁补偿款按有关规定免征个人所得税。"

3.8.7.5 易地扶贫搬迁

《财政部 国家税务总局关于易地扶贫搬迁税收优惠政策的通知》（财税〔2018〕135 号）第一条第（一）项规定："对易地扶贫搬迁贫困人口按规定取得的住房建设补助资金、拆旧复垦奖励资金等与易地扶贫搬迁相关的货币化补偿和易地扶贫搬迁安置住房（以下简称安置住房），免征个人所得税。"

3.8.7.6 公共租赁住房

《财政部 税务总局关于公共租赁住房税收优惠政策的公告》（财政部 税务总局公告 2019 年第 61 号）第六条规定，自 2019 年 1 月 1 日至 2020 年 12

月 31 日，对符合地方政府规定条件的城镇住房保障家庭从地方政府领取的住房租赁补贴，免征个人所得税。

《财政部 税务总局关于延长部分税收优惠政策执行期限的公告》（财政部 税务总局公告 2022 年第 6 号）将该政策执行期限延长至 2023 年 12 月 31 日。

3.8.8 资本类减免

3.8.8.1 国债利息

《个人所得税法》第四条第一款第（二）项规定，"国债和国家发行的金融债券利息"免征个人所得税。

《个人所得税法实施条例》第九条规定："个人所得税法第四条第一款第二项所称国债利息，是指个人持有中华人民共和国财政部发行的债券而取得的利息；所称国家发行的金融债券利息，是指个人持有经国务院批准发行的金融债券而取得的利息。"

3.8.8.2 地方债利息

《财政部 国家税务总局关于地方政府债券利息免征所得税问题的通知》（财税〔2013〕5 号）第一条规定："对企业和个人取得的 2012 年及以后年度发行的地方政府债券利息收入，免征企业所得税和个人所得税。"

3.8.8.3 上市公司股息红利

《财政部 国家税务总局 证监会关于上市公司股息红利差别化个人所得税政策有关问题的通知》（财税〔2015〕101 号）第一条规定："个人从公开发行和转让市场取得的上市公司股票，持股期限超过 1 年的，股息红利所得暂免征收个人所得税。个人从公开发行和转让市场取得的上市公司股票，持股期限在 1 个月以内（含 1 个月）的，其股息红利所得全额计入应纳税所得额；持股期限在 1 个月以上至 1 年（含 1 年）的，暂减按 50% 计入应纳税所得额；上述所得统一适用 20% 的税率计征个人所得税。"

新三板股息红利差别化个人所得税政策，按照财税〔2015〕101 号文件规定执行。

3.8.8.4 转让上市公司股票

《财政部 国家税务总局关于个人转让股票所得继续暂免征收个人所得税的通知》(财税字〔1998〕61号)规定:"从1997年1月1日起,对个人转让上市公司股票取得的所得继续暂免征收个人所得税。"

《财政部 国家税务总局 证监会关于个人转让上市公司限售股所得征收个人所得税有关问题的通知》(财税〔2009〕167号)第八条规定:"对个人在上海证券交易所、深圳证券交易所转让从上市公司公开发行和转让市场取得的上市公司股票所得,继续免征个人所得税。"

3.8.8.5 转让新三板股票

《财政部 税务总局 证监会关于个人转让全国中小企业股份转让系统挂牌公司股票有关个人所得税政策的通知》(财税〔2018〕137号)第一条规定:"自2018年11月1日(含)起,对个人转让新三板挂牌公司非原始股取得的所得,暂免征收个人所得税。本通知所称非原始股是指个人在新三板挂牌公司挂牌后取得的股票,以及由上述股票孳生的送、转股。"

3.8.8.6 新三板股息红利

《财政部 税务总局 证监会关于继续实施全国中小企业股份转让系统挂牌公司股息红利差别化个人所得税政策的公告》(财政部 税务总局 证监会公告2019年第78号)第一条规定,自2019年7月1日起至2024年6月30日,个人持有挂牌公司的股票,持股期限超过1年的,对股息红利所得暂免征收个人所得税。个人持有挂牌公司的股票,持股期限在1个月以内(含1个月)的,其股息红利所得全额计入应纳税所得额;持股期限在1个月以上至1年(含1年)的,其股息红利所得暂减按50%计入应纳税所得额;上述所得统一适用20%的税率计征个人所得税。该公告所称挂牌公司是指股票在全国中小企业股份转让系统公开转让的非上市公众公司;持股期限是指个人取得挂牌公司股票之日至转让交割该股票之日前一日的持有时间。

与原政策[①]不同的是,原政策规定持股期限超过1年的,暂减按25%计入

---

① 《财政部 国家税务总局 证监会关于实施全国中小企业股份转让系统挂牌公司股息红利差别化个人所得税政策有关问题的通知》(财税〔2014〕48号),已被财政部、税务总局、证监会公告2019年第78号废止。

应纳税所得额，新政策规定暂免征收个人所得税。

财政部、税务总局、证监会公告 2019 年第 78 号第二条第一款规定："挂牌公司派发股息红利时，对截至股权登记日个人持股 1 年以内（含 1 年）且尚未转让的，挂牌公司暂不扣缴个人所得税；待个人转让股票时，证券登记结算公司根据其持股期限计算应纳税额，由证券公司等股票托管机构从个人资金账户中扣收并划付证券登记结算公司，证券登记结算公司应于次月 5 个工作日内划付挂牌公司，挂牌公司在收到税款当月的法定申报期内向主管税务机关申报缴纳，并应办理全员全额扣缴申报。"

3.8.8.7　个人通过沪港通转让香港联交所上市股票

《财政部　国家税务总局　证监会关于沪港股票市场交易互联互通机制试点有关税收政策的通知》（财税〔2014〕81 号）和《财政部　税务总局　证监会关于继续执行沪港股票市场交易互联互通机制有关个人所得税政策的通知》（财税〔2017〕78 号）规定，对内地个人投资者通过沪港通投资香港联交所上市股票取得的转让差价所得，自 2014 年 11 月 17 日起至 2019 年 12 月 4 日止，暂免征收个人所得税。

3.8.8.8　个人通过深港通转让香港联交所上市股票

《财政部　国家税务总局　证监会关于深港股票市场交易互联互通机制试点有关税收政策的通知》（财税〔2016〕127 号）规定，对内地个人投资者通过深港通投资香港联交所上市股票取得的转让差价所得，自 2016 年 12 月 5 日起至 2019 年 12 月 4 日止，暂免征收个人所得税。

3.8.8.9　证券交易结算资金利息

《财政部　国家税务总局关于证券市场个人投资者证券交易结算资金利息所得有关个人所得税政策的通知》（财税〔2008〕140 号）规定："自 2008 年 10 月 9 日起，对证券市场个人投资者取得的证券交易结算资金利息所得，暂免征收个人所得税，即证券市场个人投资者的证券交易结算资金在 2008 年 10 月 9 日后（含 10 月 9 日）孳生的利息所得，暂免征收个人所得税。"

3.8.8.10　"三费一金"利息

《财政部　国家税务总局关于住房公积金、医疗保险金、基本养老保险金、失业保险基金个人账户存款利息所得免征个人所得税的通知》（财税字

〔1999〕267号）规定，国家或省级地方政府规定的比例缴付的下列专项基金或资金存入银行个人账户所取得的利息收入免征个人所得税：①住房公积金；②医疗保险金；③基本养老保险金；④失业保险基金。

3.8.8.11 股权分置改革中非流通股股东向流通股股东支付对价

《财政部 国家税务总局关于股权分置试点改革有关税收政策问题的通知》（财税〔2005〕103号）第二条规定："股权分置改革中非流通股股东通过对价方式向流通股股东支付的股份、现金等收入，暂免征收流通股股东应缴纳的企业所得税和个人所得税。"

3.8.8.12 储蓄存款利息

《财政部 国家税务总局关于储蓄存款利息所得有关个人所得税政策的通知》（财税〔2008〕132号）规定："自2008年10月9日起，对储蓄存款利息所得暂免征收个人所得税。"

3.8.8.13 天使投资人

《财政部 税务总局关于创业投资企业和天使投资个人有关税收政策的通知》（财税〔2018〕55号）规定，天使投资个人采取股权投资方式直接投资于初创科技型企业满2年的，可以按照投资额的70%抵扣转让该初创科技型企业股权取得的应纳税所得额；当期不足抵扣的，可以在以后取得转让该初创科技型企业股权的应纳税所得额时结转抵扣。

天使投资个人投资多个初创科技型企业的，对其中办理注销清算的初创科技型企业，天使投资个人对其投资额的70%尚未抵扣完的，可自注销清算之日起36个月内抵扣天使投资个人转让其他初创科技型企业股权取得的应纳税所得额。

享受优惠政策的天使投资个人，应同时符合以下条件：

（1）不属于被投资初创科技型企业的发起人、雇员或其亲属（包括配偶、父母、子女、祖父母、外祖父母、孙子女、外孙子女、兄弟姐妹，下同），且与被投资初创科技型企业不存在劳务派遣等关系；

（2）投资后2年内，本人及其亲属持有被投资初创科技型企业股权比例合计应低于50%。

3.8.9　奖金类减免

3.8.9.1　省、部、军级奖金

《个人所得税法》第四条第一款第（一）项规定，"省级人民政府、国务院部委和中国人民解放军军以上单位，以及外国组织、国际组织颁发的科学、教育、技术、文化、卫生、体育、环境保护等方面的奖金"免征个人所得税。

需要注意的是，免征个人所得税奖金的级别，省级以下的奖金如无特殊规定，不免征个人所得税。

3.8.9.2　中奖不超过万元的福彩、体彩

《国家税务总局关于社会福利有奖募捐发行收入税收问题的通知》（国税发〔1994〕127号）第二条第二款规定："对个人购买社会福利有奖募捐奖券一次中奖收入不超过10000元的暂免征收个人所得税，对一次中奖收入超过10000元的，应按税法规定全额征税。"

《财政部　国家税务总局关于个人取得体育彩票中奖所得征免个人所得税问题的通知》（财税字〔1998〕12号）规定："对个人购买体育彩票中奖收入的所得税政策作如下调整：凡一次中奖收入不超过1万元的，暂免征收个人所得税；超过1万元的，应按税法规定全额征收个人所得税。"

3.8.9.3　见义勇为奖金

《财政部　国家税务总局关于发给见义勇为者的奖金免征个人所得税问题的通知》（财税字〔1995〕25号）规定："对乡、镇（含乡、镇）以上人民政府或经县（含县）以上人民政府主管部门批准成立的有机构、有章程的见义勇为基金会或者类似组织，奖励见义勇为者的奖金或奖品，经主管税务机关核准，免予征收个人所得税。"

3.8.9.4　奖学金

《财政部　国家税务总局关于教育税收政策的通知》（财税〔2004〕39号）第一条第十一项规定，对省级人民政府、国务院各部委和中国人民解放军军以上单位，以及外国组织、国际组织颁布的教育方面的奖学金，免征个人所得税。

3.8.9.5 发票中奖

《财政部 国家税务总局关于个人取得有奖发票奖金征免个人所得税问题的通知》(财税〔2007〕34号)第一条规定,个人取得单张有奖发票奖金所得不超过800元(含800元)的,暂免征收个人所得税。

3.8.9.6 举报违法犯罪奖金

财税字〔1994〕20号文件第二条第(四)项规定,"个人举报、协查各种违法、犯罪行为而获得的奖金"暂免征收个人所得税。

3.8.10 外籍个人

《个人所得税法》第四条第一款第(八)项规定,"依照有关法律规定应予免税的各国驻华使馆、领事馆的外交代表、领事官员和其他人员的所得"免征个人所得税。

财税字〔1994〕20号文件第二条规定,外籍个人取得下列所得,暂免征收个人所得税:

(1)外籍个人以非现金形式或实报实销形式取得的住房补贴、伙食补贴、搬迁费、洗衣费。

(2)外籍个人按合理标准取得的境内、外出差补贴。

(3)外籍个人取得的探亲费、语言训练费、子女教育费等,经当地税务机关审核批准为合理的部分。

(4)外籍个人从外商投资企业取得的股息、红利所得。

(5)凡符合下列条件之一的外籍专家取得的工资、薪金所得可免征个人所得税:

①根据世界银行专项贷款协议由世界银行直接派往我国工作的外国专家;
②联合国组织直接派往我国工作的专家;
③为联合国援助项目来华工作的专家;
④援助国派往我国专为该国无偿援助项目工作的专家;
⑤根据两国政府签订文化交流项目来华工作两年以内的文教专家,其工资、薪金所得由该国负担的;
⑥根据我国大专院校国际交流项目来华工作两年以内的文教专家,其工

资、薪金所得由该国负担的；

⑦通过民间科研协定来华工作的专家，其工资、薪金所得由该国政府机构负担的。

3.8.11 远洋船员

《财政部 税务总局关于远洋船员个人所得税政策的公告》（财政部 税务总局公告 2019 年第 97 号）规定，一个纳税年度内在船航行时间累计满 183 天的远洋船员，其取得的工资薪金收入减按 50%计入应纳税所得额，依法缴纳个人所得税。

所称的远洋船员是指在海事管理部门依法登记注册的国际航行船舶船员和在渔业管理部门依法登记注册的远洋渔业船员。

在船航行时间是指远洋船员在国际航行或作业船舶和远洋渔业船舶上的工作天数。一个纳税年度内的在船航行时间为一个纳税年度内在船航行时间的累计天数。

远洋船员可选择在当年预扣预缴税款或者次年个人所得税汇算清缴时享受上述优惠政策。

3.8.12 其他

3.8.12.1 法定减免

《个人所得税法》第四条第一款第（五）项规定，保险赔款免征个人所得税。

《个人所得税法》第四条第一款第（九）项规定，中国政府参加的国际公约、签订的协议中规定免税的所得免征个人所得税。

《个人所得税法》第五条第一款第（二）项规定，因自然灾害遭受重大损失的可减征个人所得税。

3.8.12.2 扣缴手续费

《个人所得税法》第十七条规定："对扣缴义务人按照所扣缴的税款，付给百分之二的手续费。"

财税字〔1994〕20 号文件第二条第（五）项规定，个人办理代扣代缴税款手续，按规定取得的扣缴手续费暂免征收个人所得税。

4 财产行为税和其他费用优惠政策

4.1 "六税两费"减征优惠政策

4.1.1 政策规定

《财政部 税务总局关于实施小微企业普惠性税收减免政策的通知》(财税〔2019〕13号)规定,2019年1月1日至2021年12月31日,由省、自治区、直辖市人民政府根据本地区实际情况,以及宏观调控需要确定,对增值税小规模纳税人可以在50%的税额幅度内减征资源税、城市维护建设税、房产税、城镇土地使用税、印花税(不含证券交易印花税)、耕地占用税和教育费附加、地方教育附加(以下简称"六税两费")。

目前,全国所有省、自治区、直辖市均已按照50%幅度内减征"六税两费"。

《财政部 税务总局关于进一步实施小微企业"六税两费"减免政策的公告》(财政部 税务总局公告2022年第10号)规定,2022年1月1日至2024年12月31日,由省、自治区、直辖市人民政府根据本地区实际情况,以及宏观调控需要确定,对增值税小规模纳税人、小型微利企业和个体工商户可以在50%的税额幅度内减征"六税两费"。

相比财税〔2019〕13号文件,财政部、税务总局公告2022年第10号扩大了"六税两费"减征范围,原来只适用于增值税小规模纳税人,现在扩大到小型微利企业和个体工商户。在原政策下,若企业所得税小型微利企业是增值税一般纳税人，则不能享受"六税两费"减征。在新政策下，增值税小规模纳税人、企业所得税小型微利企业，二者符合其一便可享受"六税两费"减征。个体工商户无论是增值税一般纳税人还是小规模纳税人，都可以享受"六税两费"减征。个人独资、合伙企业如果是增值税小规模纳税人，也可以享受"六税两费"减征。

《财政部 税务总局关于进一步支持小微企业和个体工商户发展有关税费政策的公告》（财政部 税务总局公告2023年第12号）第二条规定，自2023年1月1日至2027年12月31日，对增值税小规模纳税人、小型微利企业和个体工商户减半征收资源税（不含水资源税）、城市维护建设税、房产税、城镇土地使用税、印花税（不含证券交易印花税）、耕地占用税和教育费附加、地方教育附加。对比之前的政策，一是规定减半征收的资源税不含水资源税，二是之前减半的额度由省、自治区、直辖市人民政府根据本地区实际情况决定，新政策直接规定减半。

4.1.2 小型微利企业的适用

如果小型微利企业同时是增值税小规模纳税人，自然可以享受"六税两费"减征；如果小型微利企业同时是增值税一般纳税人，则要判断是否符合小型微利企业条件。

《财政部 税务总局关于进一步支持小微企业和个体工商户发展有关税费政策的公告》（财政部 税务总局公告2023年第12号）第五条规定：

小型微利企业，是指从事国家非限制和禁止行业，且同时符合年度应纳税所得额不超过300万元、从业人数不超过300人、资产总额不超过5000万元等三个条件的企业。

从业人数，包括与企业建立劳动关系的职工人数和企业接受的劳务派遣用工人数。所称从业人数和资产总额指标，应按企业全年的季度平均值确定。具体计算公式如下：

季度平均值=（季初值+季末值）÷2

全年季度平均值=全年各季度平均值之和÷4

年度中间开业或者终止经营活动的，以其实际经营期作为一个纳税年度确定上述相关指标。

4.1.2.1 非新设立的企业

小型微利企业判定以企业所得税汇算清缴结果为准。增值税一般纳税人按规定办理汇算清缴后确定是小型微利企业的,可自办理汇算清缴当年的7月1日至次年6月30日申报享受"六税两费"减征。

【例4-1】 某增值税一般纳税人2021年度企业所得税汇算清缴结果属于小型微利企业,则该企业申报2022年7月1日至2023年6月30日的"六税两费"时,可以享受减征优惠;该企业2022年度企业所得税汇算清缴结果也属于小型微利企业,则该企业申报2023年7月1日至2024年6月30日的"六税两费"时,可以享受减征优惠。

【例4-2】 某增值税一般纳税人2021年度企业所得税汇算清缴结果不属于小型微利企业,2022年度汇算清缴结果属于小型微利企业,则该企业申报2022年7月1日至2023年6月30日的"六税两费"时,不能享受减征优惠;申报2023年7月1日至2024年6月30日的"六税两费"时,可以享受减征优惠。

【例4-3】 某增值税一般纳税人2021年度企业所得税汇算清缴结果属于小型微利企业,2022年度汇算清缴结果不属于小型微利企业,则该企业申报2022年7月1日至2023年6月30日的"六税两费"时,可以享受减征优惠;申报2023年7月1日至2024年6月30日的"六税两费"时,不能享受减征优惠。

4.1.2.2 新设立的企业

新设立企业如果是增值税小规模纳税人,可以享受"六税两费"减征,如果是增值税一般纳税人,由于尚未进行企业所得税汇算清缴,可以按照以下方式判断是否属于小型微利企业:

(1) 登记为增值税一般纳税人的新设立企业,从事国家非限制和禁止行业,且同时符合申报期上月末从业人数不超过 300 人、资产总额不超过 5000 万元两项条件的,按规定办理首次企业所得税汇算清缴申报前,可按照小型微利企业申报享受"六税两费"减征。

(2)登记为增值税一般纳税人的新设立企业,从事国家非限制和禁止行业,且同时符合设立时从业人数不超过 300 人、资产总额不超过 5000 万元两项条件的,设立当月依照有关规定按次申报有关"六税两费"时,可申报享受"六税两费"减征。

【例 4-4】 某企业于 2022 年 6 月成立,从事国家非限制和禁止行业,2022 年 12 月 1 日登记为增值税一般纳税人。2023 年 3 月 31 日的从业人数、资产总额分别为 280 人和 4500 万元。该企业 2023 年 4 月 10 日申报"六税两费"时,尚未办理 2022 年度企业所得税汇算清缴,但由于其 2023 年 3 月 31 日的从业人数、资产总额符合规定,因此,可以享受减征。

办理首次企业所得税汇算清缴后确定不属于小型微利企业的增值税一般纳税人,自办理汇算清缴的次月 1 日至次年 6 月 30 日,不得再申报享受"六税两费"减免优惠。办理首次汇算清缴申报前,已按规定申报缴纳"六税两费"的,不再根据首次汇算清缴结果进行更正。

【例 4-5】 某企业于 2022 年 6 月成立,从事国家非限制和禁止行业,2022 年 12 月 1 日登记为增值税一般纳税人。2023 年 3 月 31 日的从业人数、资产总额分别为 280 人和 4500 万元。该企业 2023 年 4 月 10 日申报"六税两费"时,按小型微利企业享受了减征;4 月 20 日办理了 2022 年度企业所得税汇算清缴,结果确定不属于小型微利企业。尽管如此,该企业无需补缴之前减征的"六税两费"。

新设立企业按规定办理首次企业所得税汇算清缴后,按规定申报当月及之前的"六税两费"的,依据首次汇算清缴结果确定是否可申报享受减征优惠。

4 财产行为税和其他费用优惠政策

【例 4-6】 A 省某企业于 2022 年 7 月成立，从事国家非限制和禁止行业，2022 年 10 月 1 日登记为增值税一般纳税人，假设其于 2023 年 5 月 8 日办理了 2022 年度企业所得税汇算清缴申报，确定不属于小型微利企业；2024 年 5 月 8 日办理 2023 年度企业所得税汇算清缴申报，确定属于小型微利企业。按照 A 省规定，该企业于 2024 年 5 月 12 日办理 2023 年度房产税申报。则办理首次汇算清缴当月及之前（即 2023 年 1—5 月）和办理汇算清缴的次月 1 日至次年 6 月 30 日（即 2023 年 7 月 1 日至 2024 年 6 月 30 日）的房产税不能享受减征，申报 2024 年 7 月 1 日至 2024 年 12 月 31 日的"六税两费"时可以享受减征。

登记为增值税一般纳税人的小型微利企业、新设立企业，逾期办理或更正企业所得税汇算清缴申报的，应当依据逾期办理或更正申报的结果，对"六税两费"申报进行相应更正。

【例 4-7】 某企业于 2022 年 6 月成立，从事国家非限制和禁止行业，2022 年 10 月 1 日登记为增值税一般纳税人。2023 年 5 月底前，该企业未按期办理首次汇算清缴申报，8 月办理企业所得税汇算清缴申报，确定不属于小型微利企业。该企业已分别于 2023 年 4 月和 7 月征期申报当年 1—3 月和 4—6 月的"六税两费"时，按照小型微利企业享受了减征。由于逾期办理首次汇算清缴后确定其不属于小型微利企业，该企业 7 月征期申报的 2023 年 4—6 月的"六税两费"不能享受减征，应当补缴减征的税款；4 月征期申报 2023 年 1—3 月的"六税两费"不必补缴。

【例 4-8】 某企业于 2021 年 7 月成立，2021 年 9 月 1 日登记为增值税一般纳税人，2022 年 5 月办理了 2021 年度企业所得税汇算清缴，确定是小型微利企业。该企业已于 2023 年 4 月和 7 月征期分别申报当年 1—3 月和 4—6 月的"六税两费"时，按照小型微利企业享受了减征。2023 年 8 月，该企业对 2021 年度汇算清缴进行了更正，确定不属于小型微利企业。由于企业 2023 年 1 月 1 日至 6 月 30 日的"六税两费"是否能够享受减征，是依据 2021 年度汇算清缴结果确定，因此，该企业 2023

年 1 月 1 日至 6 月 30 日申报"六税两费"时不能够享受减征,应当补缴减征的税款。

按次申报的,自首次办理汇算清缴确定不属于小型微利企业之日起至次年 6 月 30 日,不得再申报享受"六税两费"减征。

【例 4－9】 某企业于 2022 年 6 月成立,从事国家非限制和禁止行业,2022 年 12 月 1 日登记为增值税一般纳税人,2023 年 4 月 20 日办理了 2022 年度企业所得税汇算清缴,结果确定不属于小型微利企业。该企业 2023 年 4 月 23 日依规定按次申报耕地占用税,由于其不属于小型微利企业,自首次办理汇算清缴后确定不属于小型微利企业之日起至次年 6 月 30 日,不得再申报享受"六税两费"减征。

需要注意的是,尽管政策规定的是自办理企业所得税汇算清缴当年的 7 月 1 日至次年 6 月 30 日享受"六税两费"减征,但该政策有效期只到 2027 年 12 月 31 日,即 2027 年办理 2026 年度汇算清缴后确定是小型微利企业的,纳税人享受"六税两费"减征的日期截至 2027 年 12 月 31 日。

4.1.3 叠加享受其他优惠

增值税小规模纳税人、小型微利企业、个体工商户已依法享受其他优惠政策的,可叠加享受"六税两费"减免优惠。在享受优惠的顺序上,先享受其他优惠,再享受"六税两费"减免优惠。原来适用比例减免或定额减免的,本次减免额计算的基数是应纳税额减除原有减免税额后的数额。例如,个人和企事业单位出租住房的房产税原优惠政策是减按 4% 税率征收,如果某省确定的增值税小规模纳税人房产税减征比例为 50%,政策叠加享受后,可在减按 4% 税率征收的基础上再减征一半,即实际按 2% 的税率征收。

4.1.4 增值税小规模纳税人转增值税一般纳税人的衔接

增值税小规模纳税人按规定登记为增值税一般纳税人的,自一般纳税人生效之日起不再适用"六税两费"减征。增值税年应税销售额超过小规模纳税人标准应当登记为一般纳税人而未登记，经税务机关通知，逾期仍不办理登记的，自逾期次月起不再享受"六税两费"减征。但若符合小型微利企业条件，仍然可以享受"六税两费"减征。

【例 4 – 10】 某企业为增值税小规模纳税人，因销售额超过标准，于 2023 年 7 月登记为增值税一般纳税人并于当月 1 日生效。则其于 2023 年 7 月征期申报 4—6 月"六税两费"时可以享受"六税两费"减征，10 月征期申报 7—9 月"六税两费"时不能享受"六税两费"减征。

4.1.5　办理方式

纳税人自行申报享受减免优惠，不需额外提交资料。

4.2　房产税和城镇土地使用税主要税收优惠政策

4.2.1　延期执行的税收优惠政策

4.2.1.1　物流企业大宗商品仓储设施用地

《财政部　税务总局关于继续实施物流企业大宗商品仓储设施用地城镇土地使用税优惠政策的公告》（财政部　税务总局公告 2023 年第 5 号）规定，2023 年 1 月 1 日至 2027 年 12 月 31 日，对物流企业自有（包括自用和出租）或承租的大宗商品仓储设施用地，减按所属土地等级适用税额标准的 50% 计征城镇土地使用税。

所称物流企业，是指至少从事仓储或运输一种经营业务，为工农业生产、流通、进出口和居民生活提供仓储、配送等第三方物流服务，实行独立核算、独立承担民事责任，并在工商部门注册登记为物流、仓储或运输的专业物流企业。

所称大宗商品仓储设施，是指同一仓储设施占地面积在 6000 平方米及以上，且主要储存粮食、棉花、油料、糖料、蔬菜、水果、肉类、水产品、化肥、农药、种子、饲料等农产品和农业生产资料，煤炭、焦炭、矿砂、非金属矿产品、原油、成品油、化工原料、木材、橡胶、纸浆及纸制品、钢材、水泥、有色金属、建材、塑料、纺织原料等矿产品和工业原材料的仓储设施。

所称仓储设施用地，包括仓库库区内的各类仓房（含配送中心）、油罐（池）、货场、晒场（堆场）、罩棚等储存设施和铁路专用线、码头、道路、装卸搬运区域等物流作业配套设施的用地。

物流企业的办公、生活区用地及其他非直接用于大宗商品仓储的土地，不属于规定的减税范围，应按规定征收城镇土地使用税。

纳税人享受减税政策，应按规定进行减免税申报，并将不动产权属证明、土地用途证明、租赁协议等资料留存备查。

4.2.1.2 支持农产品批发市场、农贸市场建设

《财政部　税务总局关于继续实行农产品批发市场　农贸市场房产税　城镇土地使用税优惠政策的通知》（财税〔2019〕12号）第一条规定，自2019年1月1日至2021年12月31日，对农产品批发市场、农贸市场（包括自有和承租，下同）专门用于经营农产品的房产、土地，暂免征收房产税和城镇土地使用税。对同时经营其他产品的农产品批发市场和农贸市场使用的房产、土地，按其他产品与农产品交易场地面积的比例确定征免房产税和城镇土地使用税。

农产品批发市场和农贸市场，是指经工商登记注册，供买卖双方进行农产品及其初加工品现货批发或零售交易的场所。农产品包括粮油、肉禽蛋、蔬菜、干鲜果品、水产品、调味品、棉麻、活畜、可食用的林产品以及由省、自治区、直辖市财税部门确定的其他可食用的农产品。

享受上述税收优惠的房产、土地，是指农产品批发市场、农贸市场直接为农产品交易提供服务的房产、土地。农产品批发市场、农贸市场的行政办公区、生活区，以及商业餐饮娱乐等非直接为农产品交易提供服务的房产、土地，不属于该通知规定的优惠范围，应按规定征收房产税和城镇土地使用税。

《财政部　税务总局关于延长部分税收优惠政策执行期限的公告》（财政部　税务总局公告2022年第4号）将该政策执行期限延长至2023年12月

31 日。

4.2.1.3 支持国家级、省级科技企业孵化器、大学科技园和众创空间发展

《财政部 税务总局 科技部 教育部关于科技企业孵化器 大学科技园和众创空间税收政策的通知》（财税〔2018〕120号）第一条规定，自2019年1月1日至2021年12月31日，对国家级、省级科技企业孵化器、大学科技园和国家备案众创空间自用以及无偿或通过出租等方式提供给在孵对象使用的房产、土地，免征房产税和城镇土地使用税。

《财政部 税务总局关于延长部分税收优惠政策执行期限的公告》（财政部 税务总局公告2022年第4号）将该政策执行期限延长至2023年12月31日。

4.2.1.4 城市公交站场、道路客运站场、城市轨道交通系统

《财政部 税务总局关于继续对城市公交站场 道路客运站场 城市轨道交通系统减免城镇土地使用税优惠政策的通知》（财税〔2019〕11号）规定，2019年1月1日至2021年12月31日，对城市公交站场、道路客运站场、城市轨道交通系统运营用地，免征城镇土地使用税。

城市公交站场运营用地，包括城市公交首末车站、停车场、保养场、站场办公用地、生产辅助用地。

道路客运站场运营用地，包括站前广场、停车场、发车位、站务用地、站场办公用地、生产辅助用地。

城市轨道交通系统运营用地，包括车站（含出入口、通道、公共配套及附属设施）、运营控制中心、车辆基地（含单独的综合维修中心、车辆段）以及线路用地，不包括购物中心、商铺等商业设施用地。

城市公交站场、道路客运站场，是指经县级以上（含县级）人民政府交通运输主管部门等批准建设的，为公众及旅客、运输经营者提供站务服务的场所。

城市轨道交通系统，是指依规定批准建设的，采用专用轨道导向运行的城市公共客运交通系统，包括地铁系统、轻轨系统、单轨系统、有轨电车、磁浮系统、自动导向轨道系统、市域快速轨道系统，不包括旅游景区等单位内部为特定人群服务的轨道系统。

《财政部 税务总局关于延长部分税收优惠政策执行期限的公告》（财政部 税务总局公告2022年第4号）将该政策执行期限延长至2023年12月31日。

4.2.1.5 高校学生公寓

《财政部 税务总局关于高校学生公寓房产税 印花税政策的通知》（财税〔2019〕14号）规定，2019年1月1日至2021年12月31日，对高校学生公寓免征房产税。

所称高校学生公寓，是指为高校学生提供住宿服务，按照国家规定的收费标准收取住宿费的学生公寓。

《财政部 税务总局关于延长部分税收优惠政策执行期限的公告》（财政部 税务总局公告2022年第4号）将该政策执行期限延长至2023年12月31日。

4.2.1.6 支持居民供热采暖

《财政部 税务总局关于延续供热企业增值税 房产税 城镇土地使用税优惠政策的通知》（财税〔2019〕38号）第二条规定，自2019年1月1日至2020年12月31日，对向居民供热收取采暖费的供热企业，为居民供热所使用的厂房及土地免征房产税、城镇土地使用税；对供热企业其他厂房及土地，应当按照规定征收房产税、城镇土地使用税。

对专业供热企业，按其向居民供热取得的采暖费收入占全部采暖费收入的比例，计算免征的房产税、城镇土地使用税。

对兼营供热企业，视其供热所使用的厂房及土地与其他生产经营活动所使用的厂房及土地是否可以区分，按照不同方法计算免征的房产税、城镇土地使用税。可以区分的，对其供热所使用厂房及土地，按向居民供热取得的采暖费收入占全部采暖费收入的比例，计算免征的房产税、城镇土地使用税。难以区分的，对其全部厂房及土地，按向居民供热取得的采暖费收入占其营业收入的比例，计算免征的房产税、城镇土地使用税。

对自供热单位，按向居民供热建筑面积占总供热建筑面积的比例，计算免征供热所使用的厂房及土地的房产税、城镇土地使用税。

《财政部 税务总局关于延长部分税收优惠政策执行期限的公告》（财政

部 税务总局公告2021年第6号）将该政策执行期限延长至2023年供暖期结束。

4.2.1.7 支持农村饮水安全工程建设

《财政部 税务总局关于继续实行农村饮水安全工程税收优惠政策的公告》（财政部 税务总局公告2019年第67号）第三条规定，自2019年1月1日至2020年12月31日，对饮水工程运营管理单位自用的生产、办公用房产、土地，免征房产税、城镇土地使用税。

《财政部 税务总局关于延长部分税收优惠政策执行期限的公告》（财政部 税务总局公告2021年第6号）将该政策执行期限延长至2023年12月31日。

4.2.1.8 民用航空发动机、新支线飞机和大型客机项目

《财政部 税务总局关于民用航空发动机、新支线飞机和大型客机税收政策的公告》（财政部 税务总局公告2019年第88号）规定，自2018年1月1日起至2023年12月31日止，对纳税人及其全资子公司从事大型民用客机发动机、中大功率民用涡轴涡桨发动机研制项目自用的科研、生产、办公房产及土地，免征房产税、城镇土地使用税。

自2019年1月1日起至2020年12月31日止，对纳税人及其全资子公司从事大型客机研制项目自用的科研、生产、办公房产及土地，免征房产税、城镇土地使用税。

《财政部 税务总局关于延长部分税收优惠政策执行期限的公告》（财政部 税务总局公告2021年第6号）将该政策执行期限延长至2023年12月31日。

4.2.1.9 支持公共租赁住房建设

《财政部 税务总局关于公共租赁住房税收优惠政策的公告》（财政部 税务总局公告2019年第61号）第一条规定，自2019年1月1日至2020年12月31日，对公租房建设期间用地及公租房建成后占地，免征城镇土地使用税。在其他住房项目中配套建设公租房，按公租房建筑面积占总建筑面积的比例免征建设、管理公租房涉及的城镇土地使用税。第七条规定，自2019年1月1日至2020年12月31日，对公租房免征房产税。

《财政部　税务总局关于延长部分税收优惠政策执行期限的公告》(财政部　税务总局公告2021年第6号)将该政策执行期限延长至2023年12月31日。

4.2.1.10　支持国家商品储备业务发展

《财政部　税务总局关于部分国家储备商品有关税收政策的公告》(财政部　税务总局公告2019年第77号)第二条规定,自2019年1月1日至2021年12月31日,对商品储备管理公司及其直属库自用的承担商品储备业务的房产、土地,免征房产税、城镇土地使用税。

《财政部　税务总局关于延续执行部分国家商品储备税收优惠政策的公告》(财政部　税务总局公告2022年第8号)第二条规定,2022年1月1日至2023年12月31日,对商品储备管理公司及其直属库自用的承担商品储备业务的房产、土地,免征房产税、城镇土地使用税。

4.2.1.11　支持易地扶贫搬迁

《财政部　国家税务总局关于易地扶贫搬迁税收优惠政策的通知》(财税〔2018〕135号)第二条第(三)项规定,2018年1月1日至2020年12月31日对安置住房用地,免征城镇土地使用税。

《财政部　税务总局关于延长部分税收优惠政策执行期限的公告》(财政部　税务总局公告2021年第6号)将该政策执行期限延长至2025年12月31日。

4.2.2　其他重要的房产税和城镇土地使用税优惠政策

4.2.2.1　住房租赁

《财政部　税务总局　住房城乡建设部关于完善住房租赁有关税收政策的公告》(财政部　税务总局　住房城乡建设部公告2021年第24号)第二条规定,自2021年10月1日起,对企事业单位、社会团体以及其他组织向个人、专业化规模化住房租赁企业出租住房的,减按4%的税率征收房产税。

企事业单位、社会团体以及其他组织向个人、专业化规模化住房租赁企业出租保障性租赁住房,比照上述房产税政策。

所称专业化规模化住房租赁企业的标准为：企业在开业报告或者备案城市内持有或者经营租赁住房1000套（间）及以上或者建筑面积3万平方米及以上。各省、自治区、直辖市住房城乡建设部门会同同级财政、税务部门，可根据租赁市场发展情况，对本地区全部或者部分城市在50%的幅度内下调标准。

4.2.2.2　文化转制企业

《财政部　税务总局　中央宣传部关于继续实施文化体制改革中经营性文化事业单位转制为企业若干税收政策的通知》（财税〔2019〕16号）第一条第一款第（二）项规定，由财政部门拨付事业经费的文化单位转制为企业，自转制注册之日起5年内对其自用房产免征房产税。2018年12月31日之前已完成转制的企业，自2019年1月1日起对其自用房产可继续免征5年房产税。

4.2.2.3　支持棚户区改造项目

《财政部　国家税务总局关于棚户区改造有关税收政策的通知》（财税〔2013〕101号）第一条规定，自2013年7月4日起，对改造安置住房建设用地免征城镇土地使用税。

在商品住房等开发项目中配套建造安置住房的，依据政府部门出具的相关材料、房屋征收（拆迁）补偿协议或棚户区改造合同（协议），按改造安置住房建筑面积占总建筑面积的比例免征城镇土地使用税。

4.2.2.4　支持社区家庭服务业发展

《财政部　税务总局　发展改革委　民政部　商务部　卫生健康委关于养老、托育、家政等社区家庭服务业税费优惠政策的公告》（财政部　税务总局　发展改革委　民政部　商务部　卫生健康委公告2019年第76号）第二条规定，自2019年6月1日至2025年12月31日，为社区提供养老、托育、家政等服务的机构自有或其通过承租、无偿使用等方式取得并用于提供社区养老、托育、家政服务的房产、土地，免征房产税、城镇土地使用税。

相关条件详见"1.9.6　支持养老、托育、家政等社区家庭服务业发展"。

4.3 契税主要税收优惠政策

4.3.1 延期执行的契税优惠政策

4.3.1.1 支持农村饮水安全工程建设

财政部、税务总局公告2019年第67号第一条规定,自2019年1月1日至2020年12月31日,对饮水工程运营管理单位为建设饮水工程而承受土地使用权,免征契税。

《财政部 税务总局关于延长部分税收优惠政策执行期限的公告》(财政部 税务总局公告2021年第6号)将该政策执行期限延长至2023年12月31日。

4.3.1.2 支持易地扶贫搬迁

财税〔2018〕135号文件规定,2018年1月1日至2020年12月31日,对易地扶贫搬迁贫困人口按规定取得的安置住房,免征契税。对易地扶贫搬迁项目实施主体(以下简称项目实施主体)取得用于建设安置住房的土地,免征契税、印花税。第二条第(五)项规定,对项目实施主体购买商品住房或者回购保障性住房作为安置住房房源的,免征契税、印花税。

《财政部 税务总局关于延长部分税收优惠政策执行期限的公告》(财政部 税务总局公告2021年第6号)将该政策执行期限延长至2025年12月31日。

4.3.1.3 支持公共租赁住房建设

财政部、税务总局公告2019年第61号第三条规定,自2019年1月1日至2020年12月31日,对公租房经营管理单位购买住房作为公租房,免征契税。

《财政部 税务总局关于延长部分税收优惠政策执行期限的公告》(财政部 税务总局公告2021年第6号)将该政策执行期限延长至2023年12月31日。

4.3.1.4 企业改制重组

《财政部 税务总局关于继续执行企业 事业单位改制重组有关契税政策的公告》（财政部 税务总局公告2021年第17号）规定，自2021年1月1日至2023年12月31日，企业、事业单位改制重组，涉及的契税政策如下：

（1）企业改制

企业按照《中华人民共和国公司法》有关规定整体改制，包括非公司制企业改制为有限责任公司或股份有限公司，有限责任公司变更为股份有限公司，股份有限公司变更为有限责任公司，原企业投资主体存续并在改制（变更）后的公司中所持股权（股份）比例超过75%，且改制（变更）后公司承继原企业权利、义务的，对改制（变更）后公司承受原企业土地、房屋权属，免征契税。

（2）事业单位改制

事业单位按照国家有关规定改制为企业，原投资主体存续并在改制后企业中出资（股权、股份）比例超过50%的，对改制后企业承受原事业单位土地、房屋权属，免征契税。

（3）公司合并

两个或两个以上的公司，依照法律规定、合同约定，合并为一个公司，且原投资主体存续的，对合并后公司承受原合并各方土地、房屋权属，免征契税。

（4）公司分立

公司依照法律规定、合同约定分立为两个或两个以上与原公司投资主体相同的公司，对分立后公司承受原公司土地、房屋权属，免征契税。

（5）企业破产

企业依照有关法律法规规定实施破产，债权人（包括破产企业职工）承受破产企业抵偿债务的土地、房屋权属，免征契税；对非债权人承受破产企业土地、房屋权属，凡按照《中华人民共和国劳动法》等国家有关法律法规政策妥善安置原企业全部职工规定，与原企业全部职工签订服务年限不少于三年的劳动用工合同的，对其承受所购企业土地、房屋权属，免征契税；与原企业超过30%的职工签订服务年限不少于三年的劳动用工合同的，减半征收契税。

（6）资产划转

对承受县级以上人民政府或国有资产管理部门按规定进行行政性调整、划转国有土地、房屋权属的单位，免征契税。

同一投资主体内部所属企业之间土地、房屋权属的划转，包括母公司与其全资子公司之间，同一公司所属全资子公司之间，同一自然人与其设立的个人独资企业、一人有限公司之间土地、房屋权属的划转，免征契税。

母公司以土地、房屋权属向其全资子公司增资，视同划转，免征契税。

（7）债权转股权

经国务院批准实施债权转股权的企业，对债权转股权后新设立的公司承受原企业的土地、房屋权属，免征契税。

（8）划拨用地出让或作价出资

以出让方式或国家作价出资（入股）方式承受原改制重组企业、事业单位划拨用地的，不属上述规定的免税范围，对承受方应按规定征收契税。

（9）公司股权（股份）转让

在股权（股份）转让中，单位、个人承受公司股权（股份），公司土地、房屋权属不发生转移，不征收契税。

（10）其他

所称企业、公司，是指依照我国有关法律法规设立并在中国境内注册的企业、公司。

所称投资主体存续，是指原改制重组企业、事业单位的出资人必须存在于改制重组后的企业，出资人的出资比例可以发生变动。

所称投资主体相同，是指公司分立前后出资人不发生变动，出资人的出资比例可以发生变动。

4.3.2 其他重要的契税优惠政策

4.3.2.1 契税立法后税收优惠政策的主要变化

《中华人民共和国契税法》（以下简称《契税法》）自2021年9月1日起施行，其第六条第一款规定："有下列情形之一的，免征契税：

"（一）国家机关、事业单位、社会团体、军事单位承受土地、房屋权属用于办公、教学、医疗、科研、军事设施；

"（二）非营利性的学校、医疗机构、社会福利机构承受土地、房屋权属用于办公、教学、医疗、科研、养老、救助；

"（三）承受荒山、荒地、荒滩土地使用权用于农、林、牧、渔业生产；

"（四）婚姻关系存续期间夫妻之间变更土地、房屋权属；

"（五）法定继承人通过继承承受土地、房屋权属；

"（六）依照法律规定应当予以免税的外国驻华使馆、领事馆和国际组织驻华代表机构承受土地、房屋权属。"

《契税法》增加非营利性的学校、医疗机构、社会福利机构承受土地、房屋权属用于办公、教学、医疗、科研、养老、救助可免征契税的规定，将婚姻关系存续期间夫妻之间变更土地、房屋权属和法定继承人通过继承承受土地、房屋权属的免税规定上升为法律。

为保障居民住房需求，根据国务院有关部署，2016年，财政部、税务总局、住房城乡建设部联合制发《关于调整房地产交易环节契税 营业税优惠政策的通知》（财税〔2016〕23号），规定个人购买家庭唯一住房或第二套改善性住房，可视情况享受1%、1.5%或2%的优惠税率。目前，该规定仍有效。而社会关注的焦点在于，《契税法》实施后，纳税人能否继续享受上述税收优惠。根据税务总局有关解读，《契税法》第六条第二款规定："根据国民经济和社会发展的需要，国务院对居民住房需求保障、企业改制重组、灾后重建等情形可以规定免征或者减征契税，报全国人民代表大会常务委员会备案。"也就是说，在《契税法》实施后，国务院仍可以对居民住房需求保障等制定减免税优惠政策。

4.3.2.2 支持棚户区改造项目

财税〔2013〕101号文件第四条规定，自2013年7月4日起，个人首次购买90平方米以下改造安置住房，按1%的税率计征契税；购买超过90平方米，但符合普通住房标准的改造安置住房，按法定税率减半计征契税。

4.3.2.3 支持社区家庭服务业发展

财政部、税务总局、发展改革委、民政部、商务部、卫生健康委公告

2019 年第 76 号第一条第（三）项规定，2019 年 6 月 1 日至 2025 年 12 月 31 日，承受房屋、土地用于提供社区养老、托育、家政服务的，免征契税。

相关条件详见"1.9.6　支持养老、托育、家政等社区家庭服务业发展"。

4.4　土地增值税主要税收优惠政策

4.4.1　延期执行的土地增值税优惠政策

4.4.1.1　支持公共租赁住房建设

财政部、税务总局公告 2019 年第 61 号第四条规定，自 2019 年 1 月 1 日至 2020 年 12 月 31 日，对企事业单位、社会团体以及其他组织转让旧房作为公租房房源，且增值额未超过扣除项目金额 20% 的，免征土地增值税。

《财政部　税务总局关于延长部分税收优惠政策执行期限的公告》（财政部　税务总局公告 2021 年第 6 号）将该政策执行期限延长至 2023 年 12 月 31 日。

4.4.1.2　支持企业改制重组

《财政部　税务总局关于继续实施企业改制重组有关土地增值税政策的公告》（财政部　税务总局公告 2021 年第 21 号）规定，自 2021 年 1 月 1 日至 2023 年 12 月 31 日，企业、事业单位改制重组，涉及的土地增值税政策如下：

（1）企业按照《中华人民共和国公司法》有关规定整体改制，包括非公司制企业改制为有限责任公司或股份有限公司，有限责任公司变更为股份有限公司，股份有限公司变更为有限责任公司，对改制前的企业将国有土地使用权、地上的建筑物及其附着物（以下称房地产）转移、变更到改制后的企业，暂不征土地增值税。

所称整体改制，是指不改变原企业的投资主体，并承继原企业权利、义务的行为。

（2）按照法律规定或者合同约定，两个或两个以上企业合并为一个企业，且原企业投资主体存续的，对原企业将房地产转移、变更到合并后的企业，暂不征土地增值税。

（3）按照法律规定或者合同约定，企业分设为两个或两个以上与原企业投资主体相同的企业，对原企业将房地产转移、变更到分立后的企业，暂不征土地增值税。

（4）单位、个人在改制重组时以房地产作价入股进行投资，对其将房地产转移、变更到被投资的企业，暂不征土地增值税。

（5）上述改制重组有关土地增值税政策不适用于房地产转移任意一方为房地产开发企业的情形。

（6）改制重组后再转让房地产并申报缴纳土地增值税时，对"取得土地使用权所支付的金额"，按照改制重组前取得该宗国有土地使用权所支付的地价款和按国家统一规定缴纳的有关费用确定；经批准以国有土地使用权作价出资入股的，为作价入股时县级及以上自然资源部门批准的评估价格。按购房发票确定扣除项目金额的，按照改制重组前购房发票所载金额并从购买年度起至本次转让年度止每年加计5%计算扣除项目金额，购买年度是指购房发票所载日期的当年。

（7）所称不改变原企业投资主体、投资主体相同，是指企业改制重组前后出资人不发生变动，出资人的出资比例可以发生变动；投资主体存续，是指原企业出资人必须存在于改制重组后的企业，出资人的出资比例可以发生变动。

4.4.2 其他重要的土地增值税优惠政策

财税〔2013〕101号文件第二条规定，自2013年7月4日起，企事业单位、社会团体以及其他组织转让旧房作为改造安置住房房源且增值额未超过扣除项目金额20%的，免征土地增值税。

4.4.3 优化土地增值税优惠事项办理方式

《国家税务总局关于实施〈中华人民共和国印花税法〉等有关事项的公告》（国家税务总局公告2022年第14号）第二条第一款第（一）项规定，土地增值税原备案类优惠政策，实行纳税人"自行判别、申报享受、有关资料留存备查"的办理方式。纳税人在土地增值税纳税申报时按规定填写申报表相应减免税栏次即可享受，相关政策规定的材料留存备查。纳税人对留存备查资料的真实性、完整性和合法性承担法律责任。

4.5 印花税主要税收优惠政策

4.5.1 延期执行的印花税优惠政策

4.5.1.1 支持农村饮水安全工程建设

财政部、税务总局公告2019年第67号第二条规定，自2019年1月1日至2020年12月31日，对饮水工程运营管理单位为建设饮水工程取得土地使用权而签订的产权转移书据，以及与施工单位签订的建设工程承包合同，免征印花税。

《财政部 税务总局关于延长部分税收优惠政策执行期限的公告》（财政部 税务总局公告2021年第6号）将该政策执行期限延长至2023年12月31日。

4.5.1.2 支持易地扶贫搬迁

财税〔2018〕135号文件第二条第（二）项规定，2018年1月1日至2020年12月31日对安置住房建设和分配过程中应由项目实施主体、项目单位缴纳的印花税，予以免征。

其他详见"4.3.1.2 支持易地扶贫搬迁"。

《财政部 税务总局关于延长部分税收优惠政策执行期限的公告》（财政部 税务总局公告2021年第6号）将该政策执行期限延长至2025年12月31日。

4.5.1.3 支持公共租赁住房建设

财政部、税务总局公告2019年第61号第二条规定，自2019年1月1日至2020年12月31日，对公租房经营管理单位免征建设、管理公租房涉及的印花税。在其他住房项目中配套建设公租房，按公租房建筑面积占总建筑面积的比例免征建设、管理公租房涉及的印花税。第三条规定，对公租房经营管理单位购买住房作为公租房，免征印花税；对公租房租赁双方免征签订租赁协议涉及的印花税。

《财政部　税务总局关于延长部分税收优惠政策执行期限的公告》（财政部　税务总局公告 2021 年第 6 号）将该政策执行期限延长至 2023 年 12 月 31 日。

4.5.1.4　高校学生公寓

《财政部　税务总局关于高校学生公寓房产税　印花税政策的通知》（财税〔2019〕14 号）第二条规定，2019 年 1 月 1 日至 2021 年 12 月 31 日，对与高校学生签订的高校学生公寓租赁合同，免征印花税。

所称高校学生公寓，是指为高校学生提供住宿服务，按照国家规定的收费标准收取住宿费的学生公寓。

《财政部　税务总局关于延长部分税收优惠政策执行期限的公告》（财政部　税务总局公告 2022 年第 4 号）将该政策执行期限延长至 2023 年 12 月 31 日。

4.5.1.5　金融企业扶持小微

《财政部　税务总局关于支持小微企业融资有关税收政策的公告》（财政部　税务总局公告 2023 年第 13 号）第二条规定："对金融机构与小型企业、微型企业签订的借款合同免征印花税。"

本公告所称小型企业、微型企业，是指符合《中小企业划型标准规定》（工信部联企业〔2011〕300 号）的小型企业和微型企业。其中，资产总额和从业人员指标均以贷款发放时的实际状态确定；营业收入指标以贷款发放前 12 个自然月的累计数确定，不满 12 个自然月的，按照以下公式计算：

营业收入（年）＝企业实际存续期间营业收入/企业实际存续月数×12

该政策执行至 2027 年 12 月 31 日。

《财政部　税务总局关于支持小微企业融资有关税收政策的公告》（财政部　税务总局公告 2023 年第 13 号）将该政策执行至 2027 年 12 月 31 日。

4.5.1.6　支持国家商品储备业务发展

财政部、税务总局公告 2019 年第 77 号第一条规定，自 2019 年 1 月 1 日至 2021 年 12 月 31 日，对商品储备管理公司及其直属库资金账簿免征印花税；对其承担商品储备业务过程中书立的购销合同免征印花税，对合同其他各方当事人应缴纳的印花税照章征收。

《财政部 税务总局关于延续执行部分国家商品储备税收优惠政策的公告》（财政部 税务总局公告2022年第8号）第一条规定，2022年1月1日至2023年12月31日，对商品储备管理公司及其直属库资金账簿免征印花税；对其承担商品储备业务过程中书立的购销合同免征印花税，对合同其他各方当事人应缴纳的印花税照章征收。

4.5.2 其他重要的印花税优惠政策

4.5.2.1 印花税立法后税收优惠政策的主要变化

《中华人民共和国印花税法》（以下简称《印花税法》）自2022年7月1日起施行。相比于原《中华人民共和国印花税暂行条例》（以下简称《印花税暂行条例》），承揽合同，产权转移书据中的商标专用权、著作权、专利权、专有技术使用权转让数据，营业账簿印花税税率下降，并且在税目中删除了"权利、许可证照"，见表4-1。

表4-1　　　　　　　印花税税率变化表

税目		《印花税法》税率	《印花税暂行条例》税率
合同	借款合同	万分之零点五	—
	融资租赁合同	万分之零点五	—
	买卖合同	万分之三	—
	承揽合同	万分之三	万分之五
	建筑工程合同	万分之三	—
	运输合同	万分之三	万分之五
	技术合同	万分之三	—
	租赁合同	千分之一	—
	保管合同	千分之一	—
	仓储合同	千分之一	—
	财产保险合同	千分之一	—

续表

税目		《印花税法》税率	《印花税暂行条例》税率
产权转移书据	土地转让权出让书据	万分之五	—
	土地使用权、房屋等建筑物和构筑物所有权转让书据（不包括土地承包经营权和土地经营权转移）	万分之五	—
	股权转让书据（不包括应缴纳证券交易印花税的）	万分之五	—
	商标专用权、著作权、专利权、专有技术使用权转让数据	万分之三	万分之五
营业账簿		万分之二点五	万分之五
证券交易		千分之一	—

注："—"表示税率没有变化。

4.5.2.2 支持棚户区改造项目

财税〔2013〕101号文件第一条规定，自2013年7月4日起，对改造安置住房经营管理单位、开发商与改造安置住房相关的印花税以及购买安置住房的个人涉及的印花税予以免征。

4.5.2.3 促进融资租赁业发展

《财政部 国家税务总局关于融资租赁合同有关印花税政策的通知》（财税〔2015〕144号）第二条规定："在融资性售后回租业务中，对承租人、出租人因出售租赁资产及购回租赁资产所签订的合同，不征收印花税。"

4.6 简并申报表

《国家税务总局关于简并税费申报有关事项的公告》（国家税务总局公告2021年第9号）规定，自2021年6月1日起，纳税人申报缴纳城镇土地使用税、房产税、车船税、印花税、耕地占用税、资源税、土地增值税、契税、环境保护税、烟叶税中一个或多个税种时，使用新的《财产和行为税纳税申报表》。纳税人新增税源或税源变化时，需先填报《财产和行为税税源明细表》。

财产和行为税合并申报，通俗讲就是"简并申报表，一表报多税"，纳税人在申报多个财产和行为税税种时，不再单独使用分税种申报表，而是在一张纳税申报表上同时申报多个税种。对纳税人而言，可简化报送资料、减少申报次数、缩短办税时间。财产和行为税合并申报的税种范围包括上述10个税种。

城市维护建设税是增值税、消费税的附加税种，与增值税、消费税申报表整合，不纳入财产和行为税合并申报范围。

4.7 其他费用

4.7.1 教育费附加和地方教育附加

《财政部 国家税务总局关于扩大有关政府性基金免征范围的通知》（财税〔2016〕12号）第一条规定："将免征教育费附加、地方教育附加、水利建设基金的范围，由现行按月纳税的月销售额或营业额不超过3万元（按季度纳税的季度销售额或营业额不超过9万元）的缴纳义务人，扩大到按月纳税的月销售额或营业额不超过10万元（按季度纳税的季度销售额或营业额不超过30万元）的缴纳义务人。"

此项规定不区分增值税一般纳税人和小规模纳税人，不区分增值税专用发票和增值税普通发票。

也就是说，增值税小规模纳税人适用月销售额不超过10万元免征增值税，自然也没有教育费附加和地方教育附加；适用免税政策的小规模纳税人开具的增值税专用发票虽应征收增值税，但如果当月合计销售额不超过10万元，也免征教育费附加和地方教育附加；增值税一般纳税人月销售额不超过10万元，免征教育费附加和地方教育附加。

4.7.2 文化事业建设费

4.7.2.1 免征文化事业建设费

《财政部 国家税务总局关于营业税改征增值税试点有关文化事业建设费政策及征收管理问题的通知》（财税〔2016〕25号）第七条第一款规定："增值税小规模纳税人中月销售额不超过2万元（按季纳税6万元）的企业和非

企业性单位提供的应税服务,免征文化事业建设费。"

4.7.2.2　减半征收文化事业建设费

《财政部关于调整部分政府性基金有关政策的通知》(财税〔2019〕46号)第一条第一款规定:"自 2019 年 7 月 1 日至 2024 年 12 月 31 日,对归属中央收入的文化事业建设费,按照缴纳义务人应缴费额的 50% 减征;对归属地方收入的文化事业建设费,各省(区、市)财政、党委宣传部门可以结合当地经济发展水平、宣传思想文化事业发展等因素,在应缴费额 50% 的幅度内减征。"

也就是说,增值税小规模纳税人月销售额不超过 2 万元(季度 6 万元)免征文化事业建设费,其他情形减半征收文化事业建设费。

4.7.3　残疾人就业保障金

《财政部关于延续实施残疾人就业保障金优惠政策的公告》(财政部公告 2023 年第 8 号)规定,2023 年 1 月 1 日至 2027 年 12 月 31 日,延续实施残疾人就业保障金分档减缴政策。其中:用人单位安排残疾人就业比例达到 1%(含)以上,但未达到所在地省、自治区、直辖市人民政府规定比例的,按规定应缴费额的 50% 缴纳残疾人就业保障金;用人单位安排残疾人就业比例在 1% 以下的,按规定应缴费额的 90% 缴纳残疾人就业保障金。在职职工人数在 30 人(含)以下的企业,继续免征残疾人就业保障金。

5 社会保险费调减政策

5.1 降低养老保险单位缴费比例

《国务院办公厅关于印发降低社会保险费率综合方案的通知》(国办发〔2019〕13号)规定,自2019年5月1日起,降低城镇职工基本养老保险(包括企业和机关事业单位基本养老保险,以下简称养老保险)单位缴费比例。各省、自治区、直辖市及新疆生产建设兵团(以下统称省)养老保险单位缴费比例高于16%的,可降至16%;目前低于16%的,要研究提出过渡办法。

此次是降低城镇职工基本养老保险单位缴费比例,企业职工个人缴费比例维持8%,保持不变。

5.2 降低失业保险、工伤保险费率

自2019年5月1日起,实施失业保险总费率1%的省,延长阶段性降低失业保险费率的期限至2020年4月30日。

自2019年5月1日起,延长阶段性降低工伤保险费率的期限至2020年4月30日,工伤保险基金累计结余可支付月数在18～23个月的统筹地区可以现行费率为基础下调20%,累计结余可支付月数在24个月以上的统筹地区可以现行费率为基础下调50%。

《人力资源社会保障部 财政部 税务总局关于阶段性减免企业社会保险费的通知》(人社部发〔2020〕11号)印发后,人力资源社会保障部、财政

部、税务总局相关司局负责人在答记者问中，明确了将阶段性降低失业保险、工伤保险费率政策实施期限延长至 2021 年 4 月 30 日；《人力资源社会保障部办公厅　财政部办公厅　国家税务总局办公厅关于 2021 年社会保险缴费有关问题的通知》（人社厅发〔2021〕2 号）又将其延续实施至 2022 年 4 月 30 日。

《人力资源社会保障部　财政部　国家税务总局关于阶段性降低失业保险、工伤保险费率有关问题的通知》（人社部发〔2023〕19 号）第一条规定，自 2023 年 5 月 1 日起，继续实施阶段性降低失业保险费率至 1% 的政策，实施期限延长至 2024 年底。在省（区、市）行政区域内，单位及个人的费率应当统一，个人费率不得超过单位费率。第二条规定，自 2023 年 5 月 1 日起，按照《国务院办公厅关于印发降低社会保险费率综合方案的通知》（国办发〔2019〕13 号）有关实施条件，继续实施阶段性降低工伤保险费率政策，实施期限延长至 2024 年底。

5.3　缓缴养老保险费、失业保险费、工伤保险费

（1）《人力资源社会保障部办公厅　国家税务总局办公厅关于特困行业阶段性实施缓缴企业社会保险费政策的通知》（人社厅发〔2022〕16 号）规定，餐饮、零售、旅游、民航、公路水路铁路运输企业缓缴企业职工基本养老保险费、失业保险费、工伤保险费（以下简称三项社保费）。

企业职工基本养老保险费缓缴费款所属期为 2022 年 4 月至 6 月。失业保险费、工伤保险费缓缴费款所属期为 2022 年 4 月至 2023 年 3 月，在此期间，企业可申请不同期限的缓缴。

企业原则上应在缓缴期满后的一个月内补缴缓缴的失业保险、工伤保险费款；缓缴的企业职工基本养老保险费最迟于 2022 年底前补缴到位，期间免收滞纳金。

（2）《人力资源社会保障部　国家发展改革委　财政部　税务总局关于扩大阶段性缓缴社会保险费政策实施范围等问题的通知》（人社部发〔2022〕31 号）规定，在对餐饮、零售、旅游、民航、公路水路铁路运输等 5 个特困行业实施阶段性缓缴三项社会保险费政策的基础上，以产业链供应链受疫情影

响较大、生产经营困难的制造业企业为重点，进一步扩大实施范围。缓缴扩围行业所属困难企业，可申请缓缴三项社会保险费单位缴费部分，其中养老保险费缓缴实施期限到2022年底，工伤、失业保险费缓缴期限不超过1年。原明确的5个特困行业缓缴养老保险费期限相应延长至2022年底。缓缴期间免收滞纳金。

受疫情影响严重地区生产经营出现暂时困难的所有中小微企业、以单位方式参保的个体工商户，可申请缓缴三项社会保险费单位缴费部分，缓缴实施期限到2022年底，期间免收滞纳金。

（3）《人力资源社会保障部办公厅　国家发展改革委办公厅　财政部办公厅　国家税务总局办公厅关于进一步做好阶段性缓缴社会保险费政策实施工作有关问题的通知》（人社厅发〔2022〕50号）规定，自2022年9月起，各省、自治区、直辖市及新疆生产建设兵团可根据本地区受疫情影响情况和社会保险基金状况，进一步扩大缓缴政策实施范围，覆盖本地区所有受疫情影响较大、生产经营困难的中小微企业、以单位方式参保的个体工商户、参加企业职工基本养老保险的事业单位及各类社会组织，使阶段性缓缴社会保险费政策惠及更多市场主体。

阶段性缓缴社会保险费政策到期后，可允许企业在2023年底前采取分期或逐月等方式补缴缓缴的社会保险费。补缴期间免收滞纳金。

5.4　调整社会保险缴费基数

5.4.1　调整就业人员平均工资计算口径

此次社会保险费改革，有两大重点，一是降费率，二是降费基。除了费率，缴费基数也是影响企业和个人社会保险缴费负担的重要参数。国办发〔2019〕13号文件规定，各省应以本省城镇非私营单位就业人员平均工资和城镇私营单位就业人员平均工资加权计算的全口径城镇单位就业人员平均工资，核定社会保险个人缴费基数上下限，合理降低部分参保人员和企业的社会保险缴费基数。

用人单位职工个人缴纳职工基本养老保险费基数上下限分别为上年度全省就业人员月平均工资的60%~300%。

原政策口径以非私营单位在岗职工平均工资来核定个人缴费基数上下限，现改为城镇非私营单位就业人员平均工资和城镇私营单位就业人员平均工资加权计算的全口径城镇单位就业人员平均工资，来核定社会保险个人缴费基数上下限。调整后，降低了下限水平，部分小微企业或劳动密集型企业，不少职工按照缴费基数下限缴费，企业缴费负担也可进一步减轻。

【例5-1】 假设某地区非私营单位在岗职工平均工资为6000元，计算口径调整后全口径城镇单位就业人员平均工资为5000元，则随用人单位参保的职工个人缴费部分减少金额为：按照调整口径前缴费基数下限60%也就是3600元计算，按8%的比例缴费，应缴纳288元/月；调整后下限变为3000元，按8%的比例缴费，缴纳240元/月，每月可以少缴48元。按照调整口径前缴费基数上限300%也就是18000元计算，按8%的比例缴费，应缴纳1440元/月；调整后缴费基数变为15000元，按8%的比例缴费，缴纳1200元/月，每月可以少缴240元。单位缴费部分也相应地每人减少缴费负担240~1200元/月。如表5-1所示。

表5-1　　　　　　　　　养老保险缴纳情况分析　　　　　　　　　单位：元

项目		降率前	降率后	降费金额
平均工资		当地非私营单位在岗职工平均工资6000元	当地全口径城镇单位就业人员平均工资5000元	
缴费基数下限		6000×60%=3600	5000×60%=3000	
缴费基数上限		6000×300%=18000	5000×300%=15000	
个人	每月养老保险缴纳下限	3600×8%=288	3000×8%=240	288-240=48
	每月养老保险缴纳上限	18000×8%=1440	15000×8%=1200	1440-1200=240
单位	每月养老保险缴纳下限	3600×20%=720	3000×16%=480	720-480=240
	每月养老保险缴纳上限	18000×20%=3600	15000×16%=2400	3600-2400=1200

5.4.2 完善个体工商户和灵活就业人员缴费基数

个体工商户和灵活就业人员参加企业职工基本养老保险，可以在本省全口径城镇单位就业人员平均工资的60%~300%选择适当的缴费基数。

对个体工商户和灵活就业人员而言，原政策规定是以本省上年度在岗职工月平均工资作为缴费基数，政策调整后，标准降低，选择范围也变大，选择低基数的可以进一步减轻缴费负担，收入较高的人员也可以选择较高的缴费基数，来提高自己退休后的养老金水平。如【例5-1】，如为灵活就业人员，月缴费基数可从6000元改为以3000元下限缴费，则月缴费基数减少3000元，按20%比例缴费，月缴费负担相应减轻600元。

需要注意的是，降低社会保险费率有起始期限，调整缴费基数口径没有起始期限，执行时间由各省规定，各个地方的具体规定不完全一样。若所在省份的实施方案中规定追溯到2019年1月1日开始执行新的缴费基数政策，如果缴费人已经按照之前较高标准缴纳了社会保险费，可以向当地社会保险费征收部门咨询办理退（抵）费业务。

5.5 稳步推进社会保险费征收体制改革

企业职工基本养老保险和企业职工其他险种缴费，原则上暂按现行征收体制继续征收，稳定缴费方式；机关事业单位社会保险费和城乡居民社会保险费征管职责如期划转。

国办发〔2019〕13号文件强调，妥善处理好企业历史欠费问题，在征收体制改革过程中不得自行对企业历史欠费进行集中清缴，不得采取任何增加小微企业实际缴费负担的做法，避免造成企业生产经营困难。

6 优化税收征管措施

6.1 深化税收征管改革

2021年3月,中共中央办公厅、国务院办公厅印发《关于进一步深化税收征管改革的意见》,大力推行优质高效智能税费服务。

(1) 确保税费优惠政策直达快享。2021年实现征管操作办法与税费优惠政策同步发布、同步解读,增强政策落实的及时性、确定性、一致性。进一步精简享受优惠政策办理流程和手续,持续扩大"自行判别、自行申报、事后监管"范围,确保便利操作、快速享受、有效监管。2022年实现依法运用大数据精准推送优惠政策信息,促进市场主体充分享受政策红利。

(2) 切实减轻办税缴费负担。积极通过信息系统采集数据,加强部门间数据共享,着力减少纳税人缴费人重复报送。全面推行税务证明事项告知承诺制,拓展容缺办理事项,持续扩大涉税资料由事前报送改为留存备查的范围。

(3) 全面改进办税缴费方式。2021年基本实现企业税费事项能网上办理,个人税费事项能掌上办理。2022年建成全国统一规范的电子税务局,不断拓展"非接触式""不见面"办税缴费服务。逐步改变以表单为载体的传统申报模式,2023年基本实现信息系统自动提取数据、自动计算税额、自动预填申报,纳税人缴费人确认或补正后即可线上提交。

(4) 持续压减纳税缴费次数和时间。落实《优化营商环境条例》,对标国际先进水平,大力推进税(费)种综合申报,依法简并部分税种征期,减少申报次数和时间。扩大部门间数据共享范围，加快企业出口退税事项全环节办理速度，2022 年税务部门办理正常出口退税的平均时间压缩至 6 个工作日以内，对高信用级别企业进一步缩短办理时间。

（5）积极推行智能型个性化服务。全面改造提升 12366 税费服务平台，加快推动向以 24 小时智能咨询为主转变，2022 年基本实现全国咨询"一线通答"。运用税收大数据智能分析识别纳税人缴费人的实际体验、个性需求等，精准提供线上服务。持续优化线下服务，更好满足特殊人员、特殊事项的服务需求。

（6）维护纳税人缴费人合法权益。完善纳税人缴费人权利救济和税费争议解决机制，畅通诉求有效收集、快速响应和及时反馈渠道。探索实施大企业税收事先裁定并建立健全相关制度。健全纳税人缴费人个人信息保护等制度，依法加强税费数据查询权限和留痕等管理，严格保护纳税人缴费人及扣缴义务人的商业秘密、个人隐私等，严防个人信息泄露和滥用等。税务机关和税务人员违反有关法律法规规定、因疏于监管造成重大损失的，依法严肃追究责任。

6.2 简化税务行政许可事项

6.2.1 减少税务行政许可事项

自简政放权以来，税务总局不断减少税务行政许可事项。根据《国家税务总局关于公布已取消税务行政许可事项的公告》（国家税务总局公告 2019 年第 11 号）规定，税务行政许可事项还有"增值税防伪税控系统最高开票限额审批""对纳税人延期缴纳税款的核准""对纳税人延期申报的核准""对纳税人变更纳税定额的核准""对采取实际利润额预缴以外的其他企业所得税预缴方式的核定""企业印制发票审批"等 6 个事项。

根据《国家税务总局关于全面实行税务行政许可事项清单管理的公告》（国家税务总局公告 2022 年第 19 号）规定，"对纳税人延期缴纳税款的核准""对纳税人延期申报的核准""对纳税人变更纳税定额的核准""对采取实际利润额预缴以外的其他企业所得税预缴方式的核定""企业印制发票审批"等5个事项不再作为行政许可事项管理,仅保留"增值税防伪税控系统最高开票限额审批"1个税务行政许可事项。

6.2.2 优化纳税人延期缴纳税款等税务事项管理方式

根据《国家税务总局关于优化纳税人延期缴纳税款等税务事项管理方式的公告》(国家税务总局公告2022年第20号)第一条规定,"对纳税人延期缴纳税款的核准""对纳税人延期申报的核准""对纳税人变更纳税定额的核准""对采取实际利润额预缴以外的其他企业所得税预缴方式的核定"4个事项按照行政征收相关事项管理,依据《税收征收管理法》及其实施细则、《企业所得税法》及其实施条例等相关法律、行政法规规定实施,同时简化办理程序。

(1) 简化受理环节。将受理环节由5个工作日压缩至2个工作日。税务机关接收申请材料,当场或者在2个工作日内进行核对。材料齐全、符合法定形式的,自收到申请材料之日起即为受理;材料不齐全、不符合法定形式的,一次性告知需要补正的全部内容。将"对纳税人延期缴纳税款的核准"事项的受理机关由省税务机关调整为主管税务机关,取消代办转报环节。

(2) 简并办理程序。将办理程序由"申请、受理、审查、决定"调整为"申请、受理、核准(核定)"。

① "对纳税人延期缴纳税款的核准",税务机关收到纳税人延期缴纳税款申请后,对其提供的生产经营和货币资金情况进行核实,情况属实且符合法定条件的,通知纳税人延期缴纳税款。对该事项不再实行重大执法决定法制审核。

② "对纳税人延期申报的核准",税务机关收到纳税人、扣缴义务人延期申报申请后,对其反映的困难或者不可抗力情况进行核实,情况属实且符合法定条件的,通知纳税人、扣缴义务人延期申报。

③ "对纳税人变更纳税定额的核准",税务机关收到纳税人对已核定应纳税额的异议申请后,按照《个体工商户税收定期定额征收管理办法》(国家税务总局令第16号公布,第44号修改)规定的核定程序重新核定定额并通知

纳税人。

④"对采取实际利润额预缴以外的其他企业所得税预缴方式的核定",税务机关收到纳税人企业所得税预缴方式核定申请后,对其反映的困难情况进行核实,情况属实且符合法定条件的,核定预缴方式并通知纳税人。

(3)减少材料报送。对已实名办税纳税人、扣缴义务人的经办人、代理人,免于提供个人身份证件。

(4)实行全程网办。税务机关依托电子税务局支持事项全程网上办理。经申请人同意,可以采用电子送达方式送达税务文书。

在符合法律、行政法规规定的前提下,各省税务机关可以进一步采取承诺容缺、压缩办结时限等措施优化事项办理程序。

6.2.3 企业印制发票审批调整

将"企业印制发票审批"名称调整为"确定发票印制企业",按照政府采购事项管理,依据《税收征收管理法》及其实施细则、《发票管理办法》及其实施细则、《中华人民共和国政府采购法》及其实施条例等法律、行政法规、规章规定实施。

6.3 优化税收征管服务

《国家税务总局关于优化若干税收征管服务事项的通知》(税总征科发〔2022〕87号)第一条规定了若干税收征管服务的事项。

6.3.1 简化变更登记操作流程

6.3.1.1 自动变更登记信息

自2023年4月1日起,纳税人在市场监管部门依法办理变更登记后,无需向税务机关报告登记变更信息;各省税务机关根据市场监管部门共享的变更登记信息,在核心征管系统自动同步变更登记信息。处于非正常、非正常户注销等状态的纳税人变更登记信息的,核心征管系统在其恢复正常状态时自动变更。

6.3.1.2 自动提示推送服务

对纳税人办理变更登记所涉及的提示提醒事项，税务机关通过电子税务局精准推送提醒纳税人；涉及的后续管理事项，核心征管系统自动向税务人员推送待办消息提醒。

6.3.1.3 做好存量登记信息变更工作

2023 年 4 月 1 日之前已在市场监管部门办理变更登记、尚未在税务部门变更登记信息的纳税人，由各省税务机关根据市场监管部门共享信息分类分批完成登记信息变更工作。

6.3.2 优化跨省迁移税费服务流程

6.3.2.1 优化迁出流程

纳税人跨省迁移的，在市场监管部门办结住所变更登记后，向迁出地主管税务机关填报《跨省（市）迁移涉税事项报告表》。对未处于税务检查状态、已缴销发票和税控设备、已结清税（费）款、滞纳金及罚款，以及不存在其他未办结涉税事项的纳税人，税务机关出具《跨省（市）迁移税收征管信息确认表》，告知纳税人在迁入地承继、延续享受的相关资质权益等信息，以及在规定时限内履行纳税申报义务。经纳税人确认后，税务机关即时办结迁出手续，有关信息推送至迁入地税务机关。

6.3.2.2 优化迁入流程

迁入地主管税务机关应当在接收到纳税人信息后的一个工作日内完成主管税务科所分配、税（费）种认定并提醒纳税人在迁入地按规定期限进行纳税申报。

6.3.2.3 明确有关事项

纳税人下列信息在迁入地承继：纳税人基础登记、财务会计制度备案、办税人员实名采集、增值税一般纳税人登记、增值税发票票种核定、增值税专用发票最高开票限额、增值税即征即退资格、出口退（免）税备案、已产生的纳税信用评价等信息。

纳税人迁移前预缴税款，可在迁入地继续按规定抵缴；企业所得税、个人所得税尚未弥补的亏损，可在迁入地继续按规定弥补；尚未抵扣的增值税进项税额,可在迁入地继续按规定抵扣,无需申请开具《增值税一般纳税人迁移进项税额转移单》。

迁移前后业务的办理可参照《跨省(市)迁移相关事项办理指引》。

6.4 税务事项容缺办理

税务事项容缺办理,是指当纳税人提交的主要材料齐全且符合法定形式,次要材料资料暂有欠缺或存在瑕疵的,经纳税人自愿并书面承诺在规定时限内补齐补正可容缺后补的资料后,税务机关可为纳税人容缺办理该项业务。《国家税务总局关于部分税务事项实行容缺办理和进一步精简涉税费资料报送的公告》(国家税务总局公告2022年第26号)规定,自2023年2月1日起,在全国范围内将13项涉税费资料纳入容缺办理范围。

6.4.1 容缺办理事项

符合容缺办理情形的纳税人,可以选择《容缺办理涉税费事项及容缺资料清单》(见表6-1)所列的一项或多项税费业务事项,按照可容缺资料范围进行容缺办理。

表6-1 容缺办理涉税费事项及容缺资料清单

序号	业务事项	可容缺资料
1	存款账户账号报告	账户、账号开立证明复印件
2	水资源税税源信息报告	《取水许可证》复印件
		《年取用水计划审批表》复印件
3	非居民企业企业所得税预缴申报	工程作业(劳务)决算(结算)报告或其他说明材料
		参与工程作业或劳务项目外籍人员姓名、国籍、出入境时间、在华工作时间、地点、内容、报酬标准、支付方式、相关费用等情况的书面报告
		财务会计报告或财务情况说明
4	居民个人取得综合所得个人所得税预扣预缴申报	公司股权激励人员名单

续表

序号	业务事项	可容缺资料
5	车辆购置税申报	《二手车销售统一发票》复印件
6	矿区使用费申报	油（气）田的产量资料
		油（气）田的产量、分配量、销售量资料
7	境内机构和个人发包工程作业或劳务项目备案	合同中文译本
		非居民对有关事项的书面说明
8	服务贸易等项目对外支付税务备案	合同（协议）或相关交易凭证复印件

容缺办理的纳税人签署《容缺办理承诺书》，书面承诺知晓容缺办理的相关要求，愿意承担容缺办理的相关责任。对符合容缺办理情形的纳税人，税务机关以书面形式（含电子文本）一次性告知纳税人需要补正的资料及具体补正形式、补正时限和未履行承诺的法律责任，并按照规定程序办理业务事项。

6.4.2　容缺办理资料补正

纳税人可选择采取现场提交、邮政寄递或税务机关认可的其他方式补正容缺办理资料，补正时限为20个工作日。采取现场提交的，补正时间为资料提交时间；采取邮政寄递方式的，补正时间为资料寄出时间；采取其他方式的，补正时间以税务机关收到资料时间为准。

纳税人应履行容缺办理承诺，承担未履行承诺的相关责任。纳税人未按承诺时限补正资料的，相关记录将按规定纳入纳税信用评价。

6.4.3　不适用容缺办理的情形

重大税收违法失信案件当事人不适用容缺办理。相关当事人已履行相关法定义务，经实施检查的税务机关确认的，在公布期届满后可以适用容缺办理。

超出补正时限未提交容缺办理补正资料的纳税人，不得再次适用容缺办理。

6.5 精简涉税费资料

国家税务总局公告 2022 年第 26 号规定,自 2023 年 2 月 1 日起,将 12 项涉税费资料予以取消,将 22 项涉税费资料予以留存备查。

6.5.1 取消报送的涉税费资料

纳税人办理《取消报送涉税费资料清单》(见表 6-2)所列的税费业务事项,不再向税务机关报送《取消报送涉税费资料清单》明确取消报送的相关资料。

表 6-2　　　　　　　　　取消报送涉税费资料清单

序号	业务事项	取消报送资料
1	纳税人放弃免(减)税权声明	税务登记证副本
2	红字增值税专用发票开具及作废	税务登记证副本
3	增值税税控系统专用设备初始发行	《税务事项通知书》(发票票种核定通知)或《准予税务行政许可决定书》
4	增值税税控系统专用设备变更发行	《税务事项通知书》(发票票种核定通知)或《准予税务行政许可决定书》或《准予变更税务行政许可决定书》
5	消费税及附加税费申报	外购应税消费品增值税专用发票抵扣联复印件及销货清单复印件
		《代扣代收税款凭证》复印件
6	税收统计调查数据采集	A06312《成品油消费税涉税信息采集表》
		《企业集团税收调查表》
		《企业集团成员单位税收调查表》
7	软件产品增值税即征即退进项分摊方式资料报送与信息采集	税务登记证副本
8	建筑业项目报告	中标通知书等建筑业工程项目证书复印件
		写明工程施工地点、工程总造价、参建单位、联系人、联系电话等的书面材料

6.5.2 改为留存备查的涉税费资料

纳税人办理《改留存备查涉税费资料清单》(见表 6-3) 所列的税费业务事项，不再向税务机关报送《改留存备查涉税费资料清单》明确改留存备查的相关资料，改由纳税人完整保存留存备查。纳税人对留存备查资料的真实性和合法性承担法律责任。

表 6-3　　　　　　　　改留存备查涉税费资料清单

序号	业务事项	改留存备查资料
1	增值税及附加税费一般纳税人申报	已开具的农产品收购凭证存根联或报查联
		纳税人提供应税服务，在确定应税服务销售额时，按照有关规定从取得的全部价款和价外费用中扣除价款的合法凭证及其清单
		符合抵扣条件且在本期申报抵扣的中华人民共和国税收缴款凭证及其清单、书面合同、付款证明和境外单位的对账单或者发票
		符合抵扣条件且在本期申报抵扣的《海关进口增值税专用缴款书》、购进农产品取得的普通发票的复印件
		符合抵扣条件且在本期申报抵扣的防伪税控"增值税专用发票"、税控"机动车销售统一发票"的抵扣联
2	原油天然气增值税申报	销售价格、销售费用、销售去向等明细资料
3	居民企业（查账征收）企业所得税月（季）度申报	建筑企业总机构直接管理的跨地区经营项目部就地预缴税款的完税证明
4	居民企业（查账征收）企业所得税年度申报	与境外所得相关的完税证明或纳税凭证（原件或复印件）
		境外分支机构所得依照中国境内《企业所得税法》及其实施条例的规定计算的应纳税额的计算过程及说明资料
		集团组织架构图
		被投资公司章程复印件
		境外企业有权决定利润分配的机构作出的决定书等
		项目合同复印件等
		企业在其直接或间接控制的外国企业的参股比例等情况的证明复印件
		间接抵免税额或者饶让抵免税额的计算过程
		由本企业直接或间接控制的外国企业的财务会计资料
		企业申请及有关情况说明
		来源区（地区）政府机关核发的具有纳税性质的凭证和证明复印件
		符合《企业所得税法》第二十四条条件的有关股权证明的文件或凭证复印件

续表

序号	业务事项	改留存备查资料
5	外贸综合服务企业代办退税申报核准	代办退税专用发票（抵扣联）
6	税收减免核准	自然灾害损失证明材料（适用于其他地区地震受灾减免个人所得税）
		自然灾害损失证明材料（适用于其他自然灾害受灾减免个人所得税）

6.6　首违不罚

《国家税务总局关于发布〈税务行政处罚"首违不罚"事项清单〉的公告》（国家税务总局公告2021年第6号）规定，自2021年4月1日起，对于首次发生清单中所列事项（见表6-4）且危害后果轻微，在税务机关发现前主动改正或者在税务机关责令限期改正的期限内改正的，不予行政处罚。

《国家税务总局关于发布〈第二批税务行政处罚"首违不罚"事项清单〉的公告》（国家税务总局公告2021年第33号）规定，自2022年1月1日起对当事人首次发生清单中所列事项（见表6-5）且危害后果轻微，在税务机关发现前主动改正或者在税务机关责令限期改正的期限内改正的，不予行政处罚。

适用税务行政处罚"首违不罚"必须同时满足下列三个条件：一是纳税人、扣缴义务人首次发生清单中所列事项；二是危害后果轻微；三是在税务机关发现前主动改正或者在税务机关责令限期改正的期限内改正。

税务违法行为造成不可挽回的税费损失或者较大社会影响的，不能认定为"危害后果轻微"。

6 优化税收征管措施

表6-4　　　　　　　　首批"首违不罚"事项清单

序号	事项
1	纳税人未按照税收征收管理法及实施细则等有关规定将其全部银行账号向税务机关报送
2	纳税人未按照税收征收管理法及实施细则等有关规定设置、保管账簿或者保管记账凭证和有关资料
3	纳税人未按照税收征收管理法及实施细则等有关规定的期限办理纳税申报和报送纳税资料
4	纳税人使用税控装置开具发票,未按照税收征收管理法及实施细则、发票管理办法等有关规定的期限向主管税务机关报送开具发票的数据且没有违法所得
5	纳税人未按照税收征收管理法及实施细则、发票管理办法等有关规定取得发票,以其他凭证代替发票使用且没有违法所得
6	纳税人未按照税收征收管理法及实施细则、发票管理办法等有关规定缴销发票且没有违法所得
7	扣缴义务人未按照税收征收管理法及实施细则等有关规定设置、保管代扣代缴、代收代缴税款账簿或者保管代扣代缴、代收代缴税款记账凭证及有关资料
8	扣缴义务人未按照税收征收管理法及实施细则等有关规定的期限报送代扣代缴、代收代缴税款有关资料
9	扣缴义务人未按照《税收票证管理办法》的规定开具税收票证
10	境内机构或个人向非居民发包工程作业或劳务项目,未按照《非居民承包工程作业和提供劳务税收管理暂行办法》的规定向主管税务机关报告有关事项

表6-5　　　　　　　　第二批"首违不罚"事项清单

序号	事项
1	纳税人使用非税控电子器具开具发票,未按照税收征收管理法及实施细则、发票管理办法等有关规定将非税控电子器具使用的软件程序说明资料报主管税务机关备案且没有违法所得
2	纳税人未按照税收征收管理法及实施细则、税务登记管理办法等有关规定办理税务登记证件验证或者换证手续
3	纳税人未按照税收征收管理法及实施细则、发票管理办法等有关规定加盖发票专用章且没有违法所得
4	纳税人未按照税收征收管理法及实施细则等有关规定将财务、会计制度或者财务、会计处理办法和会计核算软件报送税务机关备查

6.7 部分税务证明事项告知承诺制

《国家税务总局关于部分税务证明事项实行告知承诺制 进一步优化纳税服务的公告》（国家税务总局公告2021年第21号）第一条规定，自2021年7月1日起，在全国范围内对6项税务证明事项（见表6-6）实行告知承诺制。

《国家税务总局关于进一步实施部分税务证明事项告知承诺制的公告》（国家税务总局公告2023年第2号）第一条规定，自2023年3月1日起，在全国范围内对6项税务证明事项实行告知承诺制。

表6-6　　　　　　　实行告知承诺制的税务证明事项目录

序号	证明名称	证明用途	起始时间
1	出生医学证明、户口簿、结婚证（已婚的提供）等家庭成员信息证明	①个人购买家庭唯一住房、第二套改善性住房，申报享受减征契税政策。②棚户区被征收人首次购买改造安置住房，申报享受减征契税政策	自2021年7月1日起
2	家庭住房情况书面查询结果	①个人购买家庭唯一住房、第二套改善性住房，申报享受减征契税政策。②棚户区被征收人首次购买改造安置住房，申报享受减征契税政策	
3	县级以上人民政府教育行政主管部门或劳动行政主管部门批准并核发的办学许可证	企业事业组织、社会团体及其他社会组织和公民个人利用非国家财政性教育经费面向社会举办的教育机构，其承受土地、房屋权属用于教学的，申报享受免征契税政策	
4	分支机构审计报告	企业取得境外分支机构的营业利润所得，申报抵免境外所得税收	
5	企业在境外享受税收优惠政策的证明或有关审计报告	企业申报享受税收饶让抵免	
6	相关部门核准企业股权变更事项证明资料	纳税人办理非居民企业股权转让适用特殊性税务处理手续	

续表

序号	证明名称	证明用途	起始时间
7	国家综合性消防救援车辆证明	纳税人取得悬挂应急救援专用号牌的国家综合性消防救援车辆,申报享受免征车辆购置税政策	
8	公共汽电车辆认定表	城市公交企业取得公共汽电车辆,申报享受免征车辆购置税政策	
9	专用车证	①防汛部门取得用于指挥、检查、调度、报汛（警）、联络的由指定厂家生产的设有固定装置的指定型号的车辆,申报享受免征车辆购置税政策（提供"防汛专用车证"）。②森林消防部门取得用于指挥、检查、调度、报汛（警）、联络的由指定厂家生产的设有固定装置的指定型号的车辆,申报享受免征车辆购置税政策（提供"森林消防专用车证"）	自2023年3月1日起
10	家庭成员信息证明	个人转让自用5年以上,并且是家庭唯一生活用房,申报享受免征个人所得税政策	
11	家庭唯一生活用房证明	个人转让自用5年以上,并且是家庭唯一生活用房,申报享受免征个人所得税政策	
12	个体工商户的经营者身份证明、合伙企业合伙人的合伙身份证明	①个体工商户的经营者将其个人名下的房屋、土地权属转移至个体工商户名下,或者个体工商户将其名下的房屋、土地权属转回原经营者个人名下,申报享受免征契税政策。②合伙企业的合伙人将其名下的房屋、土地权属转移至合伙企业名下,或者合伙企业将其名下的房屋、土地权属转回原合伙人名下,申报享受免征契税政策	

对实行告知承诺制的税务证明事项，纳税人可以自主选择是否适用告知承诺制办理。

选择适用告知承诺制办理的，税务机关以书面形式（含电子文本）将证明义务、证明内容、承诺方式以及不实承诺的法律责任一次性告知纳税人，纳税人书面承诺已经符合告知的相关要求并愿意承担不实承诺的法律责任，税务机关不再索要该事项需要的证明材料，并依据纳税人书面承诺办理相关税务事项。

纳税人不选择适用告知承诺制的，应当提供该事项需要的证明材料。

纳税人对承诺的真实性承担法律责任。税务机关在事中核查时发现核查情况与纳税人承诺不一致的，应要求纳税人提供相关佐证材料后再予办理。

对在事中事后核查或者日常监管中发现承诺不实的，税务机关依法责令限期改正、进行处理处罚，并按照有关规定作出虚假承诺行为认定；涉嫌犯罪的，依法移送司法机关追究刑事责任。

对重大税收违法失信案件当事人不适用告知承诺制，重大税收违法失信案件当事人履行相关法定义务，经实施检查的税务机关确认，在公布期届满后可以适用告知承诺制；其他纳税人存在曾作出虚假承诺情形的，在纠正违法违规行为或者履行相关法定义务之前不适用告知承诺制。

6.8 纳税信用评价与修复

自2014年《纳税信用管理办法（试行）》（国家税务总局公告2014年第40号发布）和《纳税信用评价指标和评价方式（试行）》（国家税务总局公告2014年第48号发布，国家税务总局公告2016年第9号、2018年第31号修改）实施以来，守信激励、失信惩戒的纳税信用管理体系初步构建，纳税信用应用场景不断拓展，良好的纳税信用状况可以为纳税人带来许多实惠，反之则会受到多种限制，越来越多纳税人希望能够通过主动纠错的方式尽快修复自身信用，减少信用损失。国家税务总局发布了《关于纳税信用修复有关事项的公告》（国家税务总局公告2019年第37号），对开展纳税信用修复的相关问题进行了明确。

2022年，继续扩大纳税信用修复范围。《国家税务总局关于纳税信用评价与修复有关事项的公告》（国家税务总局公告2021年第31号）第一条规定，自2022年1月1日起，符合下列条件之一的纳税人，可向主管税务机关申请纳税信用修复：

（1）破产企业或其管理人在重整或和解程序中，已依法缴纳税款、滞纳金、罚款，并纠正相关纳税信用失信行为的。

（2）因确定为重大税收违法失信主体，纳税信用直接判为D级的纳税人，失信主体信息已按照国家税务总局相关规定不予公布或停止公布，申请前连续12个月没有新增纳税信用失信行为记录的。

（3）由纳税信用D级纳税人的直接责任人员注册登记或者负责经营，纳税信用关联评价为 D 级的纳税人，申请前连续 6 个月没有新增纳税信用失信行为记录的。

（4）因其他失信行为纳税信用直接判为 D 级的纳税人，已纠正纳税信用失信行为、履行税收法律责任，申请前连续 12 个月没有新增纳税信用失信行为记录的。

（5）因上一年度纳税信用直接判为 D 级，本年度纳税信用保留为 D 级的纳税人，已纠正纳税信用失信行为、履行税收法律责任或失信主体信息已按照国家税务总局相关规定不予公布或停止公布，申请前连续 12 个月没有新增纳税信用失信行为记录的。

附　录

附录1

最新增值税税率及征收率

	增值税项目		税率	备注
增值税一般纳税人	销售或者进口货物（另有列举的货物除外）；销售劳务		13%	
	销售或者进口： 1. 粮食等农产品、食用植物油、食用盐； 2. 自来水、暖气、冷气、热水、煤气、石油液化气、天然气、二甲醚、沼气、居民用煤炭制品； 3. 图书、报纸、杂志、音像制品、电子出版物； 4. 饲料、化肥、农药、农机、农膜； 5. 国务院规定的其他货物		9%	
	购进农产品进项税额扣除率		扣除率	
	对增值税一般纳税人购进农产品，原适用10%扣除率的，扣除率调整为9%		9%	自2019年4月1日起执行
	对增值税一般纳税人购进用于生产或者委托加工13%税率货物的农产品，按照10%扣除率计算进项税额		10%	自2019年4月1日起执行
	营改增项目		税率	
	交通运输服务	陆路运输服务、水路运输服务、航空运输服务（含航天运输服务）和管道服务、无运输工具承运业务	9%	
	邮政服务	邮政普通服务、邮政特殊服务、其他邮政服务	9%	
	电信服务	基础电信服务	9%	
		增值电信服务	6%	
	建筑服务	工程服务、安装服务、修缮服务、装饰服务和其他建筑服务	9%	
	销售不动产	转让建筑物、构筑物等不动产所有权	9%	
	金融服务	贷款服务、直接收费金融服务、保险服务和金融商品转让	6%	

续表

营改增项目			税率	备注
增值税一般纳税人	现代服务	研发和技术服务	6%	
		信息技术服务		
		文化创意服务		
		物流辅助服务		
		鉴证咨询服务		
		广播影视服务		
		商务辅助服务		
		其他现代服务		
		有形动产租赁服务	13%	
		不动产租赁服务	9%	
	生活服务	文化体育服务	6%	
		教育医疗服务		
		旅游娱乐服务		
		餐饮住宿服务		
		居民日常服务		
		其他生活服务		
	销售无形资产	转让技术、商标、著作权、商誉、自然资源和其他权益性无形资产所有权或所有权	6%	
		转让土地使用权	9%	
	简易计税		征收率	
增值税小规模纳税人以及允许适用简易计税方式计税的增值税一般纳税人	增值税小规模纳税人销售货物或者加工、修理修配劳务，销售应税服务、无形资产		1%	2023年1月1日至2027年12月31日
	增值税一般纳税人发生按规定适用或者可以选择适用简易计税方法计税的特定应税行为，但适用5%征收率的除外		3%	
	销售不动产；符合条件的经营租赁不动产（土地使用权）；转让营改增前取得的土地使用权；房地产开发企业销售、出租自行开发的房地产老项目；符合条件的不动产融资租赁；选择差额纳税的劳务派遣、安全保护服务；增值税一般纳税人提供人力资源外包服务		5%	
	个人出租住房，按照5%征收率减按1.5%计算应纳税额		5%减按1.5%	
	纳税人销售旧货；增值税小规模纳税人（不含其他个人）以及符合规定情形的增值税一般纳税人销售自己使用过的固定资产，可依3%征收率减按2%征收增值税		3%减按2%	

续表

增值税小规模纳税人以及允许适用简易计税方式计税的增值税一般纳税人	简易计税	征收率	备注
	从事二手车经销的纳税人销售其收购的二手车	0.5%	自 2020 年 5 月 1 日至 2023 年 12 月 31 日
	住房租赁企业中的增值税一般纳税人向个人出租住房	1.5%	自 2021 年 10 月 1 日起执行
纳税人	出口货物、服务、无形资产	税率	
	纳税人出口货物（国务院另有规定的除外）	零税率	
	境内单位和个人跨境销售国务院规定范围内的服务、无形资产	零税率	
	销售货物、劳务，提供的跨境应税行为、符合免税条件的	免税	
	境内单位和个人销售适用增值税零税率的服务或无形资产的，可以放弃适用增值税零税率，选择免税或按规定缴纳增值税。放弃适用增值税零税率后，36 个月内不得再申请适用增值税零税率		

附录2

部分税费优惠政策执行期限

税种	政策	执行时间	依据
增值税	16%税率降为13%税率，10%税率降为9%税率	自2019年4月1日起	《财政部 税务总局 海关总署关于深化增值税改革有关政策的公告》（财政部 税务总局 海关总署公告2019年第39号）
	购进国内旅客运输服务允许抵扣		
	购进不动产一次性抵扣		
	留抵退税（增量留抵退税）		
	生活性服务业纳税人加计抵减10%	2023年1月1日至2023年12月31日	《财政部 税务总局关于明确增值税小规模纳税人减免增值税等政策的公告》（财政部 税务总局公告2023年第1号）
	生产性服务业纳税人加计抵减5%		
	留抵退税（小微企业和制造业等行业存量留抵退税和增量留抵退税）	自2022年4月1日起	《财政部 税务总局关于进一步加大增值税期末留抵退税政策实施力度的公告》（财政部 税务总局公告2022年第14号）、《国家税务总局关于进一步加大增值税期末留抵退税政策实施力度有关征管事项的公告》（国家税务总局公告2022年第4号）
	大型民用客机发动机、中大功率民用涡轴涡桨发动机研制项目形成的留抵退税	2018年1月1日至2023年12月31日	《财政部 税务总局关于民用航空发动机、新支线飞机和大型客机税收政策的公告》（财政部 税务总局公告2019年第88号）、《财政部 税务总局关于延长部分税收优惠政策执行期限的公告》（财政部 税务总局公告2021年第6号）
	生产销售新支线飞机形成的留抵退税	2019年1月1日至2023年12月31日	
	从事大型客机研制项目形成的留抵退税		
	纳税人生产销售空载重量大于25吨的民用喷气式飞机	2022年12月30日至2023年12月31日	《财政部 税务总局关于民用飞机增值税适用政策的公告》（财政部 税务总局公告2022年第38号）

续表

税种	政策	执行时间	依据
增值税	月销售额 10 万元以下（含本数）的增值税小规模纳税人免征增值税	2023 年 1 月 1 日至 2027 年 12 月 31 日	《财政部 税务总局关于明确增值税小规模纳税人减免增值税等政策的公告》（财政部 税务总局公告 2023 年第 1 号）、《财政部 税务总局关于增值税小规模纳税人减免增值税政策的公告》（财政部 税务总局公告 2023 年第 19 号）
	小规模纳税人适用 3% 征收率的应税销售收入，减按 1% 征收率征收增值税；适用 3% 预征率的预缴增值税项目，减按 1% 预征率预缴增值税		
	企业用于目标脱贫地区符合条件的扶贫捐赠，免征增值税	2019 年 1 月 1 日至 2025 年 12 月 31 日	《财政部 税务总局 国务院扶贫办关于扶贫货物捐赠免征增值税政策的公告》（财政部 税务总局 国务院扶贫办公告 2019 年第 55 号）、《财政部 税务总局 人力资源社会保障部 国家乡村振兴局关于延长部分扶贫税收优惠政策执行期限的公告》（财政部 税务总局 人力资源社会保障部 国家乡村振兴局公告 2021 年第 18 号）
	销售电影拷贝收入、转让电影版权收入、电影发行收入以及在农村取得的电影放映收入，免征增值税	2019 年 1 月 1 日至 2023 年 12 月 31 日	《财政部 税务总局关于继续实施支持文化企业发展增值税政策的通知》（财税〔2019〕17 号）
	对广播电视运营服务企业收取的有线数字电视基本收视维护费和农村有线电视基本收视费		
	免征图书批发、零售环节增值税	2021 年 1 月 1 日至 2023 年 12 月 31 日	《财政部 税务总局关于延续宣传文化增值税优惠政策的公告》（财政部 税务总局公告 2021 年第 10 号）
	饮水工程运营管理单位向农村居民提供生活用水取得的自来水销售收入，免征增值税	2019 年 1 月 1 日至 2023 年 12 月 31 日	《财政部 税务总局关于继续实行农村饮水安全工程税收优惠政策的公告》（财政部 税务总局公告 2019 年第 67 号）、《财政部 税务总局关于延长部分税收优惠政策执行期限的公告》（财政部 税务总局公告 2021 年第 6 号）

附 录

续表

税种	政策	执行时间	依据
增值税	国家级、省级科技企业孵化器、大学科技园和国家备案众创空间向在孵对象提供孵化服务取得的收入，免征增值税	2019年1月1日至2023年12月31日	《财政部 税务总局 科技部 教育部关于科技企业孵化器 大学科技园和众创空间税收政策的通知》（财税〔2018〕120号）、《财政部 税务总局关于延长部分税收优惠政策执行期限的公告》（财政部 税务总局公告2022年第4号）
	金融机构小微企业贷款利息收入免征增值税（单户授信小于100万元）	2017年12月1日至2027年12月31日	《财政部 税务总局关于支持小微企业融资有关税收政策的通知》（财税〔2017〕77号）、《财政部 税务总局关于延续实施普惠金融有关税收优惠政策的公告》（财政部 税务总局公告2020年第22号）、《财政部 税务总局关于延长部分税收优惠政策执行期限的公告》（财政部 税务总局公告2021年第6号）、《财政部 税务总局关于支持小微企业融资有关税收政策的公告》（财政部 税务总局公告2023年第13号）
	金融机构小微企业贷款利息收入免征增值税（单户授信小于1000万元）	2018年9月1日至2027年12月31日	《财政部 税务总局关于金融机构小微企业贷款利息收入免征增值税政策的通知》（财税〔2018〕91号）、《财政部 税务总局关于延长部分税收优惠政策执行期限的公告》（财政部 税务总局公告2021年第6号）、《财政部 税务总局关于金融机构小微企业贷款利息收入免征增值税政策的公告》（财政部 税务总局公告2023年第16号）
	生产销售和批发、零售罕见病药品，可选择按照简易办法依照3%征收率计算缴纳增值税	自2019年3月1日起	《财政部 海关总署 税务总局 药监局关于罕见病药品增值税政策的通知》（财税〔2019〕24号）

续表

税种	政策	执行时间	依据
增值税	生产销售和批发、零售抗癌药品，可选择按照简易办法依照3%征收率计算缴纳增值税	自2018年5月1日起	《财政部 海关总署 税务总局 国家药品监督管理局关于抗癌药品增值税政策的通知》（财税〔2018〕47号）
	对国产抗艾滋病病毒药品免征生产环节和流通环节增值税	2019年1月1日至2023年12月31日	《财政部 税务总局关于延续免征国产抗艾滋病病毒药品增值税政策的公告》（财政部 税务总局公告2019年第73号）、《财政部 税务总局关于延长部分税收优惠政策执行期限的公告》（财政部 税务总局公告2021年第6号）
	供热企业向居民个人供热取得的采暖费收入免征增值税	2019年1月1日至2023年供暖期结束	《财政部 税务总局关于延续供热企业增值税 房产税 城镇土地使用税优惠政策的通知》（财税〔2019〕38号）、《财政部 税务总局关于延长部分税收优惠政策执行期限的公告》（财政部 税务总局公告2021年第6号）
	经营公租房所取得的租金收入，免征增值税	2019年1月1日至2023年12月31日	《财政部 税务总局关于公共租赁住房税收优惠政策的公告》（财政部 税务总局公告2019年第61号）、《财政部 税务总局关于延长部分税收优惠政策执行期限的公告》（财政部 税务总局公告2021年第6号）
	医疗机构接受其他医疗机构委托符合条件的免征增值税	2019年2月1日至2023年12月31日	《财政部 税务总局关于明确养老机构免征增值税等政策的通知》（财税〔2019〕20号）、《财政部 税务总局关于延长部分税收优惠政策执行期限的公告》（财政部 税务总局公告2021年第6号）
	企业集团内单位（含企业集团）之间的资金无偿借贷行为，免征增值税		

续表

税种	政策	执行时间	依据
增值税	为社区提供养老、托育、家政等服务的机构取得的收入,免征增值税	2019年6月1日至2025年12月31日	《财政部 税务总局 发展改革委 民政部 商务部 卫生健康委关于养老、托育、家政等社区家庭服务业税费优惠政策的公告》(财政部 税务总局 发展改革委 民政部 商务部 卫生健康委公告2019年第76号)
	边销茶免征增值税	2021年1月1日至2023年12月31日	《财政部 税务总局关于继续执行边销茶增值税政策的公告》(财政部 税务总局公告2021年第4号)
	对外开放的货物期货品种保税交割业务暂免征收增值税	2018年11月30日至2023年11月29日	《财政部 税务总局关于支持货物期货市场对外开放增值税政策的公告》(财政部 税务总局公告2020年第12号)
	从事二手车经销的纳税人销售其收购的二手车,减按0.5%征收增值税	2020年5月1日至2023年12月31日	《财政部 税务总局关于二手车经销有关增值税政策的公告》(财政部 税务总局公告2020年第17号)
	住房租赁企业中的增值税一般纳税人向个人出租住房取得的全部出租收入,减按1.5%计算缴纳增值税	自2021年10月1日起	《财政部 税务总局 住房城乡建设部关于完善住房租赁有关税收政策的公告》(财政部 税务总局 住房城乡建设部公告2021年第24号)
	重点群体创业就业扣减增值税	2023年1月1日至2027年12月31日	《财政部 税务总局 人力资源社会保障部 农业农村部关于进一步支持重点群体创业就业有关税收政策的公告》(财政部 税务总局 人力资源社会保障部 农业农村部公告2023年第15号)

续表

税种	政策	执行时间	依据
增值税	自主就业退役士兵创业就业扣减增值税	2023年1月1日至2027年12月31日	《财政部 税务总局 退役军人事务部关于进一步扶持自主就业退役士兵创业就业有关税收政策的公告》(财政部 税务总局 退役军人事务部公告2023年第14号)
企业所得税	小型微利企业减按25%计算应纳税所得额，按20%的税率缴纳企业所得税	2023年1月1日至2027年12月31日	《财政部 税务总局关于进一步支持小微企业和个体工商户发展有关税费政策的公告》(财政部 税务总局公告2023年第12号)
	企业用于目标脱贫地区符合条件的扶贫捐赠支出，准予据实扣除	2019年1月1日至2025年12月31日	《财政部 税务总局 国务院扶贫办关于企业扶贫捐赠所得税税前扣除政策的公告》(财政部 税务总局 国务院扶贫办公告2019年第49号)、《财政部 税务总局 人力资源社会保障部 国家乡村振兴局关于延长部分扶贫税收优惠政策执行期限的公告》(财政部 税务总局 人力资源社会保障部 国家乡村振兴局公告2021年第18号)
	符合条件的从事污染防治的第三方企业减按15%的税率征收企业所得税	2019年1月1日至2023年12月31日	《财政部 税务总局 国家发展改革委 生态环境部关于从事污染防治的第三方企业所得税政策问题的公告》(财政部 税务总局 国家发展改革委 生态环境部公告2019年第60号)、《财政部 税务总局关于延长部分税收优惠政策执行期限的公告》(财政部 税务总局公告2022年第4号)

续表

税种	政策	执行时间	依据
企业所得税	委托境外研发可以加计扣除	自 2018 年 1 月 1 日起	《财政部 税务总局 科技部关于企业委托境外研究开发费用税前加计扣除有关政策问题的通知》（财税〔2018〕64 号）
	所有企业研发费用加计扣除比例提高至 100%	自 2023 年 1 月 1 日起	《财政部 税务总局关于进一步完善研发费用税前加计扣除政策的公告》（财政部 税务总局公告 2023 年第 7 号）
	所有企业职工教育经费支出税前扣除限额提高至 8%	自 2018 年 1 月 1 日起	《财政部 税务总局关于企业职工教育经费税前扣除政策的通知》（财税〔2018〕51 号）
	高新技术企业和科技型中小企业亏损可结转以后 10 年弥补	自 2018 年 1 月 1 日起	《财政部 税务总局关于延长高新技术企业和科技型中小企业亏损结转年限的通知》（财税〔2018〕76 号）
	500 万元以下设备、器具一次性税前扣除	2018 年 1 月 1 日至 2023 年 12 月 31 日	《财政部 税务总局关于设备 器具扣除有关企业所得税政策的通知》（财税〔2018〕54 号）、《财政部 税务总局关于延长部分税收优惠政策执行期限的公告》（财政部 税务总局公告 2021 年第 6 号）
	加速折旧扩大至全部制造业领域	自 2019 年 1 月 1 日起	《财政部 税务总局关于扩大固定资产加速折旧优惠政策适用范围的公告》（财政部 税务总局公告 2019 年第 66 号）
	为社区提供养老、托育、家政等服务的机构取得的收入，在计算应纳税所得额时，减按 90% 计入收入总额	2019 年 6 月 1 日至 2025 年 12 月 31 日	《财政部 税务总局 发展改革委 民政部 商务部 卫生健康委关于养老、托育、家政等社区家庭服务业税费优惠政策的公告》（财政部 税务总局 发展改革委 民政部 商务部 卫生健康委公告 2019 年第 76 号）

续表

税种	政策	执行时间	依据
个人所得税	全年一次性奖金计税	2019年1月1日至2023年12月31日	《财政部 税务总局关于个人所得税法修改后有关优惠政策衔接问题的通知》（财税〔2018〕164号）、《财政部 税务总局关于延续实施全年一次性奖金等个人所得税优惠政策的公告》（财政部 税务总局公告2021年第42号）
	上市公司股权激励单独计税	2019年1月1日至2023年12月31日	《财政部 税务总局关于个人所得税法修改后有关优惠政策衔接问题的通知》（财税〔2018〕164号）、《财政部 税务总局关于延续实施全年一次性奖金等个人所得税优惠政策的公告》（财政部 税务总局公告2021年第42号）、《财政部 税务总局关于延续实施有关个人所得税优惠政策的公告》（财政部 税务总局公告2023年第2号）
	个体工商户年应纳税所得额不超过200万元的部分，减半征收个人所得税	2023年1月1日至2027年12月31日	《财政部 税务总局关于进一步支持小微企业和个体工商户发展有关税费政策的公告》（财政部 税务总局公告2023年第12号）
	外籍个人有关津补贴优惠	2019年1月1日至2023年12月31日	《财政部 税务总局关于个人所得税法修改后有关优惠政策衔接问题的通知》（财税〔2018〕164号）、《财政部 税务总局关于延续实施外籍个人津补贴等有关个人所得税优惠政策的公告》（财政部 税务总局公告2021年第43号）
"六税两费"	对增值税小规模纳税人、小型微利企业和个体工商户减半征收"六税两费"	2023年1月1日至2027年12月31日	《财政部 税务总局关于进一步支持小微企业和个体工商户发展有关税费政策的公告》（财政部 税务总局公告2023年第12号）

附录 3

减税降费政策目录

增值税

《财政部　税务总局关于实施小微企业普惠性税收减免政策的通知》（财税〔2019〕13 号）

《财政部　税务总局　海关总署关于深化增值税改革有关政策的公告》（财政部　税务总局　海关总署公告 2019 年第 39 号）

《国家税务总局关于深化增值税改革有关事项的公告》（国家税务总局公告 2019 年第 14 号）

《国家税务总局关于办理增值税期末留抵税额退税有关事项的公告》（国家税务总局公告 2019 年第 20 号）

《国家税务总局关于国内旅客运输服务进项税抵扣等增值税征管问题的公告》（国家税务总局公告 2019 年第 31 号）

《财政部　税务总局关于明确部分先进制造业增值税期末留抵退税政策的公告》（财政部　税务总局公告 2019 年第 84 号）

《财政部　税务总局关于继续实施支持文化企业发展增值税政策的通知》（财税〔2019〕17 号）

《财政部　税务总局关于明确养老机构免征增值税等政策的通知》（财税〔2019〕20 号）

《财政部　海关总署　税务总局　药监局关于罕见病药品增值税政策的通知》（财税〔2019〕24 号）

《财政部　税务总局关于延续供热企业增值税　房产税　城镇土地使用税优惠政策的通知》（财税〔2019〕38 号）

《财政部　税务总局　证监会关于创新企业境内发行存托凭证试点阶段有关税收政策的公告》（财政部　税务总局　证监会公告 2019 年第 52 号）

《财政部　税务总局　国务院扶贫办关于扶贫货物捐赠免征增值税政策的公告》（财政部　税务总局　国务院扶贫办公告 2019 年第 55 号）

《财政部　税务总局关于延续免征国产抗艾滋病病毒药品增值税政策的公告》（财政部　税务总局公告 2019 年第 73 号）

《财政部　税务总局关于民用航空发动机、新支线飞机和大型客机税收政策的公告》（财政部　税务总局公告 2019 年第 88 号）

《财政部　税务总局关于资源综合利用增值税政策的公告》（财政部　税务总局公告 2019 年第 90 号）

《财政部　商务部　税务总局关于继续执行研发机构采购设备增值税政策的公告》（财政部　商务部　税务总局公告 2019 年第 91 号）

《财政部　税务总局关于明确国有农用地出租等增值税政策的公告》（财政部　税务总局公告 2020 年第 2 号）

《财政部　税务总局关于支持货物期货市场对外开放增值税政策的公告》（财政部　税务总局公告 2020 年第 12 号）

《财政部　税务总局关于二手车经销有关增值税政策的公告》（财政部　税务总局公告 2020 年第 17 号）

《国家税务总局关于明确二手车经销等若干增值税征管问题的公告》（国家税务总局公告 2020 年第 9 号）

《财政部　税务总局　海关总署关于杭州 2022 年亚运会和亚残运会税收政策的公告》（财政部　税务总局　海关总署公告 2020 年第 18 号）

《财政部　海关总署　税务总局　药监局关于发布第二批适用增值税政策的抗癌药品和罕见病药品清单的公告》（财政部　海关总署　税务总局　药监局公告 2020 年第 39 号）

《财政部　税务总局关于明确无偿转让股票等增值税政策的公告》（财政部　税务总局公告 2020 年第 40 号）

《财政部　税务总局关于延续实施普惠金融有关税收优惠政策的公告》（财政部　税务总局公告 2020 年第 22 号）

《财政部　税务总局关于延续宣传文化增值税优惠政策的公告》（财政部　税务总局公告 2021 年第 10 号）

《国家税务总局关于增值税　消费税与附加税费申报表整合有关事项的公告》（国家税务总局公告 2021 年第 20 号）

《财政部　税务总局　住房城乡建设部关于完善住房租赁有关税收政策的公告》（财政部　税务总局　住房城乡建设部公告2021年第24号）

《财政部　税务总局关于延续境外机构投资境内债券市场企业所得税、增值税政策的公告》（财政部　税务总局公告2021年第34号）

《财政部　税务总局关于完善资源综合利用增值税政策的公告》（财政部　税务总局公告2021年第40号）

《财政部　税务总局　人力资源社会保障部　国家乡村振兴局关于延长部分扶贫税收优惠政策执行期限的公告》（财政部　税务总局　人力资源社会保障部　国家乡村振兴局公告2021年第18号）

《财政部　税务总局关于进一步加大增值税期末留抵退税政策实施力度的公告》（财政部　税务总局公告2022年第14号）

《国家税务总局关于进一步加大增值税期末留抵退税政策实施力度有关征管事项的公告》（国家税务总局公告2022年第4号）

《财政部　税务总局关于进一步加快增值税期末留抵退税政策实施进度的公告》（财政部　税务总局公告2022年第17号）

《财政部　税务总局关于快递收派服务免征增值税政策的公告》（财政部　税务总局公告2022年第18号）

《财政部　税务总局关于进一步持续加快增值税期末留抵退税政策实施进度的公告》（财政部　税务总局公告2022年第19号）

《财政部　税务总局关于扩大全额退还增值税留抵税额政策行业范围的公告》（财政部　税务总局公告2022年第21号）

《国家税务总局关于扩大全额退还增值税留抵税额政策行业范围有关征管事项的公告》（国家税务总局公告2022年第11号）

《财政部　海关总署　税务总局　药监局关于发布第三批适用增值税政策的抗癌药品和罕见病药品清单的公告》（财政部　海关总署　税务总局　药监局公告2022年第35号）

《财政部　税务总局关于明确增值税小规模纳税人减免增值税等政策的公告》（财政部　税务总局公告2023年第1号）

《国家税务总局关于增值税小规模纳税人减免增值税等政策有关征管事项

的公告》（国家税务总局公告2023年第1号）

《财政部　税务总局关于支持小微企业融资有关税收政策的公告》（财政部　税务总局公告2023年第13号）

《财政部　税务总局关于金融机构小微企业贷款利息收入免征增值税政策的公告》（财政部　税务总局公告2023年第16号）

《财政部　税务总局关于延续执行农户、小微企业和个体工商户融资担保增值税政策的公告》（财政部　税务总局公告2023年第18号）

《财政部　税务总局关于增值税小规模纳税人减免增值税政策的公告》（财政部　税务总局公告2023年第19号）

企业所得税

《财政部　税务总局　国务院扶贫办关于企业扶贫捐赠所得税税前扣除政策的公告》（财政部　税务总局　国务院扶贫办公告2019年第49号）

《财政部　税务总局关于铁路债券利息收入所得税政策的公告》（财政部　税务总局公告2019年第57号）

《财政部　税务总局　国家发展改革委　生态环境部关于从事污染防治的第三方企业所得税政策问题的公告》（财政部　税务总局　国家发展改革委　生态环境部公告2019年第60号）

《财政部　税务总局关于扩大固定资产加速折旧优惠政策适用范围的公告》（财政部　税务总局公告2019年第66号）

《财政部　税务总局　中央宣传部关于继续实施文化体制改革中经营性文化事业单位转制为企业若干税收政策的通知》（财税〔2019〕16号）

《财政部　税务总局　证监会关于创新企业境内发行存托凭证试点阶段有关税收政策的公告》（财政部　税务总局　证监会公告2019年第52号）

《财政部　税务总局关于保险企业手续费及佣金支出税前扣除政策的公告》（财政部　税务总局公告2019年第72号）

《财政部　税务总局　发展改革委　工业和信息化部关于促进集成电路产业和软件产业高质量发展企业所得税政策的公告》（财政部　税务总局　发展改革委　工业和信息化部公告2020年第45号）

《国家税务总局关于发布〈中华人民共和国企业所得税月（季）度预缴

纳税申报表（A类）〉的公告》（国家税务总局公告 2021 年第 3 号）

《国家税务总局　国家发展改革委　生态环境部关于落实从事污染防治的第三方企业所得税政策有关问题的公告》（国家税务总局　国家发展改革委　生态环境部公告 2021 年第 11 号）

《财政部　税务总局　民政部关于生产和装配伤残人员专门用品企业免征企业所得税的公告》（财政部　税务总局　民政部公告 2021 年第 14 号）

《中华人民共和国工业和信息化部　国家发展改革委　财政部　国家税务总局公告 2021 年第 9 号》（中华人民共和国工业和信息化部　国家发展改革委　财政部　国家税务总局公告 2021 年第 9 号）

《中华人民共和国工业和信息化部　国家发展改革委　财政部　国家税务总局公告 2021 年第 10 号》（中华人民共和国工业和信息化部　国家发展改革委　财政部　国家税务总局公告 2021 年第 10 号）

《国家税务总局关于进一步落实研发费用加计扣除政策有关问题的公告》（国家税务总局公告 2021 年第 28 号）

《财政部　税务总局关于延续境外机构投资境内债券市场企业所得税、增值税政策的公告》（财政部　税务总局公告 2021 年第 34 号）

《财政部　税务总局　发展改革委　生态环境部关于公布〈环境保护、节能节水项目企业所得税优惠目录（2021 年版）〉及〈资源综合利用企业所得税优惠目录（2021 年版）〉的公告》（财政部　税务总局　发展改革委　生态环境部公告 2021 年第 36 号）

《国家税务总局关于企业所得税年度汇算清缴有关事项的公告》（国家税务总局公告 2021 年第 34 号）

《财政部　税务总局　人力资源社会保障部　国家乡村振兴局关于延长部分扶贫税收优惠政策执行期限的公告》（财政部　税务总局　人力资源社会保障部　国家乡村振兴局公告 2021 年第 18 号）

《财政部　税务总局关于延续执行创业投资企业和天使投资个人投资初创科技型企业有关政策条件的公告》（财政部　税务总局公告 2022 年第 6 号）

《财政部　税务总局关于进一步实施小微企业所得税优惠政策的公告》（财政部　税务总局公告 2022 年第 13 号）

《财政部　税务总局关于企业投入基础研究税收优惠政策的公告》（财政部　税务总局公告 2022 年第 32 号）

《财政部　税务总局关于小微企业和个体工商户所得税优惠政策的公告》（财政部　税务总局公告 2023 年第 6 号）

《国家税务总局关于落实小型微利企业所得税优惠政策征管问题的公告》（国家税务总局公告 2023 年第 6 号）

《财政部　税务总局关于进一步完善研发费用税前加计扣除政策的公告》（财政部　税务总局公告 2023 年第 7 号）

《国家发展改革委等部门关于做好 2023 年享受税收优惠政策的集成电路企业或项目、软件企业清单制定工作有关要求的通知》（发改高技〔2023〕287 号）

《国家税务总局　财政部关于优化预缴申报享受研发费用加计扣除政策有关事项的公告》（国家税务总局　财政部公告 2023 年第 11 号）

《财政部　税务总局关于进一步支持小微企业和个体工商户发展有关税费政策的公告》（财政部　税务总局公告 2023 年第 12 号）

《财政部　税务总局关于延续执行创业投资企业和天使投资个人投资初创科技型企业有关政策条件的公告》（财政部　税务总局公告 2023 年第 17 号）

个人所得税

《国务院关于印发个人所得税专项附加扣除暂行办法的通知》（国发〔2018〕41 号）

《财政部　税务总局关于个人所得税法修改后有关优惠政策衔接问题的通知》（财税〔2018〕164 号）

《财政部　税务总局关于粤港澳大湾区个人所得税优惠政策的通知》（财税〔2019〕31 号）

《财政部　税务总局关于远洋船员个人所得税政策的公告》（财政部　税务总局公告 2019 年第 97 号）

《财政部　税务总局关于公益慈善事业捐赠个人所得税政策的公告》（财政部　税务总局公告 2019 年第 99 号）

《财政部　税务总局关于支持新型冠状病毒感染的肺炎疫情防控有关个人

所得税政策的公告》(财政部　税务总局公告 2020 年第 10 号)

《国家税务总局关于完善调整部分纳税人个人所得税预扣预缴方法的公告》(国家税务总局公告 2020 年第 13 号)

《国家税务总局关于进一步简便优化部分纳税人个人所得税预扣预缴方法的公告》(国家税务总局公告 2020 年第 19 号)

《财政部　税务总局关于延续实施全年一次性奖金等个人所得税优惠政策的公告》(财政部　税务总局公告 2021 年第 42 号)

《财政部　税务总局关于延续实施外籍个人津补贴等有关个人所得税优惠政策的公告》(财政部　税务总局公告 2021 年第 43 号)

《国务院关于设立 3 岁以下婴幼儿照护个人所得税专项附加扣除的通知》(国发〔2022〕8 号)

《国家税务总局关于修订发布〈个人所得税专项附加扣除操作办法(试行)〉的公告》(国家税务总局公告 2022 年第 7 号)

《财政部　税务总局关于法律援助补贴有关税收政策的公告》(财政部　税务总局公告 2022 年第 25 号)

《财政部　税务总局关于个人养老金有关个人所得税政策的公告》(财政部　税务总局公告 2022 年第 34 号)

《人力资源社会保障部办公厅　财政部办公厅　国家税务总局办公厅关于公布个人养老金先行城市(地区)的通知》(人社厅函〔2022〕169 号)

《财政部　税务总局关于延续实施有关个人所得税优惠政策的公告》(财政部　税务总局公告 2023 年第 2 号)

《国家税务总局关于办理 2022 年度个人所得税综合所得汇算清缴事项的公告》(国家税务总局公告 2023 年第 3 号)

《财政部　税务总局关于进一步支持小微企业和个体工商户发展有关税费政策的公告》(财政部　税务总局公告 2023 年第 12 号)

《国家税务总局关于进一步落实支持个体工商户发展个人所得税优惠政策有关事项的公告》(国家税务总局公告 2023 年第 12 号)

财产行为税和其他费用

《财政部　税务总局关于实施小微企业普惠性税收减免政策的通知》(财

税〔2019〕13号）

《国家税务总局关于城镇土地使用税等"六税一费"优惠事项资料留存备查的公告》（国家税务总局公告2019年第21号）

《财政部 税务总局关于延续执行部分国家商品储备税收优惠政策的公告》（财政部 税务总局公告2022年第8号）

《国家税务总局关于进一步实施小微企业"六税两费"减免政策有关征管问题的公告》（国家税务总局公告2022年第3号）

《财政部 税务总局关于继续实施物流企业大宗商品仓储设施用地城镇土地使用税优惠政策的公告》（财政部 税务总局公告2023年第5号）

《财政部关于延续实施残疾人就业保障金优惠政策的公告》（财政部公告2023年第8号）

《财政部 税务总局关于进一步支持小微企业和个体工商户发展有关税费政策的公告》（财政部 税务总局公告2023年第12号）

综合政策

《国家税务总局 人力资源社会保障部 国务院扶贫办 教育部关于实施支持和促进重点群体创业就业有关税收政策具体操作问题的公告》（国家税务总局公告2019年第10号）

《财政部 税务总局 中央宣传部关于继续实施文化体制改革中经营性文化事业单位转制为企业若干税收政策的通知》（财税〔2019〕16号）

《财政部 税务总局关于继续实行农村饮水安全工程税收优惠政策的公告》（财政部 税务总局公告2019年第67号）

《财政部 税务总局关于公共租赁住房税收优惠政策的公告》（财政部 税务总局公告2019年第61号）

《财政部 税务总局 发展改革委 民政部 商务部 卫生健康委关于养老、托育、家政等社区家庭服务业税费优惠政策的公告》（财政部 税务总局 发展改革委 民政部 商务部 卫生健康委公告2019年第76号）

《财政部 税务总局 人力资源社会保障部 国家乡村振兴局关于延长部分扶贫税收优惠政策执行期限的公告》（财政部 税务总局 人力资源社会保障部 国家乡村振兴局公告2021年第18号）

《财政部　税务总局关于延长部分税收优惠政策执行期限的公告》（财政部　税务总局公告 2021 年第 6 号）

《国家税务总局　财政部关于制造业中小微企业延缓缴纳 2021 年第四季度部分税费有关事项的公告》（国家税务总局公告 2021 年第 30 号）

《财政部　税务总局关于延长部分税收优惠政策执行期限的公告》（财政部　税务总局公告 2022 年第 4 号）

《国家税务总局　财政部关于延续实施制造业中小微企业延缓缴纳部分税费有关事项的公告》（国家税务总局　财政部公告 2022 年第 2 号）

《国家税务总局　财政部关于制造业中小微企业继续延缓缴纳部分税费有关事项的公告》（国家税务总局　财政部公告 2022 年第 17 号）

《财政部　税务总局　退役军人事务部关于进一步扶持自主就业退役士兵创业就业有关税收政策的公告》（财政部　税务总局　退役军人事务部公告 2023 年第 14 号）

《财政部　税务总局　人力资源社会保障部　农业农村部关于进一步支持重点群体创业就业有关税收政策的公告》（财政部　税务总局　人力资源社会保障部　农业农村部公告 2023 年第 15 号）

社会保险费

《国务院办公厅关于印发降低社会保险费率综合方案的通知》（国办发〔2019〕13 号）

《人力资源社会保障部　财政部　税务总局　国家医保局关于贯彻落实〈降低社会保险费率综合方案〉的通知》（人社部发〔2019〕35 号）

《人力资源社会保障部办公厅　财政部办公厅　国家税务总局办公厅关于 2021 年社会保险缴费有关问题的通知》（人社厅发〔2021〕2 号）

《人力资源社会保障部办公厅　国家税务总局办公厅关于特困行业阶段性实施缓缴企业社会保险费政策的通知》（人社厅发〔2022〕16 号）

《人力资源社会保障部　国家发展改革委　财政部　税务总局关于扩大阶段性缓缴社会保险费政策实施范围等问题的通知》（人社部发〔2022〕31 号）

《人力资源社会保障部办公厅　国家发展改革委办公厅　财政部办公厅　国家税务总局办公厅关于进一步做好阶段性缓缴社会保险费政策实施工作有

关问题的通知》(人社厅发〔2022〕50号)

《人力资源社会保障部 财政部 国家税务总局关于阶段性降低失业保险、工伤保险费率有关问题的通知》(人社部发〔2023〕19号)

税收征管

中共中央办公厅、国务院办公厅印发《关于进一步深化税收征管改革的意见》

《国家税务总局关于发布〈税务行政处罚"首违不罚"事项清单〉的公告》(国家税务总局公告2021年第6号)

《国家税务总局关于发布〈第二批税务行政处罚"首违不罚"事项清单〉的公告》(国家税务总局公告2021年第33号)

《国家税务总局关于部分税务证明事项实行告知承诺制 进一步优化纳税服务的公告》(国家税务总局公告2021年第21号)

《国家税务总局关于纳税信用评价与修复有关事项的公告》(国家税务总局公告2021年第31号)

《国家税务总局关于全面实行税务行政许可事项清单管理的公告》(国家税务总局公告2022年第19号)

《国家税务总局关于优化纳税人延期缴纳税款等税务事项管理方式的公告》(国家税务总局公告2022年第20号)

《国家税务总局关于优化若干税收征管服务事项的通知》(税总征科发〔2022〕87号)

《国家税务总局关于部分税务事项实行容缺办理和进一步精简涉税费资料报送的公告》(国家税务总局公告2022年第26号)

《国家税务局总局关于进一步实施部分税务证明事项告知承诺制的公告》(国家税务总局公告2023年第2号)

附录4

企业类型划分标准

1. 中小企业划型标准（适用于增值税留抵退税）

政策依据：

《工业和信息化部　国家统计局　国家发展和改革委员会　财政部关于印发〈中小企业划型标准规定〉的通知》（工信部联企业〔2011〕300号）

各行业划型标准为：

（1）农、林、牧、渔业。营业收入20000万元以下的为中小微型企业。其中，营业收入500万元及以上的为中型企业，营业收入50万元及以上的为小型企业，营业收入50万元以下的为微型企业。

（2）工业。从业人员1000人以下或营业收入40000万元以下的为中小微型企业。其中，从业人员300人及以上，且营业收入2000万元及以上的为中型企业；从业人员20人及以上，且营业收入300万元及以上的为小型企业；从业人员20人以下或营业收入300万元以下的为微型企业。

（3）建筑业。营业收入80000万元以下或资产总额80000万元以下的为中小微型企业。其中，营业收入6000万元及以上，且资产总额5000万元及以上的为中型企业；营业收入300万元及以上，且资产总额300万元及以上的为小型企业；营业收入300万元以下或资产总额300万元以下的为微型企业。

（4）批发业。从业人员200人以下或营业收入40000万元以下的为中小微型企业。其中，从业人员20人及以上，且营业收入5000万元及以上的为中型企业；从业人员5人及以上，且营业收入1000万元及以上的为小型企业；从业人员5人以下或营业收入1000万元以下的为微型企业。

（5）零售业。从业人员300人以下或营业收入20000万元以下的为中小微型企业。其中，从业人员50人及以上，且营业收入500万元及以上的为中型企业；从业人员10人及以上，且营业收入100万元及以上的为小型企业；从业人员10人以下或营业收入100万元以下的为微型企业。

（6）交通运输业。从业人员1000人以下或营业收入30000万元以下的为中小微型企业。其中,从业人员300人及以上,且营业收入3000万元及以上的为中型企业;从业人员20人及以上,且营业收入200万元及以上的为小型企业;从业人员20人以下或营业收入200万元以下的为微型企业。

(7)仓储业。从业人员200人以下或营业收入30000万元以下的为中小微型企业。其中,从业人员100人及以上,且营业收入1000万元及以上的为中型企业;从业人员20人及以上,且营业收入100万元及以上的为小型企业;从业人员20人以下或营业收入100万元以下的为微型企业。

(8)邮政业。从业人员1000人以下或营业收入30000万元以下的为中小微型企业。其中,从业人员300人及以上,且营业收入2000万元及以上的为中型企业;从业人员20人及以上,且营业收入100万元及以上的为小型企业;从业人员20人以下或营业收入100万元以下的为微型企业。

(9)住宿业。从业人员300人以下或营业收入10000万元以下的为中小微型企业。其中,从业人员100人及以上,且营业收入2000万元及以上的为中型企业;从业人员10人及以上,且营业收入100万元及以上的为小型企业;从业人员10人以下或营业收入100万元以下的为微型企业。

(10)餐饮业。从业人员300人以下或营业收入10000万元以下的为中小微型企业。其中,从业人员100人及以上,且营业收入2000万元及以上的为中型企业;从业人员10人及以上,且营业收入100万元及以上的为小型企业;从业人员10人以下或营业收入100万元以下的为微型企业。

(11)信息传输业。从业人员2000人以下或营业收入100000万元以下的为中小微型企业。其中,从业人员100人及以上,且营业收入1000万元及以上的为中型企业;从业人员10人及以上,且营业收入100万元及以上的为小型企业;从业人员10人以下或营业收入100万元以下的为微型企业。

(12)软件和信息技术服务业。从业人员300人以下或营业收入10000万元以下的为中小微型企业。其中,从业人员100人及以上,且营业收入1000万元及以上的为中型企业;从业人员10人及以上,且营业收入50万元及以上的为小型企业;从业人员10人以下或营业收入50万元以下的为微型企业。

(13)房地产开发经营。营业收入200000万元以下或资产总额10000万元以下的为中小微型企业。其中,营业收入1000万元及以上,且资产总额

5000万元及以上的为中型企业；营业收入100万元及以上，且资产总额2000万元及以上的为小型企业；营业收入100万元以下或资产总额2000万元以下的为微型企业。

（14）物业管理。从业人员1000人以下或营业收入5000万元以下的为中小微型企业。其中，从业人员300人及以上，且营业收入1000万元及以上的为中型企业；从业人员100人及以上，且营业收入500万元及以上的为小型企业；从业人员100人以下或营业收入500万元以下的为微型企业。

（15）租赁和商务服务业。从业人员300人以下或资产总额120000万元以下的为中小微型企业。其中，从业人员100人及以上，且资产总额8000万元及以上的为中型企业；从业人员10人及以上，且资产总额100万元及以上的为小型企业；从业人员10人以下或资产总额100万元以下的为微型企业。

（16）其他未列明行业。从业人员300人以下的为中小微型企业。其中，从业人员100人及以上的为中型企业；从业人员10人及以上的为小型企业；从业人员10人以下的为微型企业。

各行业划分标准见表1。

表1　　　　　　　　各行业划分标准

行业名称	指标名称	计量单位	大型	中型	小型	微型
农、林、牧、渔业	营业收入（Y）	万元	Y≥20000	500≤Y<20000	50≤Y<500	Y<50
工业	从业人员（X）	人	X≥1000	300≤X<1000	20≤X<300	X<20
工业	营业收入（Y）	万元	Y≥40000	2000≤Y<40000	300≤Y<2000	Y<300
建筑业	营业收入（Y）	万元	Y≥80000	6000≤Y<80000	300≤Y<6000	Y<300
建筑业	资产总额（Z）	万元	Z≥80000	5000≤Z<80000	300≤Z<5000	Z<300
批发业	从业人员（X）	人	X≥200	20≤X<200	5≤X<20	X<5
批发业	营业收入（Y）	万元	Y≥40000	5000≤Y<40000	1000≤Y<5000	Y<1000
零售业	从业人员（X）	人	X≥300	50≤X<300	10≤X<50	X<10
零售业	营业收入（Y）	万元	Y≥20000	500≤Y<20000	100≤Y<500	Y<100
交通运输业	从业人员（X）	人	X≥1000	300≤X<1000	20≤X<300	X<20
交通运输业	营业收入（Y）	万元	Y≥30000	3000≤Y<30000	200≤Y<3000	Y<200

续表

行业名称	指标名称	计量单位	大型	中型	小型	微型
仓储业	从业人员（X）	人	X≥200	100≤X<200	20≤X<100	X<20
	营业收入（Y）	万元	Y≥30000	1000≤Y<30000	100≤Y<1000	Y<100
邮政业	从业人员（X）	人	X≥1000	300≤X<1000	20≤X<300	X<20
	营业收入（Y）	万元	Y≥30000	2000≤Y<30000	100≤Y<2000	Y<100
住宿业	从业人员（X）	人	X≥300	100≤X<300	10≤X<100	X<10
	营业收入（Y）	万元	Y≥10000	2000≤Y<10000	100≤Y<2000	Y<100
餐饮业	从业人员（X）	人	X≥300	100≤X<300	10≤X<100	X<10
	营业收入（Y）	万元	Y≥10000	2000≤Y<10000	100≤Y<2000	Y<100
信息传输业	从业人员（X）	人	X≥2000	100≤X<2000	10≤X<100	X<10
	营业收入（Y）	万元	Y≥100000	1000≤Y<100000	100≤Y<1000	Y<100
软件和信息技术服务业	从业人员（X）	人	X≥300	100≤X<300	10≤X<100	X<10
	营业收入（Y）	万元	Y≥10000	1000≤Y<10000	50≤Y<1000	Y<50
房地产开发经营	营业收入（Y）	万元	Y≥200000	1000≤Y<200000	100≤Y<1000	Y<100
	资产总额（Z）	万元	Z≥10000	5000≤Z<10000	2000≤Z<5000	Z<2000
物业管理	从业人员（X）	人	X≥1000	300≤X<1000	100≤X<300	X<100
	营业收入（Y）	万元	Y≥5000	1000≤Y<5000	500≤Y<1000	Y<500
租赁和商务服务业	从业人员（X）	人	X≥300	100≤X<300	10≤X<100	X<10
	资产总额（Z）	万元	Z≥120000	8000≤Z<120000	100≤Z<8000	Z<100
其他未列明行业	从业人员（X）	人	X≥300	100≤X<300	10≤X<100	X<10

注：大型、中型和小型企业须同时满足所列指标的下限，否则下划一档；微型企业只须满足所列指标中的一项即可。

2. 金融业企业划型标准（适用于增值税留抵退税）

政策依据：

《中国人民银行 中国银行业监督管理委员会 中国证券监督管理委员会 中国保险监督管理委员会 国家统计局关于印发〈金融业企业划型标准规定〉的通知》（银发〔2015〕309号）

依据指标标准值，将各类金融业企业划分为大、中、小、微四个规模类型，中型企业标准上限及以上的为大型企业。

（1）银行业存款类金融机构。资产总额40000亿元以下的为中小微型企业。其中，资产总额5000亿元及以上的为中型企业，资产总额50亿元及以上的为小型企业，资产总额50亿元以下的为微型企业。

（2）银行业非存款类金融机构。资产总额1000亿元以下的为中小微企业。其中，资产总额200亿元及以上的为中型企业，资产总额50亿元及以上的为小型企业，资产总额50亿元以下的为微型企业。

（3）贷款公司、小额贷款公司及典当行。资产总额1000亿元以下的为中小微型企业。其中，资产总额200亿元及以上的为中型企业，资产总额50亿元及以上的为小型企业，资产总额50亿元以下的为微型企业。

（4）证券业金融机构。资产总额1000亿元以下的为中小微型企业。其中，资产总额100亿元及以上的为中型企业，资产总额10亿元及以上的为小型企业，资产总额10亿元以下的为微型企业。

（5）保险业金融机构。资产总额5000亿元以下的为中小微型企业。其中，资产总额400亿元及以上的为中型企业，资产总额20亿元及以上的为小型企业，资产总额20亿元以下的为微型企业。

（6）信托公司。信托资产1000亿元以下的为中小微型企业。其中，信托资产400亿元及以上的为中型企业，信托资产20亿元及以上的为小型企业，信托资产20亿元以下的为微型企业。

（7）金融控股公司。资产总额40000亿元以下的为中小微企业。其中，资产总额5000亿元及以上的为中型企业，资产总额50亿元及以上的为小型企业，资产总额50亿元以下的为微型企业。

（8）除贷款公司、小额贷款公司、典当行以外的其他金融机构。资产总额1000亿元以下的为中小微型企业。其中，资产总额200亿元及以上的为中型企业，资产总额50亿元及以上的为小型企业，资产总额50亿元以下的为微型企业。

3. 工信部联企业〔2011〕300号文件和银发〔2015〕309号文件所列行业以外的纳税人（专用于增值税留抵退税）

政策依据：

《财政部　税务总局关于进一步加大增值税期末留抵退税政策实施力度的

公告》(财政部　税务总局公告 2022 年第 14 号)

划型标准:

工信部联企业〔2011〕300 号文件和银发〔2015〕309 号文件所列行业以外的纳税人,以及工信部联企业〔2011〕300 号文件所列行业但未采用营业收入指标或资产总额指标划型确定的纳税人,微型企业标准为增值税销售额(年)100 万元以下(不含 100 万元);小型企业标准为增值税销售额(年)2000 万元以下(不含 2000 万元);中型企业标准为增值税销售额(年)1 亿元以下(不含 1 亿元)。

4. 制造业中小微企业(专用于缓缴税费)

政策依据:

《国家税务总局　财政部关于延续实施制造业中小微企业延缓缴纳部分税费有关事项的公告》(国家税务总局　财政部公告 2022 年第 2 号)

制造业中型企业,是指国民经济行业分类中行业门类为制造业,且年销售额 2000 万元以上(含 2000 万元)4 亿元以下(不含 4 亿元)的企业。制造业小微企业,是指国民经济行业分类中行业门类为制造业,且年销售额 2000 万元以下(不含 2000 万元)的企业。

5. 小型微利企业

政策依据:

《财政部　税务总局关于进一步支持小微企业和个体工商户发展有关税费政策的公告》(财政部　税务总局公告 2023 年第 12 号)

划型标准:

小型微利企业,是指从事国家非限制和禁止行业,且同时符合年度应纳税所得额不超过 300 万元、从业人数不超过 300 人、资产总额不超过 5000 万元等三个条件的企业。

从业人数,包括与企业建立劳动关系的职工人数和企业接受的劳务派遣用工人数。所称从业人数和资产总额指标,应按企业全年的季度平均值确定。具体计算公式如下:

季度平均值 =(季初值 + 季末值)÷ 2

全年季度平均值 = 全年各季度平均值之和 ÷ 4

年度中间开业或者终止经营活动的,以其实际经营期作为一个纳税年度确定上述相关指标。

6. 初创科技型企业（专用于创业投资企业抵免）

政策依据：

《财政部 税务总局关于创业投资企业和天使投资个人有关税收政策的通知》（财税〔2018〕55号）、《财政部 税务总局关于延续执行创业投资企业和天使投资个人投资初创科技型企业有关政策条件的公告》（财政部 税务总局公告2022年第6号）、《财政部 税务总局关于延续执行创业投资企业和天使投资个人投资初创科技型企业有关政策条件的公告》（财政部 税务总局公告2023年第17号）

初创科技型企业，应同时符合以下条件：

（1）在中国境内（不包括港、澳、台地区）注册成立、实行查账征收的居民企业。

（2）接受投资时，从业人数不超过300人，其中具有大学本科以上学历的从业人数不低于30%；资产总额和年销售收入均不超过5000万元。

（3）接受投资时设立时间不超过5年（60个月）。

（4）接受投资时以及接受投资后2年内未在境内外证券交易所上市。

（5）接受投资当年及下一纳税年度，研发费用总额占成本费用支出的比例不低于20%。

7. 中小高新技术企业（专用于创业投资企业抵免）

政策依据：

《国家税务总局关于实施创业投资企业所得税优惠问题的通知》（国税发〔2009〕87号）

除应按照科技部、财政部、国家税务总局发布的《关于印发〈高新技术企业认定管理办法〉的通知》（国科发火〔2008〕172号）和《关于印发〈高新技术企业认定管理工作指引〉的通知》（国科发火〔2008〕362号）的规定外，还应符合下列条件：

（1）通过高新技术企业认定；

（2）职工人数不超过500人；

（3）年销售（营业）额不超过2亿元；

（4）资产总额不超过2亿元。